IGOR EIDMAN

# DAS SYSTEM PUTIN

IGOR EIDMAN

# DAS SYSTEM PUTIN

## WOHIN STEUERT DAS NEUE RUSSISCHE REICH?

Aus dem Russischen von Anja Freckmann

LUDWIG

Einige Gedanken dieses Buches veröffentlichte Igor Eidman
zuerst in Artikeln u. a. in der Neuen Züricher Zeitung,
der Frankfurter Allgemeinen Zeitung und der Süddeutschen Zeitung.

MIX
Papier aus verantwortungsvollen Quellen
FSC® C083411
FSC
www.fsc.org

Verlagsgruppe Random House FSC® N001967


Agreement by www.nibbe-wiedling.com
Redaktion: Johann Lankes, München
Umschlaggestaltung:
Hauptmann & Kompanie Werbeagentur, Zürich,
unter Verwendung einer Illustration
von © grafikcafé/Jürgen Gawron, München
Satz: Leingärtner, Nabburg
Druck und Bindung: CPI books GmbH, Leck
Printed in Germany
ISBN: 978-3-453-28083-0

www.Ludwig-Verlag.de

# INHALT

# Vorwort von Schanna Nemzowa

Ein Vorwort zum Buch des eigenen Onkels zu schreiben ist zumindest ein wenig ungewöhnlich. Ebenso wie die Tatsache, dass uns das Schicksal beide nach Deutschland verschlagen hat, Igor in den östlichen, mich in den westlichen Teil des Landes. Vieles in diesem Buch betrifft mich ganz persönlich, denn Igor beschreibt die 25 Jahre der Transformation in Russland (dieses Jahr jährt sich der Jahrestag des Zerfalls der Sowjetunion zum 25. Mal) unter anderem auch durch das Prisma des Schicksals meines Vaters Boris Nemzow. Ich freue mich, dass dieses Buch erscheint, denn es handelt davon, wie wichtig mein Vater als Politiker für mein Land war; es erzählt von seinem Beitrag im Kampf darum, aus Russland einen europäischen Staat mit Marktwirtschaft zu machen. Gleichzeitig beschreibt dieses Buch einen Tragödie, eine persönliche, die meine ganze Familie betrifft, wie auch eine nationale, denn Putins Regierungszeit hat Russland um etliche Dutzend Jahre zurückgeworfen und es wieder zu einem Staat gemacht, in dem ideologische Gegner ermordet werden können.

Igor schreibt auch über sich selbst, über seine Zeit in der Dissidentenbewegung in Nischni Nowgorod – damals noch Gorki; er schreibt darüber, wie die Menschen von Hoffnungen und von grenzenlosem Optimismus erfüllt waren. All das bekam ich als kleines Mädchen mit. Sogar ich konnte damals spüren, dass Freiheit und Veränderungen in der Luft lagen. Aber ich war nicht nur eine passive Beobachterin, sondern nahm an jenen Diskussionen in unserer Küche teil, die sich dort regelmäßig zwischen meinem Vater, Igor, den wir Igorek nannten, und etlichen anderen Menschen zutrugen. Mein Vater verbot mir nie, meinen Standpunkt zu äußern, und ich fühlte mich damals sehr erwachsen. In jener Phase meines Lebens war ich unglaublich politisch.

Ich habe das Gefühl, die Geschichte wiederholt sich, denn wieder sind wir gezwungen, von vorne anzufangen, politisch zu sein. In dieser

Situation mögen sich etliche Menschen fragen: »Wie oft noch?«, und dann den Schluss ziehen: »Wahrscheinlich hat Russland einfach keine Zukunft.« Ich persönlich will das nicht glauben, genau wie Igor und viele andere Mitstreiter.

Igor zeichnet in diesem Buch ein umfassendes Bild von Putin und analysiert den »Putinismus« als neu entstandenes System der staatlichen Verwaltung. Zwar teile ich grundsätzlich Igors Meinung hinsichtlich des gewaltigen Schadens, den der Putinismus in unserem Land und für unsere Zukunft anrichtet, und ich unterstütze die Lieblingsparole meines Vaters »Russland ohne Putin«, aber trotzdem sehe ich das Wesen dieses Regimes anders. (In unserer Familie gab es schon immer Meinungspluralismus.) Ich verstehe den Putinismus als Hybrid-Regime mit Elementen einer demokratischen Gesellschaft – von bisweilen dekorativem Charakter – und Elementen des Autoritarismus. Heute geht die Tendenz dahin, dass Russland sich zu einer klassischen Autokratie entwickelt.

Igor erläutert auch seine Version von der Ermordung meines Vaters aufgrund von, wie viele vermuten, Putins persönlichem Auftrag. Das ist eine der Versionen, die in der russischen Öffentlichkeit diskutiert werden. Die vielen anderen Versionen sind eine Folge der blockierten Ermittlungen zu den Drahtziehern und Auftraggebern des Mordes. Da nicht ermittelt wird, bilden sich in der Bevölkerung die unterschiedlichsten Theorien, solche, die durch Fakten belegbar sind, wie auch solche ganz ohne jeden Beweis. Und dafür trägt Putin die volle Verantwortung. Ich sehe es als mein Ziel, alles zu unternehmen, damit das Verbrechen aufgeklärt und die Schuldigen bestraft werden. Das kostet viel Zeit und Kraft, aber dieser Kampf ist nötig, um weitere Morde zu verhindern, die vom Hass auf Putin-Gegner und Feinde des Systems motiviert sind.

# Vorwort von Garri Kasparow

Igor Eidman ist nicht nur ein ernsthafter wissenschaftlicher Soziologe, sondern auch ein herausragender Publizist, weshalb sein Buch die seltene Verbindung von fundierter Analyse der Geschehnisse in Russland und spannender mitreißender Darstellung bietet. Er zählt zu den wenigen russischen Autoren, die bereits in einem sehr frühen Stadium den Wesenskern des putinschen Regimes fehlerfrei herausgearbeitet haben. Diese richtige »Diagnose« erlaubte Eidman auch eine korrekte Prognose des »Krankheitsverlaufs«: das Fortschreiten in Richtung einer tatsächlich faschistischen Diktatur in Russland.

Der Begriff »Faschismus« wurde in den letzten Jahren von russischen Publizisten und Politikern abgenutzt, bis er nur noch ein banales politisches Schimpfwort war. Igor Eidman gibt diesem politologischen Terminus seine ursprüngliche Bedeutung zurück, wendet ihn auf die heutige Situation an und entdeckt im putinschen Regime eine Vielzahl von Merkmalen, die es den faschistischen Diktaturen des letzten Jahrhunderts nahekommen lassen.

Eidman hat die von der Propagandamaschinerie aufgebaute verlogene Realität nicht übernommen, im Unterschied zu den meisten anderen Analytikern (egal ob diese es aus ehrlicher Verirrung oder aus berechnendem Zynismus taten). Er hat sich Objektivität und Genauigkeit in der Bewertung der Geschehnisse in Russland bewahrt.

Eidmans Buch ist eine Warnung. Es zwingt uns über jene globale Bedrohung nachzudenken, die vom putinschen Regime ausgeht. Eidman warnt uns: Wenn wir sorglos und naiv mit der aggressiven putinschen Diktatur umgehen, dann stehen der Welt schreckliche Prüfungen bevor. Dieses Buch ist eine Pflichtlektüre für all jene, die den Wesenskern der aktuellen Prozesse in Russland besser verstehen wollen, den Algorithmus, der zu Putins Schlüsselentscheidungen führt, und die Perspektiven, die es für Frieden und Krieg in Europa gibt.

# Einleitung

»Mein aufrichtiges Beileid, Igor. Ich weiß nicht, was ich sagen soll.«

Mit diesen Worten kontaktiert mich eine befreundete Journalistin via Facebook. Im ersten Moment bin ich verwirrt. Was ist los? Wovon spricht sie? Meine Familie ist zu Hause. Alle sind gesund.

»Was meinen Sie damit, Tatjana?«

»Sie haben Boris ermordet.«

Ich kann es nicht glauben. Ich überfliege die neuesten Nachrichten im Internet. Schnell zerstreuen sich die Zweifel. Der Anführer der russischen Opposition und dezidierte Putin-Gegner Boris Nemzow wurde durch vier Schüsse aus nächster Nähe auf einer Brücke unweit des Kremls erschossen. Ich bin schockiert. Wie konnte das passieren?

Boris ist mein Cousin und Freund aus Jugendjahren. Als junger Mann begeisterte er sich für die Wissenschaft. Die Physik hatte es ihm angetan, ursprünglich interessiert ihn die Politik nicht besonders. Wie mein Vater, Boris' Onkel und Lehrer, glaubte, hätte Boris eine glänzende Karriere als Wissenschaftler machen können.

Als die Perestroika einsetzte, folgten viele Wissenschaftler Sacharows Beispiel und füllten die Reihen der antikommunistischen Bewegung. Kein Wunder, dass auch Boris als überzeugter Liberaler sich gesellschaftlich engagieren wollte. Ende der 1980er-Jahre nahmen wir aktiv an der Entstehung einer demokratischen Bewegung in unserer Heimatstadt Nischni Nowgorod teil, das damals nach dem sowjetischen Schriftsteller Gorki benannt war. Boris promovierte in jener Zeit gerade, er war ein sympathischer Typ und guter Redner und praktisch sofort beliebt bei den »Informellen«, jener breiten Gruppe von Leuten, die nicht organisiert war, sich aber für demokratische Reformen einsetzte. Er hatte gute Chancen, den alten Protegés der Oblastkomitees bei den ersten freien Wahlen zu den Räten auf verschiedenen Ebenen erfolgreich Konkurrenz zu machen. Gemeinsam mit meinen Freunden setzte ich alles daran, ihn zu überreden, als Abgeordneter zu kandidieren. Heute bereue ich meine Hartnäckigkeit. Wenn er Wissenschaftler geworden wäre, würde er vermutlich noch leben, gesund und glücklich, und würde an einer renommierten europäischen oder amerikanischen Universität lehren. Aber wer hätte damals gedacht, dass Politik in Russland eine tödliche Angelegenheit werden würde?

Wir hatten so viele Hoffnungen und Illusionen. Ich weiß noch, wie wir an den ersten Demonstrationen gegen die Regierung teilnahmen, Ende der 1990er-Jahre. Mit uns gingen viele andere Informelle auf die Straße, allesamt Mitglieder der demokratischen Bewegung. Der linke Aktivist Ilja, der gerade eine neunjährige Haftstrafe in Wladimir Putins Gefängnis absitzt. Stas, Kämpfer für den Erhalt historischer Denkmäler, der schon zu Beginn der Putin-Ära wegen Protesten gegen den Krieg und die Gewalt in Tschetschenien verurteilt wurde. Mein Namensvetter, der Menschenrechtler Igor, der später das »Komitee gegen Folter bei der Polizei« gründete (dieses Komitee wurde von Putins Justiz kürzlich als ausländische Agentur eingestuft, sein Büro in Grosny wurde demoliert). Und der Bekannteste von ihnen, Boris, der unweit der Kremlmauern von Mitarbeitern des tschetschenischen Innenministeriums ermordet wurde – wie die offizielle Version lautet. Ein mutiger Mann, ein begabter Physiker, ein freier unabhängiger Mensch. Mit seiner Kandidatur forderte er die sowjetische Nomenklatura heraus. Er war der einzige parteilose Kandidat unter einer Fülle von Kommunisten. Als seine Freunde halfen wir ihm alle gemeinsam. 1989 ließ man ihn nicht zu den Wahlen zu, aber 1990 gewann er überlegen und wurde zum Volksdeputierten im Oberstern Sowjet der Region gewählt.

Ich erinnere mich, wie Boris auf einer der ersten Wahlveranstaltungen in aller Öffentlichkeit sagte: »Die allgemeine Erklärung der Menschenrechte ist für mich wichtiger als all die vielen hundert Bände Marx und Lenin zusammen.« In unserer durch und durch kommunistischen Gesellschaft klang das wie höchste Blasphemie. Die Menschen erschraken, als sie dies hörten, und schienen darauf zu warten, dass sich der Himmel öffnete und der bärtige Marx im Stil eines zürnenden antiken Gottes den jungen Ketzer mit einem Blitz bestrafte oder dass zumindest KGB-Männer den Saal stürmen und alle festnehmen würden. Aber nach einer kurzen Schrecksekunde brach das Publikum in frenetischen Beifall aus. In diesem Moment waren sie andere Menschen, freie Menschen, die vielleicht zum ersten Mal im Leben ihre Angst vor der Staatsmacht überwunden hatten.

Hätte ich damals ahnen können, wie das alles endet? Dass man Boris ermordet, dass die Angst zurückkehren würde und die Deklaration der Menschenrechte ein Vierteljahrhundert später noch weniger mit der russischen Realität zu tun haben würde als zum damaligen Zeitpunkt?

Aber ich habe die Gesichter dieser Menschen gesehen. Und deshalb wird mich – trotz der schweren Erfahrungen der vergangenen Jahre – kein Mensch davon überzeugen können, dass die Menschen in meinem Land geborene Sklaven sind und keine Freiheit brauchen.

Damals sah es aus, als ob Russland den Käfig des Totalitarismus hasst, den ihm die Bolschewiken übergestülpt hatten, dass es sich nichts mehr wünscht als Demokratie. Wie warme Piroggen rissen sich die Menschen die jahrelang verbotenen Bücher aus der Hand, und sie redeten und redeten und redeten: über die schreckliche Vergangenheit unter Stalin, über die Verbrechen der Kommunisten, über jenes neue, bessere Leben, das – davon waren sie fest überzeugt – sie erwartete, nachdem das Land den Weg der europäischen Demokratie eingeschlagen hatte. Es sah aus, als wäre dieser Durchbruch in die Freiheit unumkehrbar. Niemand hätte es für möglich gehalten, dass man die Menschen einfach wieder »mit der Peitsche zurück in den alten Stall jagen würde«, wie die Lyrikerin Sinaida Hippius das Vorgehen der Bolschewiken im Land nach 1917 beschrieben hat. Wie kann es sein, dass man nur ein Vierteljahrhundert später für den Wunsch nach Freiheit nicht nur im Gefängnis landet, sondern ermordet wird?

Der Mord an Boris hat bewiesen, dass das demokratische Projekt in Russland gescheitert ist. Das autoritär regierte Russland stellt sich nicht nur als Problem für die Russen dar, sondern für die ganze Welt. Die riesigen natürlichen Ressourcen und das gewaltige militärische und atomare Potenzial, vergleichbar nur mit den amerikanischen Gegebenheiten, machen dieses Land unter der Führung eines unberechenbaren Diktators zur Bedrohung. Der Mord an Nemzow löst gewisse Assoziationen an das Attentat von Sarajevo aus, das dem Ersten Weltkrieg voranging. Boris' Ermordung ist eine ernst zu nehmende Warnung für die ganze Welt. Sie zeigt, dass es möglicherweise an der Spitze dieser atomaren Supermacht Personen gibt, die Gewalt für das einzige effektive Mittel zur Lösung von Problemen halten und die bereit sind, ihre Gegner zu töten. Heute morden sie im eigenen Land und an seiner Grenze – in der Ukraine. Aber keiner weiß, wo die zukünftigen Verbrechen begangen werden, die möglicherweise katastrophale Konsequenzen für die Welt haben werden. (Die russische Intervention in Syrien, die erst einsetzte, nachdem ich diesen Text schon geschrieben hatte, bestätigt meine Befürchtungen.)

Es ist meine Pflicht, zu begreifen, wie es in meinem Land so weit kommen konnte, und es ist meine Pflicht, alles zu tun, damit die Mörder meines Cousins benannt und bestraft werden.

Ich bin kein Held des Widerstands und kein Opfer des putinschen Terrors, ich bin ein typischer Vertreter der letzten Generation der sowjetischen Intelligenzija. Meine Jugendjahre fielen in die Zeit von Gorbatschows Perestroika. Damals glaubten viele von uns an die Ideale der Demokratie und betrieben aktiv den Sturz des kommunistischen Regimes. Dann folgten die 1990er-Jahre, in denen es für die einen ums Überleben, für die anderen ums Reichwerden ging – je nachdem, wie einem das Glück gesinnt war. Im ersten Jahrzehnt des neuen Jahrhunderts frohlockten wir noch ganz naiv über die Stabilisierung des Lebens, bis wir vor einigen Jahren allmählich begriffen, dass sich in Russland ein Regime etabliert hat, das noch schlimmer und gefährlicher ist als jenes, mit dem wir aufgewachsen sind.

Unsere Generation hat die vollständige Enttäuschung von allen Glaubensgrundsätzen und Hoffnungen der Perestroika erlebt. Wir wurden von unseren demokratischen Anführern enttäuscht, die in einem korrumpierten politischen System aufgingen. Wir wurden von der Demokratie selbst enttäuscht, die sich von der Wirtschaft vor den Karren spannen ließ, ehe sie ganz unrühmlich ihr Leben aushauchte. Wir wurden vom Westen enttäuscht, der sich als kurzsichtig und egoistisch erwies. Und wir wurden von uns selbst enttäuscht, weil wir um des Überlebens willen moralisch kapitulierten.

Viele von uns begreifen bis heute nicht, wie wir es zulassen konnten, dass sich unser Land wieder in eine Bedrohung für die ganze Welt verwandelt hat. Wie konnten wir zulassen, dass die Staatsmacht die kleinen Triebe der Freiheit erstickte und im Bewusstsein unserer Mitbürger Lüge und Hass säte?

Vor meinem Auge ziehen wie in einem Kaleidoskop wechselnde Bilder der Vergangenheit vorbei.

Mein Vater – Physiker, ein Asket und Skeptiker, erzählt mir, einem neunjährigen Jungen, dass die meisten Menschen in der UdSSR schlechter leben als die Menschen im Westen. Damit bricht mein kindliches Weltbild zusammen, das bis dahin ganz von der sowjetischen Propaganda geprägt war. Von diesem Moment an hasse ich das Sowjetregime aus tiefstem Herzen. Allerdings nicht, weil es den Menschen bei uns schlecht geht, sondern weil das Regime uns anlügt, weil es mich und Millionen meiner Mitbürger betrügt. Die totale Verlogenheit – genau das ist es auch, was mich an den heutigen russischen Machthabern am meisten empört.

Ich bin 15 Jahre alt und allein unterwegs in den grauen, sowjetischtristen Straßen meiner Geburtsstadt, auf die der damalige Name Gorki – zu Deutsch: »bitter« – nur zu gut passt. In naiven Träumen male ich mir aus, wie sich die Stadt nach dem Sturz der Kommunisten verwandeln und eines Tages den festlich bunten und neonfarbenen Straßen der westlichen Städte gleichen wird, wie wir sie aus den seltenen ausländischen Filmen im russischen Fernsehen kennen.

Perestroika. Ich bin 20 Jahre alt und nehme regelmäßig an antikommunistischen Aktionen teil, die immer wieder mit dem Zusammenstoß von Demonstranten und Polizei enden. Zusammen mit meiner Freundin sitze ich am hohen Ufer der Wolga. Während wir die Aussicht auf den Zusammenfluss von Wolga und Oka bewundern, machen wir uns klar, dass die Kommunisten sich nicht so leicht vertreiben lassen und wir vielleicht mehrere Jahre im Gefängnis verbringen werden.

Der August-Putsch 1991 beschert mir die wichtigsten Tage in meinem damals 23-jährigen Leben. Eine kleine, aber entschlossene Gruppe von Demonstranten macht sich auf den Weg zum lokalen Fernsehsender und fordert, dass man über die tatsächlichen Ereignisse in Moskau berichten solle. Die meisten von uns sind Idealisten, wir glühen vor Kampfgeist und sind bereit, uns zu opfern. Zu unserer Überraschung tritt uns die Führung des Fernsehsenders entgegen und übergibt den Äther an unsere Vertreter. Wir begreifen, dass das »Staatskomitee für den Ausnahmezustand« – also jene acht sowjetischen Funktionäre, die einen Staatsstreich gegen Michail Gorbatschow angezettelt haben – die Situation nicht länger kontrolliert und scheitern wird.

Wir haben gesiegt. Das ist das Ende der UdSSR. Aber unser Sieg wird unsere Niederlage. Im Wesentlichen erhält sich die sowjetische Bürokratie ihre Macht. Die wenigen Demokraten, die Mitglieder der Regierung des Landes werden, sind gezwungen, sich anzupassen, die neuen Spielregeln zu übernehmen und ihren Idealismus zugunsten der Realpolitik über Bord zu werfen. Anders würden sie sich keinen Monat in diesem System halten können. Eben haben sie noch aufs Schärfste die Privilegien der Nomenklatura kritisiert, und nur wenig später sind die Tische auf den Empfängen der neuen Elite zum Bersten voll mit Kaviar und anderen Delikatessen, während ein Großteil der Bevölkerung wegen der heftigen Preissteigerungen kaum mehr über die Runden kommt.

Am Anfang bin ich empört. Aber die Versuchung eines satten Lebens erweist sich als stärker als die moralische Qual. Schon nach kurzer Zeit trinke und esse auch ich auf diesen pompösen Empfängen in einem hungernden Land.

Zu dieser Zeit ereignen sich unglaubliche Dinge in Russland. Das Ausmaß von Despotismus und Korrumpierung übersteigt sogar jenes in der Ära von Rasputin und Nikolaus II. Die Oligarchen nutzen ihre Nähe zu Jelzin, den völlig unfähigen Präsidenten, und veranstalten eine Riesenshow, um das Staatseigentum unter sich aufzuteilen – diese Phase wird nach dem damaligen engen Vertrauten und Mitarbeiter Jelzins,

Anatoli Tschubais, als »Tschubais' Privatisierung« in die Geschichte eingehen.

Die Botschaft des neuen Lebens lautet: Werft eure Ideale und Illusionen über Bord und bereichert euch um jeden Preis, sonst endet ihr als Verlierer. Der Großteil meiner Bekannten kommt diesen drastischen Forderungen der Zeit nach.

Die russische Intelligenzija fristet ein Dasein am Rande der Armut, während ihre Elite sich in Bausch und Bogen als intellektuelle Dienstleister an die neuen Herren dieses Lebens verkaufen. Eine ganz neue soziale Schicht, eine Pseudo-Intelligenzija erobert den Markt und arbeitet für jeden, der bezahlt.

Im Land bildet sich ein von den Oligarchen korrumpiertes Regime heraus, das die Ideen von Demokratie und Menschenrechten diskreditiert, also genau jene Werte, um derentwillen wir die Kommunisten gestürzt haben. Dieses Regime bereitet den Boden für die derzeitige moralische Katastrophe der russischen Gesellschaft.

Enttäuschung und Verwüstung machen sich breit. Ich glaube nicht mehr an die sogenannten demokratischen Anführer. Jeder, der diese Möglichkeit hat, bereichert sich. Und ich, bin ich denn besser? Ich nutze meine alten Kontakte und steige als politischer Berater ein, organisiere Wahlkampagnen und entwerfe verschiedene Projekte. Ich verdiene gut, reise durch die Welt, lebe in Saus und Braus. Und Russlands Geschichte nimmt derweil ihren Lauf.

Es beginnt die Tschetschenien-Kampagne, die ursprünglich als kleiner siegreicher Krieg zur Wiederbelebung von Jelzins Popularität ersonnen wurde und sich stattdessen zu einem grauenvollen Massaker entwickelt. Im Jahr 1995 hieven die Oligarchen den todkranken, nur noch halb zurechnungsfähigen Jelzin mit Ach und Krach und unter Nichtbeachtung aller möglichen Gesetze noch einmal in den Präsidentensessel. Der Westen drückt beide Augen zu. Die meisten seiner sogenannten Kulturträger in Russland begreifen die Vorgänge überhaupt nicht und wirken auf die Bevölkerung einfach nur armselig und lächerlich.

Ende der 1990er-Jahre regte sich unerwartet die Hoffnung, die

Situation im Land könnte sich ändern. Ich unterstütze Nemzow, der zu der Zeit erster Vizepremier der russischen Regierung ist, bei seinen Anstrengungen, die Allmacht der Oligarchen zu beschneiden. Er hat inzwischen viel verstanden und will jene aufhalten, die die demokratischen Ideale seiner Jugend zu einem Märchen verkommen ließen, zu einem Deckmäntelchen für die eigene Macht und ungesetzmäßige Bereicherung. Die Oligarchen jedoch erweisen sich, wie es zu erwarten war, als stärker. Wir verlieren bei diesem ungleichen Wettkampf. Die frisch aufgekeimte Hoffnung erstickt wieder.

Dann tritt Jelzin ab und übergibt auf Zuspiel der Oligarchen die Führung des Landes an den grauen, unsichtbaren Tschekisten Putin, den, wie so viele Diktatoren in ihren Anfangszeiten, keiner im Land ernst nimmt. Dennoch bringt Putins Machtantritt einige ernst zu nehmende negative Veränderungen mit sich. Die Situation im Land verschlechtert sich; langsam, aber sicher werden die letzten demokratischen Institutionen ausgehebelt oder zerstört. Zu den Lastern von Jelzins Banditenkapitalismus gesellen sich jetzt noch die wiedererwachten Laster des sowjetischen Systems: Autoritarismus, die Einschränkung von Gesetz und Freiheit, totale Staatspropaganda, Chauvinismus und Fremdenhass. In meinem Buch bezeichne ich diesen Prozess als Fusion des kapitalistischen und sowjetischen Systems – mit negativer Konvergenz.

Schritt für Schritt reißt Putin alles an sich. Die Duma, das Fernsehen, die Großindustrie, die politischen Parteien, die Kirche – alles untersteht seiner Kontrolle und dient dem neuen Autokraten.

Aber ich versuche das zu ignorieren. Immer noch arbeite ich im Bereich der Politberatung. Ich verkehre mit Gouverneuren, Abgeordneten der Duma und Parteivorsitzenden. Ich habe längst begriffen, wie diese Leute ticken. Für Geld und Karriere sind die meisten von ihnen zu allem bereit: Größenwahn und unverhüllter Zynismus verbinden sich mit Ignoranz und aggressiver Dreistigkeit. Ihr Verhältnis zur Demokratie und zu Wahlen gleicht dem zu nervigem, nur vage nachvollziehbarem, aber unvermeidlichem Zierrat. Für sie zählt nur, es dem Chef recht zu machen, sich das Wohlwollen des »Herrn« zu sichern, dessen Porträt wie eine Ikone am Ehrenplatz jedes Beamtenbüros hängt. Es ist kein Wunder, dass dieses Milieu den Putinismus hervorgebracht hat, ein Regime, das den faschistischen Diktaturen aus der Mitte des 20. Jahrhunderts nahesteht.

Eines Tages erhalte ich das Angebot, einen leitenden Posten im größten staatlichen soziologischen Dienst zu übernehmen. Ich weiß, dass man dort erst kürzlich ein Team echter Wissenschaftler mit demokratischen Ansichten entlassen hat und dort jetzt Leute aus dem Kreml das Sagen haben. Aber die Annehmlichkeiten der Stelle überwiegen meine Bedenken. Wieder gehe ich einen Kompromiss ein. Ich nehme das Angebot an, schwöre mir aber, dass ich mich unter keinen Umständen hinreißen lassen werde, Putin und sein System zu loben.

Um des Geldes willen arbeite ich in einer Organisation, die ich verachte. Für meine Seele schreibe ich mein erstes Buch – eine soziale Utopie über eine zukünftige Gesellschaft, die auf den Prinzipien einer direkten Demokratie basiert und diese mithilfe der modernen Informationstechnologie umsetzt: *Der Durchbruch in die Zukunft. Die Soziologie der Internet-Revolution.* Das Buch erscheint in Moskau und hat einigen Erfolg. Jetzt bin ich nicht nur ein Soziologe der Praxis, sondern auch der Autor eines bekannten theoretischen Textes an der Schnittstelle zwischen Soziologie und Futurologie.

Trotzdem fällt es mir immer schwerer, dieses Doppelleben zu führen: einerseits den Kreml zu hassen und andererseits in einem Unternehmen zu arbeiten, das zu ihm gehört. Ich suche nach einer Möglichkeit, offen gegen die Lüge und den Missbrauch anzugehen, mit denen ich täglich bei der Arbeit konfrontiert bin. Und dann eines Tages übergibt mir ein Kollege, ein älterer, schwerer Mann mit dem Gesicht eines Landarztes, der meine politischen Ansichten kennt, eine Reihe von Dokumenten, die beweisen, dass die Führung unserer Organisation nicht nur zugunsten des Kremls lügt, sondern zusammen mit hochgestellten Mitarbeitern der Präsidialadministration staatliche Mittel stiehlt und auf Offshorekonten verschiebt. Der Skandal hat, anders als man hätte erwarten können, keinerlei Konsequenzen. Die korrupten Beamten dürfen froh und unbehelligt auf ihren Posten bleiben. Dafür erfährt die Journalistin, die den Skandal öffentlich macht und bereits mehrere kremlkritische Artikel verfasst hat, massive Repressalien. Da sie zwar in Moskau arbeitet, aber noch die moldawische Staatsangehörigkeit besitzt, weist man sie schlicht und einfach aus Russland aus.

Bei mir treffen zu dieser Zeit immer wieder mysteriöse Briefe von irgendwelchen angeblichen »tschetschenischen Banditen« ein, in denen mir Rache angedroht wird. Mir wird bewusst, dass man mich nach diesem Skandal nicht mehr in Ruhe lassen wird, man wird sich an mir rächen. Aber mir ist auch etwas Wichtiges klar geworden: Ich will mich nicht mehr anpassen, nicht länger anderer Menschen Interessen bedienen. Ich will mich nicht mehr an politischen Manipulationen beteiligen, ich will mich nicht mehr mit Wahltechniken und PR-Methoden beschäftigen. Ich will über das schreiben, was ich für wichtig halte, und nicht über die Konsequenzen nachdenken und mich nicht um die Sicherheit meiner Familie sorgen müssen. Aber ich weiß sehr wohl, dass das in einem Russland unter Putin unmöglich ist. Kurz und gut, ich beschließe zu emigrieren. Auch wenn das finanziell einen Verlust darstellt, werde ich dafür das bekommen, was mir am wichtigsten ist: das Recht auf freie Meinungsäußerung. Endlich kann ich meinem Gewissen folgen und erzählen, was ich in vielen Berufsjahren innerhalb der russischen Elite erlebt habe, kann Menschen auch im Westen helfen zu verstehen, worin das Monster des russischen Machtapparats besteht und welche Bedrohung es für die Welt bedeutet.

Ich lebe und arbeite bereits in Deutschland, als die Situation in Russland immer beängstigender wird. Der Fall »Pussy Riot« ist das beste Indiz dafür, dass im Land eine Art klerikale Reaktion stattfindet. Nach der Verhaftung der Gruppe wegen Protestaktionen gegen Putin im zentralen Gotteshaus der russisch-orthodoxen Kirche schreibe ich eine Reihe Artikel zur Verteidigung der Punk-Rock-Band. Diese Kirche ist längst nur noch das Beiwerk der autoritären Machthaber. Im Zusammenhang mit meinen Artikeln fordern bekannte russische Geistliche, die mit Putins Geheimdiensten in Verbindung stehen, strafrechtlich gegen mich vorzugehen. Meine Freunde in Moskau empfehlen mir, fürs Erste nicht in die Heimat zu reisen, auch nicht für kurze Zeit.

Aber dann kommt es noch schlimmer – der kriegerische Angriff gegen die Ukraine und der Mord an Boris. Das Vorgehen der russischen Regierung erinnert an die deutschen und italienischen Annexionen und Überfälle unmittelbar vor Ausbruch des Zweiten Weltkriegs. Europa hat sich an eine verhältnismäßig sichere Welt gewöhnt und steht unter Schock. Dass sich im Osten des Kontinents ein aggressives Regime formiert hat, das einen unerklärten Krieg gegen ein anderes europäisches Land eröffnet, kommt aus heiterem Himmel.

Seit ich in Deutschland lebe, bin ich endgültig zu der Auffassung gekommen, dass die Europäer die Bedrohung, die von der russischen Staatsmacht ausgeht, im Grunde nicht wirklich verstanden haben. Die Leader der europäischen Staaten tun so, als ob es um irgendeine taktische außenpolitische Krise ginge, die man mit den üblichen probaten Mitteln lösen kann. Dabei bedeutet die Situation der russischen Aggression eine globale Krise für die europäische Demokratie und Sicherheit und dazu die gefährlichste seit Mitte der 1950er-Jahre.

Das Regime, das sich in Russland etabliert hat, ist wesenhaft geprägt von einer Reihe von Eigenschaften, die es buchstäblich dazu zwingen, den Weg der Expansion einzuschlagen. Anders kann es nicht existieren. Die höchste Führung im Land wurde noch in ihrer tschekistischen Jugend vom Bazillus des Chauvinismus und des Fremdenhasses infiziert. Diese Führung braucht den Krieg und die Aggression, denn nur so kann sie die eigene Macht vor sich selbst rechtfertigen. Die Welt wird sich erst sicher fühlen können, wenn Putins System aufgehört hat zu existieren.

# 1. Vom Söldner zum Diktator

*»Warum ich Putin nicht mag? Wegen seines Zynismus. Wegen seines Rassismus. Wegen des endlosen Krieges. Wegen seiner Lügen. Wegen der Gasattacke im Musicaltheater ›Nord-Ost‹. Wegen der unschuldigen Menschen, die während seiner Amtszeit umgebracht wurden. Ein Sterben, das man hätte vermeiden können.«*

Anna Politkowskaja

Ich konnte sie nie ertragen, schon physisch nicht. Diese Männer in grauen Mänteln und grauen Anzügen. Sie haben einen harten, stechenden Blick und eine Vorliebe für dreckige Witze und Lösungen unter Zuhilfenahme von Gewalt. Sie fürchten und achten ihre Vorgesetzten, erniedrigen jedoch gerne ihre Untergebenen und Menschen, die von ihnen abhängig sind. Sie verachten höhere Bildung, denn in ihren Augen ist sie ein Zeichen von Schwäche. In ihrem Leben gibt es keine Kreativität, keinen Forscherdrang, keine herausstechenden Aktionen. Sie folgen unentwegt den herrschenden gesellschaftlichen Normen und akzeptieren kritiklos alles, was ihre Vorgesetzten gutheißen, was als allgemein anerkannt und üblich gilt. Sie genießen es, sich ihre Umgebung gewaltsam zu unterwerfen.

Diese Leute halten alle Menschen, die anders sind als sie, grundsätzlich für nicht vollwertig. Sie selbst sind patriotisch und fremdenfeindlich gesinnt. Sie hassen sexuelle Minderheiten und haben ein sexistisches, abschätziges Verhältnis zu Frauen. Ausländer sind für sie »komische Halbmenschen«: dämliche Amis, europäische Schwuchteln, »Gayropäer«, Kanaken – so bezeichnen sie Vertreter anderer Nationalität und Herkunft. Sie sind überzeugt von ihrer eigenen nationalen und kulturellen Überlegenheit und von der Richtigkeit ihrer Ansichten. Stolzerfüllt und dünkelhaft, weil sie das Glück haben, russisch-othodoxe, heterosexuelle, physisch gesunde Männer zu sein.

Die Psychologie bezeichnet solche Menschen als autoritäre Persönlichkeiten. Genau auf diesen Menschentyp stützt sich die Herrschaft der russischen Bürokratie. Er ist am häufigsten unter den russischen »Staatsdienern« vertreten, unter all jenen Vorgesetzten, Militärs, Spezialkräften und Polizisten. Er bildete sich bereits im zaristischen Russland heraus und wurde während Stalins Terrorherrschaft gestählt und geschliffen. Unter wütenden Zuckungen und Windungen überlebte er das fröhliche Chaos der Perestroika. Die Epoche Putins aber wurde sein Goldenes Zeitalter. Ich erkenne die Gesichter autoritärer Menschen auf Anhieb, ganz gleich, wo ich auf sie stoße. Ich fürchte und hasse sie. Sie riechen nach Gewalt. Der Polizist auf der Straße kann dich schikanieren, festhalten, verprügeln. Der Offizier oder Feldwebel der Armee will aus dir seinen rechtlosen Sklaven machen. Der Beamte versucht dich zu demütigen und dich zu zwingen, ihm für die Möglichkeit, ihn zu schmieren, dankbar zu sein. Der Chef will deine Individualität unterdrücken und dich zum Schräubchen seiner korporativen Maschinerie machen.

Autoritäre Personen sind Feinde der Kultur. Sie ersetzen Kultur durch Gewalt, die sie unter vorgetäuschter Frömmigkeit verschleiern; zu Zeiten der Sowjetunion trugen diese Leute die gleiche aufgesetzte Ergebenheit gegenüber der kommunistischen Ideologie zur Schau. Viele von ihnen misshandeln ihre Kinder und Frauen, aber bekreuzigen sich vor jeder Kirche. Bigotterie verbindet sich bei ihnen mit Habgier und dem Hang zu primitiven sinnlichen Genüssen. Ihre Schwächen: Schwitzbad, Wodka, Völlerei, Prostitution, Schaukelstuhl, Fußball im Fernsehen. Sie lieben Macht und Geld, denn nur diese beiden Dinge können sie vor Demütigung bewahren und geben ihnen die Möglichkeit, andere zu erniedrigen.

Die russischen Medien bringen ständig Reportagen über Folter und Vergewaltigung, über das Verprügeln von Festgenommenen und Häftlingen durch die Polizei. Normalerweise bleiben die Täter in Uniform – vor allem wenn sie einen hohen Rang bekleiden – von harten Strafen verschont, selbst in Fällen, die große öffentliche Aufmerksamkeit erhalten. Ein Großindustrieller erzählte mir, was er selbst von seinen Partnern, einflussreichen Mitarbeitern des FSB, die für seinen »Schutz« zuständig waren, über ein grauenvolles traditionelles Ritual erfahren hatte, das in der Führung des FSB üblich war. Demnach begehen die dortigen Generäle jedes Jahr den Tag des Tschekisten mit einer Jagd auf Moskaus Straßen und der Gruppenvergewaltigung eines Mädchens. So etwas klingt nach finsterem Fieberwahn, aber allein die Tatsache, dass solche Gerüchte kursieren, ist höchst charakteristisch. Die Russen zweifeln nicht im Geringsten an der primitiven Brutalität der »Männer in Grau«, an ihrer Bereitschaft, jegliches Verbrechen zu begehen, und vor allem an ihrer vollständigen Straffreiheit, besonders wenn sie aus der Leitung der jeweiligen Dienste stammen.

Am 31. Dezember 1999 schaltete ich den Fernseher an und erblickte auf dem Bildschirm einen »Mann in Grau«. Es handelte sich um den neuen Präsidenten meines Landes, den ehemaligen KGB-Funktionär Wladimir Putin. Und ich begriff, dass dem Land und mir persönlich schwere Prüfungen bevorstanden.

## Wie man Putin an die Macht brachte

Tatsächlich kam diese Nachricht für mich nicht völlig unerwartet. Ein derartiger Ausgang war Ende der 1990er-Jahre zu befürchten. Damals lag die Macht faktisch in den Händen der Oligarchen, also der Großindustriellen, denen es dank Staatsbeamter von höchster Stelle gelungen war, die grundlegenden ökonomischen Ressourcen des Landes und die Massenmedien in ihren Besitz zu bringen. Die Oligarchen benötigten einen Zerberus, der in der Lage war, alles Vermögen, das sie sich angeeignet hatten, zu schützen. Dafür war Putin ideal geeignet: Als Zögling des Geheimdienstes, gleichzeitig grau und hart, hatte er gegenüber seinem früheren Chef, dem liberalen Bürgermeister von St. Petersburg, Anatoli Sobtschak, seine Ergebenheit unter Beweis gestellt. Auch die Tatsache, dass sich Putin aus seiner Zeit im Petersburger Rathaus noch mit einer Reihe von Korruptionsvorwürfen konfrontiert sah, sprach letztlich für ihn. Mit seiner angeschlagenen Reputation kam er den Oligarchen durchaus zupass, bot sie doch die Möglichkeit, ihn nötigenfalls an »alte Sünden« zu erinnern und sich bei Bedarf ohne große Umstände mit ihm zu einigen.

Ende der 1990er-Jahre hatte ich beruflich regelmäßig mit einem Oligarchen zu tun, der heute unter den ersten zehn auf der *Forbes*-Liste der reichsten Russen rangiert. Dieser Oligarch war aus irgendeinem Grund der Ansicht, offen mit mir sprechen zu können. Ich zitiere ihn aus dem Gedächtnis, sinngemäß: »Meine Familie lebt längst im Ausland. Mich hält hier nur die Möglichkeit, Geld zu machen … Dieses Volk ist doch nur Arbeitsvieh. Es versteht nur die Sprache der Gewalt. Diese Leute brauchen einen Mann, der sie hart anfasst. Auf den werden sie hören, den werden sie lieben. General Lebed hätte beispielsweise so einer werden können. Aber diese ganzen Liberalen – sicher, für sich genommen sind sie schon in Ordnung –, aber sie sind allesamt Schwächlinge, die kommen nie an die Macht … Weißt du noch, wie die Perestroika anfing und die Freiheit im Land aufkam, damals 1986 mit der Hauptversammlung der Vereinigung der Filmschaffenden, als die Filmleute den Aufstand wagten und ihre alte Führung abwählten, Nikita Michalkow davonjagten? Und jetzt hat diese ganze Freiheit mit genau so einer Hauptversammlung der Filmschaffenden ihr endgültiges Aus gefunden. Sie brauchen wieder einen Herrn. Und rufen ganz demütig genau jenen Michalkow zurück in Amt und Würden, als Präsident der Vereinigung. Und dabei ist das die Intelligenzija, was erwartest du da von den einfachen Bürgern? Bald kriechen sie vor Russlands neuem Herrn auf dem Bauch …«

Ich war erschüttert vom Zynismus dieses Mannes und von seinem Hass auf sein Land. Und ich verstand überhaupt nicht, warum er mir das alles erzählte. Erst allmählich begann ich zu begreifen, was hinter unserem Gespräch steckte. Dieser Oligarch hatte mir gegenüber die Kriterien benannt, nach denen die Oligarchie Jelzins Nachfolger auswählen würde, und mir quasi erklärt, warum dieser Nachfolger nicht

Nemzow sein konnte. Offenbar erwartete er auch, dass ich Boris diese Nachricht überbringen würde. Natürlich war damals noch keine Rede von Putin. Aber nur wenige Jahre später wurde er zum neuen »Herrn über Russland« berufen, weil die einflussreichsten Oligarchen ausgerechnet ihn für fähig hielten, das Land mithilfe roher Gewalt im Zaum zu halten.

Ich durfte damals bei dem hoffnungslosen Versuch, diese Ereignisse aufzuhalten, mitwirken. Zu Beginn des Sommers 1997 verwendete ich offenbar als Erster in einem Interview einer lokalen Zeitung in Nischni Nowgorod, wo ich damals lebte, den Begriff »Oligarchen« in Bezug auf die herrschende und eng mit der russischen Regierung verbundene Gruppe von Großindustriellen und Großunternehmern. In diesem Beitrag sprach ich von der »Finanzoligarchie«, die die staatliche Macht im Land »privatisiert« hatte.

Mein Interview gefiel Nemzow, der damals erster Vizepremier war. Wie sich herausstellte, sah er die Dinge ganz ähnlich. Ich begann für ihn einen Bericht zu diesem Thema auszuarbeiten. Ich erläuterte die möglichen Methoden im Kampf gegen die Macht der Finanzoligarchie und ihren Einfluss auf den Staatsapparat, das Fernsehen und den Privatisierungsprozess; ich schrieb auch über die Notwendigkeit einer neuen antioligarchischen demokratischen Ideologie u. Ä. Ich schlug einen Gegenentwurf vor, bei dem ich der Oligarchie das Ideal des »Volkskapitalismus« gegenüberstellte, der sich auf die Ausbildung von Kleinunternehmertum und mittelständischen Firmen gründete, auf Konsumgüterkooperativen und Produktionsgenossenschaften und eine soziale Marktwirtschaft.

Die Kampagne gegen die Oligarchie erwies sich als höchst vorteilhaft für die sogenannten jungen Reformer innerhalb der Regierung – zu denen auch Boris gehörte –, da sie sich mitten in einer erbitterten Auseinandersetzung mit einigen Oligarchen befanden.

An einem gewissen Punkt sah es so aus, als ob Nemzows Gefährten Jelzin überzeugt hätten, die Kampagne gegen die Oligarchen zu unterstützen. Anfang September 1997 erklärte sich Jelzin sogar zunächst damit einverstanden, auf der Messe in Nischni Nowgorod eine programmatische, auf meinem Bericht basierende Rede gegen die Oligarchen zu halten. Aber wie zu erwarten, gelang es Jelzins Umfeld, ihm das Vorhaben auszureden. Jelzins Tochter Tatjana Djatschenko und ihr zukünftiger Mann Walentin Jumaschew überzeugten ihn davon, die Macht der Oligarchen nicht anzutasten. Die beiden waren schon damals die wichtigsten Lobbyisten des sogenannten Familienclans der Oligarchie um Jelzin. Anschließend setzten sie die ihnen gehörenden Medien dazu ein, um Boris' außerordentliche Popularität zu zerstören, quasi als Rache für seinen Versuch, faire Privatisierungsauktionen durchzuführen und überhaupt den Einfluss der Oligarchie zu beschneiden. Etwas später verlor Boris seinen Posten in der Regierung.

Um das Jahr 1999 herum sahen sich die einflussreichsten Kreml-Oligarchen, die sogenannte Jelzin-Familie (Jelzins Tochter Tatjana Djatschenko, Roman Abramowitsch, Alexander Woloschin, Boris Beresowski u. a.) erneut mit einer schwierigen Situation konfrontiert. Jelzin war todkrank, außerdem ging seine zweite Amtszeit als Präsident zu Ende. Der konkurrierende Clan um den Moskauer Bürgermeister Luschkow drängte an die Macht. Die »Jelzin-Familie« jedoch gab nicht auf, obwohl ihre Lage fast aussichtslos schien, und setzte auf Wladimir Putin. Im Land spielte sich ein blutiges Drama ab, das Putins Aufstieg an die Macht überhaupt erst ermöglichte: Der Überfall auf Dagestan durch Bassajews Kämpfer, Bombenanschläge in Moskau und Wolgodonsk, der Zweite Tschetschenienkrieg. Putin ritt buchstäblich unter begeistertem Aufheulen der plebejischen Massen als Retter auf einem weißen Pferd in den Kreml ein, hatte er doch zur Bekämpfung der Terroristen die Parole ausgegeben: »Wir werden sie im Klo kaltmachen.« In der Folge starben Tausende von Menschen, dafür blieben Kapital und Sicherheit der Oligarchen-»Familie« unangetastet. Ihr, wie es damals schien, getreuer Protegé wurde zum neuen Präsidenten, erwies sich aber in Wirklichkeit als blutiger Tschekist.

Die Interessen der »Familie« und der Führung der Geheimdienste deckten sich damals, denn für die einen wie für die anderen war Putins Präsidentschaft von Vorteil. Der ehemalige Mitarbeiter des FSB, Alexander Litwinenko, der später vom russischen Geheimdienst vergiftet wurde, hat jede Menge interessante Einzelheiten über die Bombenattentate in Moskau und Wolgodonsk zusammengetragen und ziemlich genau erläutert, wie der FSB die Invasion der tschetschenischen Kämpfer in Dagestan organisierte. Ich werde sein Buch hier nicht nacherzählen. Aber ich erinnere nur daran, wie sich der russische Geheimdienst damals in die Geschichte vom »Rjasaner Hexogen« verstrickte, nachdem eine Detonation in einem Wohnhaus durch umsichtige Bewohner verhindert worden war. Als der hochgiftige Sprengstoff Hexogen, der – nach Meinung von Alexander Litwinenko und Anna Politkowskaja – vom russischen Geheimdienst im Keller des Hauses deponiert worden war, vorzeitig entdeckt wurde, blieb dem FSB nichts anderes übrig, als die Situation als Teil einer Anti-Terror-Übung auszugeben.

Es ist charakteristisch, dass danach etliche der Personen, die sich mit der Untersuchung und Aufklärung dieser Ereignisse befassten, ermordet wurden: Litwinenko, die Abgeordneten Juschenikow und Schtschekotschichin, die Journalistin Politkowskaja.

Die westlichen Geheimdienste wie auch etliche westliche Staatschefs wissen aller Wahrscheinlichkeit nach, was im Jahr 1999 in Russland wirklich geschah. Aber sie schweigen. Hätten sie seinerzeit ihre Informationen veröffentlicht, wäre der Westen schon damals gezwungen gewesen, alle engen Verbindungen zur russischen Staatsführung abzubrechen – der Wähler hätte schlicht keine andere Reaktion nachvollziehen können. Aber das wäre wirtschaftlich und politisch höchst unvorteilhaft gewesen.

## Der Mann in Grau – Putins soziopsychologische Züge

Putins Wahl zum Erben Jelzins markiert in vieler Hinsicht den nächsten großen Schicksalsschlag, der das Land in die Katastrophe führte. Es ist sinnlos, Putins Biografie hier in allen Einzelheiten nachzuzeichnen. Sie wurde bereits in Hunderten von Büchern und Tausenden von

Artikeln ausgebreitet. Das Wichtigste an ihm sind jedoch nicht irgendwelche Besonderheiten, sondern das Graue, das Standardisierte, die in keiner Weise auffällige Persönlichkeit. Trotzki bezeichnete Stalin als den Inbegriff der Durchschnittlichkeit, und Putin war anfangs sogar in seiner Durchschnittlichkeit absolut mittelmäßig.

Er war ein ganz normaler Aufsteiger aus der sozialen Unterschicht, der es gelernt hatte, seine Ziele mit gewalttätigen Mitteln zu erreichen. Seine Orientierungspunkte im Leben, seine psychischen Besonderheiten, seine Komplexe entwickelten sich in der Leningrader Hinterhofgesellschaft – die er später selbst mit Blick auf die dort herrschenden »Gesetze« als Dschungel bezeichnete –, bildeten sich im Zusammenleben mit Rowdys und Malochern heraus, in jenen dunklen Seitengassen der Stadt, wo der Stärkere im Recht ist und das Wort »Intellektueller« eine Beleidigung bedeutet.

Zwar wurde Putin in Petersburg geboren, aber laut Wikipedia waren seine Vorfahren sowohl mütterlicher- wie auch väterlicherseits drei Jahrhunderte lang Bauern aus dem Gouvernement Twer. Petersburg ist bekanntlich die kulturelle Hauptstadt Russlands. Noch im 19. Jahrhundert galt sie als einzige wirklich europäische Stadt in Russland. Aber nach der Oktoberrevolution veränderte sich das Antlitz der Stadt radikal. Ein bedeutender Teil der Petersburger Intelligenzija wurde gezwungen zu emigrieren oder die Stadt zu verlassen. Dafür wurden dort Bewohner ländlicher Gegenden angesiedelt, die sich in vieler Hinsicht ihr bäuerliches Denken bewahrten – ein Prozess, der schon vor 1917 begann, sich danach aber noch gewaltig verstärkte. Auch wenn Putins Großvater bereits kurz vor der Revolution nach Petersburg zog, gehören sowohl Putins Vater als auch seine Mutter zu dieser Kategorie von Petersburgern. Dieses ehemals ländlich geprägte Umfeld mit Außenseiterstatus, das seine bäuerliche Kultur verloren, aber die städtische nicht angenommen hatte, schuf den halb kriminellen Hintergrund der Leningrader Unterschicht, aus der der zukünftige Präsident des Landes hervorgehen sollte. Die Menschen, die vom Land zuzogen, lebten überwiegend in Gemeinschaftswohnungen, also auf unglaublich engem Raum, meist mehrere Familien in einer Wohnung, aus der die früheren bourgeoisen Bewohner geflüchtet oder ausgesiedelt worden waren. In einer solchen Gemeinschaftswohnung verbrachte Putin seine Kindheit und Jugend.

Das Petersburg Gogols, Dostojewskijs, Bloks und Belyjs ist auf der ganzen Welt bekannt. Putins Leningrad aber hatte nichts damit zu tun. Es war die Stadt grober, wenig gebildeter, kulturloser Menschen mit einem patriarchalischen Bewusstsein. In ihrem Weltbild hatte der eigene Hinterhof ihr Dorf ersetzt, hier gab es ebenso wie einst dort starke Kerle, die den Ton angaben. Alle Auseinandersetzungen – auch die familiären – wurden hier mit Prügeln und Schlägen ins Gesicht gelöst. Die früheren Konflikte zwischen benachbarten Dörfern gingen nach der Übersiedlung der Dörfler in die Stadt nahtlos in solche zwischen verschiedenen »Höfen« über. Die Bewohner anderer Höfe nahm man in diesem sozialen Umfeld als verdächtige Fremde wahr, denen man sich immer wieder entgegenstellen musste, damit sie einen fürchteten und – gemäß einer derartigen primitiven Psychologie – nicht damit aufhörten, einen selbst zu achten, und nicht anfingen, die eigenen Mädchen zu »belästigen«. Diese dörfliche Haltung gegenüber Fremden, die man als Feinde und Konkurrenten betrachtete, bestimmte das Leben in den Höfen und hat Putin nach eigenen Aussagen stark geprägt. Er hat diese Einstellung in sein Erwachsenenleben übernommen, und sie leitet ihn bis heute bei seiner Außenpolitik.

Der schwächliche Junge Wladimir, der aus einer armen Familie stammte, musste einiges an Demütigung ertragen. Er begann Judo zu trainieren, um in der Lage zu sein, es seinen Peinigern heimzuzahlen. Seit dieser Zeit nimmt Putin die Welt als aggressive Umgebung wahr, die immerzu versuchen wird, ihn zu demütigen, und der man nichts anderes als Gewalt entgegensetzen kann. Es ist keine Zufall, dass Putin gesagt hat: »Schon vor fünfzig Jahren hat mich die Leningrader Straße eines gelehrt: Wenn eine Prügelei unvermeidlich ist, sieh zu, dass du als Erster zuschlägst.« Und da die gesamte internationale Politik in seinen Augen ein einziges Dagegenhalten ist (»die selbstverständliche Konkurrenz der Mächte und ihrer Verbündeten«), ist es nur folgerichtig, andere als Erster zu überfallen und all diejenigen zu schlagen, die er für schwächer hält.

Später hat Putin sich oft genug in Witzen und Metaphern selbst als jener Typ des schwächlichen Jungen geoutet, der zum Rowdy wurde, um sich an seinen Peinigern zu rächen. »Ein starker Mann! Hat zehn Frauen vergewaltigt! Wir beneiden ihn alle!«, sagte Putin über den ehemaligen israelischen Präsidenten Mosche Katzav – und verriet damit seine aggressive, sexistische und zur Gewalt neigende Denkweise. Er glaubt tatsächlich, dass die Schwachen dazu da sind, sich den Starken zu unterwerfen und ihnen gefällig zu sein. Nur zu gern wiederholt er die Phrase: »Die Schwachen schlägt man.« Und er bewertet dies weder negativ noch ruft es seine Begeisterung hervor, sondern es wird von ihm schlicht und einfach als Naturgesetz hingenommen. Insgeheim fürchtet er, dass man ihn demütigen oder sich über ihn lustig machen wird, wenn er nicht brutal und aggressiv auftritt. Unterbewusst assoziiert er sich selbst mit jenem Bären, mit dem er Russland im Dezember 2014 öffentlich verglichen hat, einem Bären, den »seine Umwelt immer versuchen wird, an die Kette zu legen. Und sobald ihr das gelingt, wird sie ihm die Zähne und Krallen ausreißen.«

Putin kam offensichtlich zum Geheimdienst in dem Wunsch, einer mächtigen Organisation anzugehören, die ihn vor Erniedrigung schützen und ihn stark machen konnte. In der UdSSR – das muss man diesem untergegangenen Staat zugutehalten – konnten Menschen aus armen Familien eine gute Ausbildung erhalten und einen angesehenen Beruf mit garantiert hohem sozialem Prestige und materiellem Wohlstand erlernen. Damals gab es hierzu zwei Möglichkeiten: Entweder man machte eine Karriere in Wissenschaft und Kunst oder im Parteiapparat, bei der Armee oder beim Geheimdienst. Den ersten Weg wählten Personen mit schöpferischen Neigungen, den zweiten eher prosaische und machtorientierte Menschen wie Putin. Auch er begann ab einem gewissen Alter seinen Aufstieg aktiv zu betreiben. Wie seine Lehrerin Wera Gurewitsch schreibt, hatte er bis zur sechsten Klasse nicht allzu viel fürs Lernen übrig, »besann sich« dann aber. Offenbar begriff er zu diesem Zeitpunkt, dass ihn eine gute Ausbildung aus der Armut der Gemeinschaftswohnung retten konnte. Mit den Jahren entschied er sich für den Weg des Jokers im System, für eine Karriere im KGB.

Die Tschekisten der UdSSR und ihre russischen Nachfolger sind keine einfachen Mitarbeiter eines Geheimdienstes; sie gehören einer privilegierten Kaste an, die eine eigene Moral vertritt und die Welt in ihr zugehörige und fremde Menschen unterteilt. Das Moralverständnis der Tschekisten hat große Ähnlichkeit mit dem der Unterwelt – nicht umsonst sahen Stalins Tschekisten in den Lagern eine »soziale Nähe« zu den sogenannten Dieben im Gesetz, einem Zusammenschluss von kriminellen Häftlingen in den GULAGs. Bei den einen wie den anderen teilt sich die Welt in eigene und fremde Leute: Täter und Opfer, Tschekisten und Bürger. Sowohl die »Diebe im Gesetz« als auch die Tschekisten wenden kriminelle Mittel an, um ihre Ziele zu erreichen: Betrug, Provokation, Mord. Der Unterschied besteht darin, dass die Tschekisten ihre Handlungen mit den »Interessen des Vaterlands« rechtfertigen können (wobei sie ihre eigennützigen Ziele häufig damit verwechseln). Die Diebe sind da ehrlicher, sie haben es nicht nötig, sich zu rechtfertigen.

Es ist kein Zufall, dass neben seiner Zugehörigkeit zum Geheimdienst auch seine langjährige enge Zusammenarbeit mit Vertretern der kriminellen Welt ein wichtiger Faktor für Putins Karriere und für die Ausbildung seiner Persönlichkeit war. Sein Trainer für Judo und sein Lehrer fürs Leben war Leonid Uswjazow, mit Spitznamen »Lenja die Sportskanone«, eine kriminelle Autorität, der viele Jahre im Gefängnis gesessen hatte, unter anderem wegen seiner Teilnahme an einer Gruppenvergewaltigung. Später erinnerte sich Putin begeistert daran, was für ein toller Typ sein Lehrer gewesen war: »Einmal kamen wir zusammen mit unserem leitenden Trainer Leonid Ionowitsch vom Club ›Truda‹ in den Trainingsraum. Zu unserer Überraschung waren da noch die Karate-Leute auf den Matten. Lenja ging zu deren Trainer und sagte ihm, dass ihre Zeit rum war. Der schaute nicht mal in Lenjas Richtung – daraufhin ging Lenja zu ihm, warf ihn wortlos zu Boden, drückte ihn leicht, hob ihn von der Matte, weil der Kerl schon bewusstlos war, und sagte zu uns: ›Bitte, die Matten sind frei!‹« Lenja wurde in einem Bandenkrieg getötet und verfügte letztwillig, dass auf seinem Grabstein die Worte »Die Mafia ist unsterblich« eingraviert würden und dazu ein schockierend zotiges Gedicht aus seiner Feder über die Frauen, mit denen er geschlafen hatte.

Putin hatte auch später noch Kontakte zu Vertretern der kriminellen Welt, vor allem zu der in Petersburg einflussreichsten »Tambower Gruppe«, und arbeitete mit ihnen zusammen. Seine Verbindungen zu kriminellen, korrupten Strukturen sind in einer Vielzahl journalistischer Untersuchungen thematisiert worden, die ich hier nicht zusammenfassen möchte. Genaueres über Putins Verbindungen zum organisierten Verbrechen kann man in zahlreichen investigativen Artikeln der in Paris lebenden russischen Journalistin Anastasija Kirilenko, die auch als Koautorin des Films *Who is Mr. Putin?* bekannt geworden ist, nachlesen. Um einen kurzen Überblick über die Situation zu geben, zitiere ich folgenden Beitrag, den Kirilenko extra für dieses Buch geschrieben hat:

*Verbindungen zur Tambower kriminellen Vereinigung, Machenschaften im Zusammenhang mit der Lieferung von Lebensmitteln und der Ausfuhr von radioaktiven Substanzen, Veruntreuung und Wäsche von Staatsgeldern, ungesetzmäßige Beteiligung an Bau- und Ölhandelsgeschäften – das ist längst noch nicht das ganze Verzeichnis »schwarzer Flecken« in Putins Biografie.*

*Ende 1991 schloss das Petersburger Komitee für Außenbeziehungen unter Leitung von Putin Verträge mit verschiedenen Eintagesfirmen über die Lieferung von Rohstoffen (Erdölprodukte, Holz, Buntmetalle und Metalle der Seltenen Erden im Tauschhandel). Als Gegenleistung sollte die Stadt Lebensmittel erhalten. Aber dazu kam es nie. Die Firmen »verteilten« die geradezu fabelhafte Kommission und verschwanden. Der Schaden der Stadt St. Petersburg belief sich in etwa auf 122 Millionen Dollar. Auf diese Weise bereicherten sich Putin und seine Freunde und kamen zu ihrem »Startkapital«.*

*Im Herbst 1993 wurde an der russisch-finnischen Grenze der Unternehmer Mamwejew wegen versuchten Schmuggels von Osmium festgenommen und wenige Tage später der mit ihm in Verbindung gebrachte Stellvertreter von Bürgermeister Sobtschak Lew Sawenkow, in dessen*

*Auftrag das Isotop transportiert worden war. Im Jahr 1994 entdeckten Journalisten Dokumente, die auf eine Beteiligung des Petersburger Komitees für Außenbeziehungen und dessen Leiter Putin in diesem Geschäft hinwiesen. Dieser sorgte bei den Bewohnern der Stadt für Belustigung, als er die Affäre damit erklärte, dass er den »bedürftigen Petersburgern habe helfen wollen«.*

*Lew Sawenkow wird auch mit einer Affäre um einen Drogenschmuggel in Verbindung gebracht. Im Februar 1993 wurde bei Wyborg ein Container mit kolumbianischem Dosenfleisch kontrolliert, wobei man eine Tonne Kokain entdeckte. Verhaftet wurde der Belgier Oskar Donat, dem das Handelshaus Alisa gehörte. Direktor dieses Handelshauses war jener stellvertretende Bürgermeister und Kollege Putins, Lew Sawenkow. Später nahm Putin Sawenkow wiederholt gegenüber der Presse in Schutz.*

*Eine weitere Form des Profitmachens unter dem Deckmantel »Hilfe für die Hungernden« war Putins Einrichtung städtischer Casinos. Die Automaten für die Lokale lieferte eine Firma, die mit der Jakuza in Verbindung gebracht wurde, und die Armen bekamen wieder nichts. Das hat Putin in seinem Buch »Gespräche aus erster Hand« später selbst eingeräumt.*

*Putin »war nicht gezwungen«, mit kriminellen Partnern zusammenzuarbeiten, sondern spielte eine führende Rolle in einer Organisation nach illegalem Muster und mit entsprechenden Strukturen. Ja, denn ausgerechnet nach seiner Reise nach Frankfurt im Jahr 1992 wurde dort unter Beteiligung Wladimir Kumarins, eines der Anführer einer mächtigen Petersburger Bande, der sogenannten Tambower Gruppe, die Firma SPAG ins Leben gerufen. Bis zum Jahr 2000 war Putin dort Berater ohne Gehalt. Die Firma, die offizielle Büros in St. Petersburg baute, stand unter dem Verdacht der Geldwäsche für das kolumbianische Cali-Kartell.*

*Im Jahr 1994 entstand kurz nach Putins Besuch in der spanischen Stadt Torrevieja eine Filiale des Petersburger Unternehmens XXTrest. Dieses Unternehmen begann in Spanien Villen und Hotels zu errichten mit aus dem Petersburger Stadtetat gestohlenem Geld, insgesamt*

*28 Millionen Dollar, die ursprünglich für soziale Projekte vorgesehen waren. Das Strafverfahren in dieser Sache wurde geschlossen und unter Verschluss gestellt, als Putin Präsident wurde.*

*Im Jahr 2011 erklärte der ehemalige Leiter des monegassischen Geheimdiensts Robert Eringer, dass das dort registrierte Unternehmen Sotram unter der Leitung von Dmitri Skigin (auch er gehörte jener kriminellen Tambower Gruppe an) ein Glied jenes Netzwerkes von Ölhandelsunternehmen war, das der zukünftige russische Präsident und sein Umfeld bereits in den 1990er-Jahren in ganz Europa gegründet hatten. Einzelheiten des Aufbaus dieses Netzes wurden bekannt, als Maxim Freidson, der Kompagnon Skigins, berichtete, dass eine Bedingung zur Gründung dieser zum Netz zugehörigen Unternehmen gewesen sei, Wladimir Putin daran zu beteiligen. Vier Prozent der Aktien einer dieser Firmen, Sowex, wurden auf seine Vertrauten Wiktor Korytow und Alexander Ulanow überschrieben. Das Unternehmen betrieb neben Ölexport auch Geldwäsche über die Bank of New York.*

*Auch der Geschäftsmann Sergei Kolesnikow, eigentümlicher »Buchhalter der Mafia«, der aus Russland flüchtete, berichtete darüber, dass hinter den nominellen Besitzern von Ölhandels- und Baufirmen Wladimir Putin steht. Größere Aufmerksamkeit erzielte sein Bericht über den Bau einer Kopie des Winterpalasts am Schwarzen Meer für den Präsidenten, der angeblich von gespendetem Geld der Oligarchen errichtet wurde.*

*Putin und seine Umgebung haben jahrelang eng mit den Vertretern der Tambower kriminellen Gruppe zusammengearbeitet. Im Jahr 1992 wurden die Petersburger Sergei Kusmin, Alexander Malyschew, Gennadi Petrow und andere des Betrugs, der Gründung einer verbrecherischen Vereinigung und der organisierten Kriminalität bezichtigt. Als der Fall, nicht ohne Putins Zutun, zusammenbrach und die Beschuldigten freigelassen wurden, ließen diese sich in Spanien nieder. Aber auch dort betrieben sie ihre kriminellen Machenschaften weiter und unterhielten Kontakte zu den russischen Behörden. Beim Abhören ihrer Telefone durch die spanische Polizei stellte sich unter anderem heraus, dass der Stellvertretende Leiter der Behörde zur Kontrolle des Drogenumschlags in Russland, Nikolaj Aulow, ein Gehalt von Gennadi Petrow erhält, ihn als Chef betrachtet und mit ihm regelmäßig geschäftliche Angelegenheiten bespricht. Wenn sie über Wladimir Putin reden, nennen sie ihn »Zar«. Glaubt man den abgehörten Gesprächen, dann ist es den Bemühungen dieser Straftäter zu verdanken, dass Alexander Bastrykin, ein weiterer Petersburger, zum Leiter des föderalen Ermittlungskomitees berufen wurde, das eigentlich gerade für den Kampf gegen Leute wie sie geschaffen worden war.*

*In dieser Angelegenheit hatte auch der Mitbegründer der Bank Rossija, der Duma-Abgeordnete Wladislaw Resnik, seine Hände im Spiel. Weitere Gründer dieser Bank waren die Putin-Vertrauten Nikolai Schamalow und Gennadi Timtschenko. Putin persönlich hat diese Bank wiederholt öffentlich unterstützt und erklärt, dass er sein Gehalt dorthin überweisen lasse. In der Vergangenheit waren die Minoritätsaktionäre der Bank, auf die ein Teil des Geldes der Kommunistischen Partei der Sowjetunion floss, genau jene Verbrecher: Sergei Kusmin und Genandi Petrow.*

*Bis zum Jahr 2015 wurden so ausreichend Beweise dafür gefunden, die belegen, dass Putin nicht einfach nur jahrelang mit kriminellen Kreisen zusammenarbeitete. Vielmehr ist er der »Zar« der Mafia, er befindet sich an der Spitze der pyramidenförmigen mafiösen Strukturen im Land. Sergei Kolesnikow und andere Leute, die Putin auf geschäftlicher Ebene persönlich kennen, warnen: Putin braucht den Krieg, um die Aufmerksamkeit von seinen kriminellen Geschäften abzulenken; er hat panische Angst davor, seine Macht zu verlieren, weil er weiß, dass er dann wegen Korruption zur Verantwortung gezogen wird.*

Die Arbeit im KGB und die Verbindungen zur kriminellen Welt, über die Kirilenko berichtete, haben anscheinend dazu geführt, dass Putin ein tschekistisch-diebisches Verhältnis seinen Mitmenschen gegenüber entwickelt hat. Er verachtet die Bürger und ist bereit, deren Interessen und sogar deren Leben zu opfern, um seine eigenen »großen« Aufgaben zu lösen. Die bekannte Journalistin Anna Politkowskaja, die an Putins Geburtstag ermordet wurde, und zwar, wie viele Menschen glauben, von Putins Anhängern, die ihrem Chef ein Geburtstagsgeschenk machen wollten, hat einmal geschrieben: »Putin, der zufällig eine enorme Macht in die Hände bekam, gebraucht diese Macht mit für Russland katastrophalen Folgen. Ich mag ihn nicht, weil er die Menschen nicht mag. Er erträgt uns nicht. Er verachtet uns. Er denkt, wir sind nur ein Mittel zum Zweck für ihn, ein Mittel zur Erfüllung seiner Machtambitionen. Und deswegen darf er alles, kann mit uns spielen, wie es ihm passt. Und kann uns vernichten, wie es ihm passt. Er glaubt, dass wir nichtswürdig sind, er glaubt, dass er Zar und Gott zugleich ist, vor dem wir uns verneigen und fürchten müssen.«

Der KGB verleiht seinen Mitgliedern Macht, aber wie Mephisto raubt er ihnen dafür die Seele. Putin hat in seiner Jugend seinen Vertrag mit dem Teufel geschlossen und ist ihm bis heute treu geblieben.

Man kann darüber hinaus sagen, dass die Arbeit für den KGB Putin fürs ganze Leben mit dem Virus der Spionage – ja einer Art Spionage-Manie – infiziert hat.

Die Nachrichtenagentur Reuters stellte Nachforschungen an und enttarnte die der Öffentlichkeit konsequent verheimlichten Töchter des russischen Präsidenten. Hier wird sichtbar, dass Putin tatsächlich buchstäblich infiziert wurde mit dem Spionagevirus. Nicht nur seine Politik, auch sein Privatleben ist zutiefst geprägt von Geheimhaltung und Konspiration, von Legendenbildung und verdeckten Operationen. Er ist das einzige Regierungsoberhaupt Russlands, das nicht nur seine vermuteten unehelichen Kinder versteckt (über die viel geschrieben und gesprochen wird), sondern auch ganz offensichtlich seine ehelichen Töchter.

Wie die Nachrichtenagentur enthüllte, ist eine von ihnen mit dem Sohn eines Freunds von Putin verheiratet, der rein zufällig Milliardär ist. Die andere ist tatsächlich mit einem holländischen »Gayropäer« verheiratet. Aber beides ist ja genau genommen nicht besonders kompromittierend. In Russland ist es seit Langem gang und gäbe, dass die Kinder des engsten Zirkels um Putin und aller hohen Beamten – heute allesamt reiche Geschäftsleute – im Ausland studiert haben und viele von ihnen auch dort leben. Das weiß jeder, daran hat man sich gewöhnt, und niemand versucht das zu verheimlichen. Außer Putin.

Seine jüngere Tochter lebt praktisch wie jener fiktive russische KGB-Agent der 1960er- und 1970er-Jahre, Stierlitz, unter falschem Namen und mit einer falschen Biografie. Die ältere scheint sich hinter einer eisernen Maske zu verbergen, ja geradezu im Keller zu verstecken. Warum tut der russische Präsident das? Nicht einmal Stalin oder Breschnew haben ihre Kinder geheim gehalten, warum macht Putin das? Es gibt keine rationale Erklärung dafür, wie für so viele seiner Handlungen. Putin benimmt sich, ja handelt und denkt wie ein professioneller Spion, wie ein Verschwörer, ein Manipulator, der seine Spionagespielchen treibt und einen gewissen Realitätsverlust erlitten hat.

Ganz gleich ob es um seine militärische Intervention in der Ukraine oder die Ehen seiner Töchter, um seine Geliebten oder den Abschuss der malaysischen Boeing, um seine neue Familie und die Umstände der Bombenattentate in Moskau, sein Privatleben oder die Gründe für die Ermordung Nemzows und Litwinenkos geht, Putin versucht alles mit gleichem Feuereifer zu verheimlichen. Manchmal führt er gezielt Operationen durch, um gewisse Informationen durchsickern zu lassen – tatsächlich handelt es sich jedoch um gezielte Desinformation, meist, um den Westen zu erschrecken, etwa durch die Ankündigung einer neuen »Superwaffe«. Aber Konspiration, das Verwischen von Spuren, das Verschwindenlassen von Beweisen und Zeugen – das ist sein berufliches Steckenpferd. So viele Geheimnisse wie er verbirgt, so viele schreckliche Enthüllungen erwarten die Öffentlichkeit nach seinem Abgang.

## Putins Entwicklung vom Geheimagenten zum Präsidenten

Putin wurde in eine Arbeiterfamilie hineingeboren, wo man den Wert von Zeit kannte und sie nicht für ästhetischen Unsinn verschwendete. In der Welt seiner Eltern musste man im »Schweiße seines Angesichts« arbeiten, um zu überleben. Er kannte diese rohe, entbehrungsreiche Welt nur zu gut. Aber er wollte nie leben wie seine Eltern.

In der unmittelbaren Nachbarschaft erlebte Putin vor allem die halb kriminelle Welt der Schwarzhändler, Falschspieler und illegalen Unternehmer. Dort herrschte ein fröhliches Leben, Geld gab es genug, dazu attraktive Frauen und schöne materielle Dinge. Aber die Position dieser Menschen war schwach, sie waren der Staatsmacht schutzlos ausgeliefert, der es jederzeit einfallen konnte, sie aus ihrem komfortablen Leben herauszureißen und auf die ungehobelten Bretter einer Gefängnispritsche zurückzuwerfen.

Seine kultivierten Bekannten zog es in die Künstlerkreise, die Welt der Schauspieler, Musiker, jungen Schriftsteller und Künstler. Doch die attraktivste Perspektive schien dem zukünftigen Tschekisten die Welt der Macht zu bieten. Hier gab es alles: ein in materieller Hinsicht komfortables Leben und vor allem eine gewisse Überlegenheit gegenüber den abhängigen Bürgern.

Macht bedeutet zum einen die parteiliche und wirtschaftliche Führung. Aber stärker noch waren die Geheimdienste. Hier gab es weniger Demagogie und ideologisches Geschwätz. Hier herrschte Geheimhaltung und Autorität, Angst und Respekt der Umgebung sowie die unterschwellige Macht über sie.

Er begann sein Jurastudium an der Uni bereits mit dem Ziel einer späteren Karriere bei den Organen der Staatssicherheit. Auf eigene Initiative hin übernahm er kleinere Aufträge für Berater der Staatsicherheit. Man wurde auf ihn aufmerksam und schlug ihm nach Beendigung des Studiums vor, beim KGB anzufangen.

Putin war vermutlich schon längst zu dem Schluss gekommen, dass jegliche Ideologie, ganz gleich ob Kommunismus, Patriotismus oder Demokratie, lediglich eine Art Worthülse darstellte. Das all diese Formen nur von den Machthabern ersonnen worden waren, um die Bürger in Schach zu halten. Gestern hatte man das eine verkündet, heute hieß es etwas anderes, aber im Endeffekt lief es auf das Gleiche hinaus: Die einen bestimmten und die anderen mussten sich unterordnen. Immer gab es Herrschende und solche, die beherrscht wurden, Schäfer und Schafe.

Die Arbeit im Büro wird ihn zunächst enttäuscht haben. Die Rolle des jungen Offiziers als Laufbursche hatte nichts mit seinen Träumen zu tun. Aber Putin war geduldig, er glaubte daran, dass seine Zeit kommen würde. Die Perestroika überraschte ihn zunächst. Schließlich würde doch kein normaler Mensch an der Macht so agieren, dass er diese zerstörte, seine eigene Position gefährdete. Später, als die Umgestaltungsorgie an Fahrt aufnahm und die Situation unumkehrbar wurde, begriff er, dass es sinnlos war, sich aufzuregen.

Zu Beginn seiner Zeit als sowjetischer Agent beim KGB in der DDR zeichnet er sich durch nichts besonders aus, außer häusliche Gewalt und Ehebruch – darüber berichteten unter Bezugnahme auf Archivunterlagen des westdeutschen Geheimdienstes sowohl deutsche als auch britische Zeitungen mehrfach. Gleiches gilt für seine Zeit in der Petersburger Stadtverwaltung, wenn man von einem Korruptionsskandal absieht, wie auch für seine Arbeit in der Präsidialverwaltung unter Jelzin und später als Vorsitzender des FSB. Allerdings lehrten ihn der Leningrader Hinterhof und seine Zeit beim Geheimdienst, sich anzupassen, den Schlüssel zu den Herzen der Mächtigen dieser Welt zu finden, ihnen seine Ergebenheit zu beweisen, um sie schließlich in der Kurve zu überholen. Diese Fähigkeit garantierte ihm eine fortlaufende Weiterentwicklung seiner Karriere.

Erst auf dem Weg zur Präsidentschaft gelang es Putin, seine Durchschnittlichkeit zu überwinden. Aber der eingeschüchterte, wütende Junge (seine Lehrerin Wera Gurewitsch berichtet, dass er sich die Zeit damit vertrieb, über die Enten zu »richten« und sie zu »bestrafen«) verwandelte sich, als er heranwuchs und der Zufall ihm Macht über die Menschen zuspielte, auf sehr spezielle Weise zum Autokraten. Sein Weg an die Macht und zur »Größe« wurde von einer Reihe schrecklicher Verbrechen begleitet: die Bombenattentate in Wohnhäusern in Moskau und Wolgodonsk im Jahr 1999 – mit 307 Toten und 1 700 Verletzten; der Zweite Tschetschenienkrieg, in Wirklichkeit ein Straffeldzug gegen Tschetschenien in den Jahren 1999 bis 2001, mit Tausenden von Todesopfern und Hunderten Opfern von Folter, Entführung und Gewalt gegen die Zivilbevölkerung; im Jahr 2002 der Giftgaseinsatz beim Sturm des besetzten Moskauer Dubrowka-Theaters, weshalb über hundert Geiseln ums Leben kamen; die Erstürmung der Schule in Beslan, die im Jahr 2004 zum Tod von 186 Kindern führte; der Mord an Litwinenko, Nemzow und andern; die Annexion der Krim und kriegerische Intervention im Donbass, die viele Tausend Menschen getötet hat; die Zerstörung der malaysischen Boeing – 298 Tote; die Unterstützung von Assads blutigem Regime, die Bombardierung von Stützpunkten der syrischen Opposition gegen Assad – und nicht nur solcher des sogenannten Islamischen Staates – in deren Folge Dutzende friedlicher Bürger starben. Diese Liste ist längst noch nicht vollständig und wird sich sehr wahrscheinlich auch in Zukunft noch füllen.

Wie man es von einem Diktator zu erwarten hat, verbirgt er seine Verbrechen hinter dreisten Lügen. Boris Nemzow äußerte kurz vor seiner Ermordung öffentlich: »Putin ist ein professioneller Lügner, einer von Weltmaßstab. Wir regen uns hier darüber auf, dass er die ganze Zeit lügt, unterschlägt, vergisst, dass er gelogen hat und neu lügt. Aber pathologisches Lügen ist eine Krankheit, die der französische Psychiater Ernest Dupré schon vor über hundert Jahren entdeckt hat. Sie nennt sich Mythomanie. Das Gehirn eines Mythomanen unterscheidet sich von dem eines gesunden Menschen dadurch, dass im präfrontalen Cortex der Anteil grauer Gehirnmasse verringert und der weißen Gehirnmasse vergrößert ist. Sollte diese Krankheit des Präsidenten einer Atommacht sich bestätigen, würde das für das Land wie für die ganze Welt furchtbare Konsequenzen nach sich ziehen.« Noch zwei Stunden vor seiner Ermordung wiederholte Nemzow seine These in einem Interview des Radiosenders Echo Moskwy: »Putin ist ein Fachmann im Lügen, er ist ein pathologischer Lügner.«

Manchmal trägt die putinsche Verlogenheit regelrecht anekdotenhafte Züge. Es ist ihm nicht einmal peinlich, seine Lügen im Nachhinein faktisch zu widerrufen, in der Hoffnung, dass die Öffentlichkeit zur Vergesslichkeit neigt. So behauptete er zunächst, dass Mitglieder der ukrainischen Volksmiliz die Krim erobert hätten, Männer, »die sich ihre Uniform im Militärshop gekauft hätten«, wenige Monate später gab er zu, dass es sich bei diesen Leuten um eine Spezialeinheit der russischen Armee gehandelt hatte. Er erklärt, ortsansässige

»Grubenarbeiter und Traktoristen« hätten der ukrainischen Armee im Donbass Niederlagen zugefügt. Aber zur Illustration zeigte das Fernsehen ein Krankenhaus in Donezk, das voll mit verletzten und von Verbrennungen gezeichneten Kämpfern war, dabei handelte es sich ganz offensichtlich nicht um Grubenarbeiter, sondern um burjatische Panzertruppenangehörige, deren Einheit niemand anderes als Putin in den Krieg in der Ukraine geschickt hatte. Dabei hält er es grundsätzlich nicht für nötig, sich zu entschuldigen, denn er hält eine Zwecklüge, die der Erreichung politischer Ziele dient, nicht für anstößig.

In der klassischen russischen Literatur gibt es etliche ausgesprochene Bösewichte, die über keinerlei positive Eigenschaften zu verfügen scheinen, die unfähig sind zur Reue oder Reflexion: Schwabrin in der *Hauptmannstochter* von Puschkin, Ijduschka Golowljow aus Saltykow-Schtschedrins Roman *Die Herren Golowljow*, Smerdjakow in Dostojewskis *Die Brüder Karamasow*, der Lehrer Peredonow in Sologubs *Kleine Dämonen*. Ihre Geschichten sind furchtbar. Dabei sind sie so normal und alltäglich wie eine ausgetrunkene Tasse nach dem Frühstück; diese Figuren saugen ihre Umgebung leer, wie Blutegel saugen sie jedes Leben aus ihren Nächsten. Und das allein um ihrer nichtigen, eigennützigen, platten Ziele Willen.

Aber kein Schriftsteller, nicht mal der mit der abenteuerlichsten Fantasie, konnte sich vorstellen, wie es aussehen würde, wenn ein solcher »Held« an die Spitze des Staates gelänge. Aber das Leben ist eben verwegener als die Fiktion: Ein kleiner Bürger, von seelischer Grobheit, mit dem Humor und den Interessen eines Polizeikasernenbewohners, mit der beschränkten Weltsicht eines Spions, ein Mensch, der weder Leiden noch Inspiration kennt, der moralisch und intellektuell wenig entwickelt ist (wie die Mitarbeiter der Brookings Institution Clifford G. Gaddy und Igor Dantschenko bewiesen, hat er seine Dissertation abgeschrieben), ein solcher Mensch ist faktisch der Diktator eines riesigen Landes.

Genau so ein Mensch ist Putin. Er ist auf die gleiche verlogene Weise religiös wie jener Ijduschka bei Saltykow-Schtschedrin, und genau wie der liebt er es, Geschmacklosigkeiten zu begehen und dabei banale moralische Sentenzen von sich zu geben. Er ist ein ebenso nervtötender Quälgeist seiner Umwelt wie Sologubs Peredonow.

Die pathologischen Züge von Putins Persönlichkeit wurden in dem Maße sichtbar, wie sich seine Macht festigte. Damit steht er nicht allein. Vor unseren Augen vollzog er jene politische und persönliche Entwicklung, wie sie ein Großteil der Staatschefs der UdSSR und der Russischen Föderation durchlaufen hatten. Nachdem sie formal die Position des ersten Mannes im Staat errungen hatten – in der UdSSR die des Generalsekretärs, in der Russischen Föderation die des Präsidenten –, begannen sie konsequent alle potenziellen Konkurrenten auszuschalten. Und sobald sie einmal die ganze Machtfülle in ihren Händen konzentriert hatten, wurden sie immun gegen Kritik und gleichgültig gegen die Empfehlungen ihrer Berater und gegen die öffentliche Meinung. Generalsekretäre und russische Präsidenten scheuten sich nicht länger, ganz sie selbst zu sein, sprich andere zu tyrannisieren. Endlich konnten sie alle ihre Komplexe, ihre geheimen Wünsche und Laster ausleben. »Ihre ganze Beschränktheit rauslassen«, könnte man sagen.

Es scheint fast so, als ob alle Russen so veranlagt seien: Sobald sie Macht in die Hände bekommen, beginnt die Beschränktheit aus ihnen herauszudringen. Und je mehr Macht jemand hat, desto mehr Beschränktheit tritt in Erscheinung. Diese »Beschränktheit« war im Laufe der Geschichte verschieden geartet. Stalins »Beschränktheit« – manisches Misstrauen und Brutalität – rief Grauen hervor. Und die Beschränktheit der anderen – Chruschtschow, Breschnew, Jelzin – vor allem Gelächter und Verachtung.

Der ungebildete, impulsive Chruschtschow, der die Opposition im Politbüro im Jahr 1957 besiegte, verblüffte die ganze Welt mit seinem extravaganten Benehmen. Seine Absonderlichkeit drückte sich nicht nur in seinen flegelhaften Eskapaden bei Auftritten und Verhandlungen aus, sondern auch in den von ihm getroffenen Entscheidungen – man denke nur an Maisanbau im russischen Norden und Atomwaffen auf Kuba. Allem Anschein nach versuchte Chruschtschow mit seiner Flegelhaftigkeit und seiner Beschränktheit die Gefühle seiner intellektuellen Unterlegenheit und der erlittenen Demütigungen in Stalins »Farm der Tiere« zu kompensieren.

Breschnew begann quasi aus achtbaren Gründen absonderlich zu werden: Alter, Krankheit und der damit verbundene Schlaftablettenmissbrauch. Seine Beschränktheit basierte offenbar auf gewissen kindlichen Komplexen und war verhältnismäßig ungefährlich: Er sammelte verschiedensten Krimskrams, der Macht und Prestige unter Beweis stellte – Orden, Geschenke, Posten, Auszeichnungen. Auch sein hartnäckiges Verharren an der Spitze der Macht, obwohl er nur noch eingeschränkt zurechnungsfähig war, stellt letztlich eine Folge dieser kindlichen Beschränktheit dar. Ganz egal, was er seinen Kollegen im Politbüro erzählt hatte bezüglich seines Wunsches zurückzutreten, am Ende fürchtet er nichts mehr, als sein Hauptspielzeug zu verlieren – den Status des ersten Manns im Staat.

Als Jelzin noch Parteifunktionär war, trank er vermutlich im Stillen, damit seine Vorgesetzten nichts davon mitbekämen. Nach dem Kampf ums Weiße Haus im Jahr 1993 wurde er praktisch zum unumschränkt herrschenden »Zar«, wie ihn einige seiner Vertrauten nannten. Über ihm wachten nicht länger die Partei, keine Chefs, keine Kontrollgremien. Endlich konnte er ungeniert und offen tun, wonach er immer gestrebt hatte – Skandale verursachen und selbstherrlich regieren, wann und wie es ihm in den Sinn kam.

So verwandelte sich Jelzin schnell von einem Volkshelden in eine Witzfigur, in das Objekt von Verachtung und Verspottung. Die jelzinsche Narrenposse endete mit der Übergabe der faktischen Macht und des Staatsvermögens an die Oligarchie und des Präsidentenpostens an den KGB-Mann Putin.

Das alles wäre zum Totlachen, wenn es nicht so traurig wäre. Die Unangemessenheit öffentlichen Auftretens geht immer Hand in Hand mit unangemessenen politischen Entscheidungen. Chruschtschow fuchtelte auf der UNO-Versammlung nicht nur mit seinem Schuh herum, sondern stationierte nur wenig später Raketen auf Kuba und trieb die Welt an den Rand eines Atomkrieges. Breschnew veranstaltete nicht nur vom Altersverfall gezeichnete Clownerien, auf denen er sich selbst mit allen möglichen Orden auszeichnen ließ, sondern stürzte das Land zum Beispiel auch in das afghanische Abenteuer.

Nachdem sich Putin von der Vormundschaft der »Jelzin-Familie« befreit hatte, der er seine Position verdankte, konzentrierte er alle Macht in seinen Händen und begann absonderlich zu werden und seine »Beschränktheit« auszuleben, genau wie seine Vorgänger. Seine »Beschränkheit« wurde bestimmt von glühenden Anstrengungen, seinen Komplex des kleinen Mannes zu überwinden. Er wollte vergessen, wer er war. Er wollte das vollkommene Gegenteil seines früheren Ichs werden. Am Anfang versuchte der russische Präsident sich in der Rolle von »Superman«, mithilfe von inszenierten Auftritten für das Fernsehen. Er setzte verschiedene Masken auf, unter anderem die des Bikers, des Piloten, des Fernfahrers und des Schatzjägers. Er umarmte eine Tigerin, rettete einen Weißwal, flog in einem Drachenflieger an der Spitze eines Formationsflugtrainings für junge Kraniche. Es sah ganz danach aus, als wolle er sich unbedingt als geborener Anführer, als Alpha-Männchen präsentieren. Er wollte nicht nur als Herrscher über Russlands Bürger, sondern über alles Leben dort wahrgenommen werden. Man hatte das Gefühl, das wäre schon der Gipfel des Verfalls. Aber sein Realitätssinn ließ noch stärker nach, die Rolle des medialen »Superman« reichte ihm nicht mehr. Seine Selbstdarstellung nahm blutrote Farbe an. Er fing Krieg an, begann territoriale Eroberungen. Er wollte ein »großer Herrscher« werden, der sich am Westen für die Niederlage der UdSSR im Kalten Krieg rächte.

## Warum Putin Krieg führt

Wenn Putin erläutert, dass die Krim »dem russischen Volk helfen kann, sein Trauma zu heilen« und sie »eine vereinende Rolle für Russland spielt«, dann verrät er damit einiges über seine eigenen unbewussten Komplexe, die ihn von seinen harmlosen »Superman«-Auftritten im Fernsehen zum Krimabenteuer und Krieg in der Ukraine führten.

Putin versucht damit seinen eigenen schmerzlichen inneren Widerspruch zwischen der Selbstwahrnehmung als »Retter Russlands« und seiner realen Biografie eines korrupten und kriminellen Beamten zu überwinden. In den 1990er-Jahren verletzte er als Mitarbeiter des Geheimdienstes seinen Treueeid gegenüber der UdSSR und fing an, für die von ihm verhassten, westlich orientierten Demokraten zu arbeiten. Seine heute fast schon absolute Machtposition erkaufte er zum Preis massenhafter Kriegs- und Terroropfer. Es war völlig unvermeidlich, dass dieser Vorgang eine tiefe traumatische Verletzung in seinem Bewusstsein hinterließ.

Heute versucht der russische Präsident sich von den Schuldgefühlen für seine vergangenen Taten zu befreien. Er hat lange auf seine Stunde gewartet. Aber an der Schwelle zum Alter, nach 14 Jahren an der Macht, ist es so weit: Jetzt oder nie! Putin strebt danach, die wichtigste Tat seines Lebens zu begehen, seine ihm von der Geschichte auferlegte historische »Bestimmung« zu erfüllen. Und dies wird sich im Rahmen jener Weltsicht vollziehen, die in seinen Jahren beim Geheimdienst geformt wurde. Der Präsident scheint davon überzeugt zu sein, er sei vom Schicksal dazu berufen, Russland den Status einer Supermacht zurückzugeben und jene Gebiete zurückzuholen, die es 1991 verloren hat, angefangen von der Krim – dem schmerzlichsten Verlust von allen. Diese Eroberung mache alles wett und rechtfertige alles und verleihe ihm historische Größe und Bedeutung.

Seit Jahren verfolgt er Schritt für Schritt dieses Ziel, verschwendet gewaltige Summen auf die Verstärkung der russischen Armee und der Geheimdienste, auf die Bestechung der Staatschefs der Nachbarländer. 2014 kam er zu dem Schluss, dass die Situation günstig sei und es an der Zeit war, zur Tat zu schreiten. Dabei spielte seine persönliche, stark emotionale Reaktion auf die ukrainische Revolution keine geringe Rolle.

Aber Putin steht nicht allein da. Er hat viele Gefährten und Kollegen an seiner Seite, Menschen mit ähnlicher Biografie wie der seinen, mit ähnlicher Selbsteinschätzung und ähnlichen psychischen Problemen. Es gibt eine besonders wichtige Äußerung Putins, die ziemlich konkret preisgibt, was in Zukunft von Russlands Präsident zu erwarten ist:

»Sogar extrem reiche Menschen sagen irgendwann: ›Ich habe Millionen, ja Milliarden verdient, und was kommt jetzt?‹ (…) Mir scheint, nur unser Volk konnte das bekannte Sprichwort: ›In der Gemeinschaft ist sogar der Tod schön‹ hervorbringen. Aber wie soll das möglich sein? Der Tod – er bedeutet doch das Grauen. Nein, wie sich herausstellt, ist der Tod in der Gemeinschaft schön. Denn ›Tod in der Gemeinschaft‹ bedeutet, für Freunde, für das eigene Volk, oder um es modern auszudrücken, ›fürs Vaterland‹ zu sterben.«

Wer in Russland hat Millionen und Milliarden verdient? Auf wen bezieht sich Putin? Offensichtlich richtet sich seine Äußerung hier an die russische Elite. In der Übersetzung in die Sprache der Geheimdienstler klingt das in etwa so: »Auf jetzt, Brüder. Ihr habt euch lange genug bereichert und das Land ausgeplündert, jetzt ist es an der Zeit, dem Vaterland die Schulden zurückzuzahlen. Jetzt ist es an der Zeit, dafür zu leiden. Und vielleicht geht die Sache nicht nur mit Sanktionen aus. Ein echter Patriot muss bereit sein, alles für die Heimat zu opfern.«

Im 19. Jahrhundert gab es sogenannte reuige Gutsbesitzer. Indem sie die Rechte der Bauern vertraten und verteidigten, versuchten sie für die Sünden ihrer ausbeuterischen Vorfahren Buße zu tun. Putins reuige Tschekisten versuchen sich von dem Verrat ihrer Jugendideale reinzuwaschen. Sie wollen das alte Imperium wiederherstellen und sind dafür zu vielem bereit.

Die Perestroika hatte ihre Welt zerstört und alles umgestürzt: die Ideale, den Dienst, den Alltag, die Zukunftspläne. Sie waren ratlos, was als Nächstes zu tun war. Es war eine hochgradig stressige Phase, ein psychisches Trauma fürs ganze Leben. Und als Ausweg nur der Verrat. Der Wechsel in den Dienst jener, die sie für Verräter hielten. Es folgte die Verwicklung in korrupte Geschäfte. Die meisten großen Unternehmen, die damals gegründet wurden, hatten Partner auf der Ebene von FSB-Generälen, die gegen Schutzgeld für die Sicherheit der Unternehmen sorgten. Aber während der durchschnittliche Geschäftsmann die Tschekisten fürchtete und mit ihnen zusammenarbeitete, war die Haltung der Oligarchen ihnen gegenüber von Verachtung und Überlegenheitsgefühlen geprägt, auch wenn sie sich die Geheimdienste ebenfalls zunutze machten.

Erst unter Putin gelangten die sogenannten Silowiki – damals vor allem Personen aus den Geheimdiensten – an die reale Macht, verwiesen die Oligarchen auf ihre Plätze und machten sich zu den wahren Herren des Landes. Nachdem sie innerhalb des Staates alles erreicht hatten, wie Putin es selbst eingestanden hat, tauchte die Frage auf: Was weiter? Und die Antwort lautete: Es ist Zeit, die Schulden zurückzuzahlen, zu dem zurückzukehren, was man sie gelehrt hat und an das sie glauben. Wie sich herausstellt, hat sich das Weltbild der Silowiki nicht verändert und entspricht immer noch dem eines KGB-Mitarbeiters der 1980er-Jahre. Die Unabhängigkeit der ehemaligen Sowjetrepubliken empfinden sie als ärgerliches Missverständnis oder, noch schlimmer, als Ergebnis einer westlichen Verschwörung. Diese Unabhängigkeit zu achten, dazu sind sie nicht bereit. Ihr Traum ist die Wiederherstellung eines Imperiums, das in der Lage ist, im Osten Europas, in Mittelasien und im Nahen Osten die führende Rolle zu spielen und den Westen und vor allem die »verdammten Amis« zu erniedrigen, sich an ihnen zu rächen und sie auf die Plätze zu verweisen.

Persönliche Rache für in den 1990er-Jahren erlittene Demütigungen haben die Geheimdienstler längst genommen. Jetzt heißt die Aufgabe: staatliche Revanche. Sie wünschen sich die Supermacht zurück, »die man auf der ganzen Welt fürchtet«. Und diese Haltung gilt nicht nur für Putin, sondern auch für seine Umgebung, für Igor Setschin, Nikolai Patruschew, Sergei Iwanow und die anderen Zöglinge von Armee oder Geheimdiensten in Russlands Machtelite.

Heute hängt die Sicherheit der Welt davon ab, wie viel diese Männer bereit sind, zu riskieren, wie weit Putins persönliche Opferbereitschaft mit der psychischen Verfassung seines Umfelds übereinstimmt. Ich rate dazu, die Wahrscheinlichkeit unangemessener Handlungen aufseiten von Putin & Co. nicht zu unterschätzen. Diese Leute leiden unter dem Trauma, dass Russland seine Rolle als Weltmacht verloren hat, und Entscheidungen, die unter seinem Einfluss getroffen werden, können irrational und gefährlich sein, auch für diese Männer selbst.

## Putins Rolle in der neuesten Geschichte Russlands

Es gibt ein ironisch-spaßhaftes Lied aus der Sowjetzeit über die »Geschichte, die nicht lügt«. Es handelt davon, wie sich das öffentliche Verhältnis zu den russischen Herrschern des 20. Jahrhunderts (von Zar Nikolaus II. bis zu Breschnew) nach deren Tod oder Sturz verändert hat. Zunächst wird beschrieben, wie die offizielle Propaganda den jeweiligen Staatschefs huldigt und sie in den Himmel lobt. Danach wird ganz lakonisch darüber informiert, dass dem Herrscher im Monat x etwas »zustieß«, woraufhin »wir die ganze Wahrheit über ihn erfuhren«. Diese Wahrheit ist stets bitter, unter anderem heißt es: »… und überhaupt wären wir ohne ihn besser dran gewesen.«

Am Ende des Liedes spielt der Autor darauf an, dass wohl jeder zukünftige Herrscher so leidenschaftlich bloßgestellt werden wird, wie man ihn zu Lebzeiten gelobt hat:

*Doch gehen wir und ziehen immer weiter,*
*Und wenn ganz zufällig mal einer wieder stirbt,*
*dann gibt's noch die Geschichte,*
*die niemals nicht*
*das kleinste bisschen lügt.*

Die Richtigkeit dieser Prognose hat sich mehr als einmal bewahrheitet. Die Geschichte lügt nicht, und früher oder später bekommt ein jeder, was ihm zusteht. Nachdem man den Personenkult um Stalin überwunden hatte, ebenso Chruschtschows Voluntarismus, die Stagnation unter Breschnew, den »Zerfall« unter Gorbatschow und die »verrückten 1990er« unter Jelzin, kam jedes Mal die Entlarvung … Ja, und so wird auch die Entthronung Putins kommen, des heutigen russischen »Wohltäters«. Dem das aber offenbar in seiner seligen Selbstbeweihräucherung nicht bewusst ist.

Putin hat es geschafft, viele der Fehler seiner Vorgänger miteinander zu verbinden.

## Personenkult um Putin

Wie sein Vorgänger Stalin in der Vergangenheit, konzentriert Putin – um die Worte eines bekannten historischen Dokuments, eines Briefs Lenins an den Parteitag im Dezember 1922, zu zitieren – »eine unermessliche Macht in seinen Händen«. Und es hängt nur von seinen Launen ab, wie er sie einsetzt. Einige liberale Kritiker betonen gern, dass in Russland keine stalinschen Verhältnisse herrschen, dass es keine massenhaften Repressionen gibt. Ja, noch nicht. Aber nur, weil Putin sie bislang nicht nötig hat. Nichtsdestotrotz kann er jeden Moment zu einer anderen Einschätzung kommen und den Befehl geben, seine Gegner massenhaft zu inhaftieren. Und kein Regierungsmitglied würde dagegen aufbegehren. Wer das für unrealistisch erachtet, der sollte darüber nachdenken, ob er es für möglich gehalten hätte, dass Putin buchstäblich mit einem Fingerschnipsen den Krieg in der Ukraine anzetteln würde.

Die Bevölkerung des Landes ist Putins Geisel. Was sein linkes Bein will, gilt morgen für ganz Russland. Die Tatsache, dass sich die Mehrheit der oppositionell eingestellten Russen heute noch in Freiheit befindet, ist einer Laune Putins geschuldet und nicht das Ergebnis ihrer staatlich garantierten Rechte.

Die Propaganda, mit der Putin zur nationalen Führungspersönlichkeit aufgebaut wurde, orientiert sich nicht zufällig an dem stalinschen Status als »Führer des sowjetischen Volkes«. Die Propagandamaschine sorgt dafür, dass Putin nicht nur der höchste Staatsbeamte ist, sondern vielmehr das Symbol des Staates. Mit rostigem Nagel wird sein Bild in das Bewusstsein eines jeden Russen gehämmert – genau wie es einst bei Stalin der Fall war. Auch etliche konkrete Schritte Putins lassen an den – wie der russische Dichter Ossip Mandelstam Stalin in einem Gedicht genannt hat – »Bergmenschen im Kreml« denken, zum Beispiel der Anfang eines neuen kalten Krieges.

## Putins Voluntarismus

Die Unvernunft, die aus Putins politischen Entscheidungen spricht, erinnert an Chruschtschows Regierungszeit. Mit dem sowjetischen Staatschef verbinden ihn eine gewisse plebejische Flegelhaftigkeit und Unhöflichkeit, das Bedürfnis, die Grenzen seiner Kompetenz zu überschreiten, und der Wunsch, seine persönliche Meinung als Wahrheit von höchster Instanz auszugeben.

## Putins Stagnation

Mit der Regierungszeit Breschnews, die als Stagnation bezeichnet wird, hat Putins Ära jene etwas typisch dümmliche Selbstberuhigung und Selbstzufriedenheit gemein, die auf den hohen Weltmarktpreisen für Öl und Gas fußt; dazu kommt die Absage an eine längst fällige Modernisierung und die Betonung eines extensiven Wirtschaftswachstums.

## Das wilde erste Jahrzehnt: 2000–2010

Tatsächlich können nicht einmal Jelzins »wilde 1990er-Jahre« an Vehemenz und Maßlosigkeit mit Putins erstem Regierungsjahrzehnt mithalten. Denn die heutigen, wie entfesselt agierenden Leute sind nicht einfach nur Banditen, sondern sie verfügen stattdessen jetzt über den offiziellen Status von Geheimdienstmitarbeitern.

## Putins Platz in der Geschichte

Putin ist heute – fast wie Stalin – eine »Koryphäe in allen Wissenschaften« und erteilt den Historikern nur zu gern hier und da eine Lektion. Er malt ihnen sein eigenes zwiespältiges Bild der Geschichte, in dem die legitime Macht nach einer von Ausländern inspirierten und von ihnen geschürten Phase der Wirren von jenem »bedeutenden« Nikolaus II. auf den »effektiven Manager« Stalin überging. All diese putinschen historischen Abhandlungen weisen das Niveau von angeheiterten Stammtischrunden auf. Aber sie verfolgen ein eindeutiges Ziel. Putin will sich einen ganz bestimmten Platz in der Geschichte sichern – den an der Spitze von Russlands »heroischen Herrschern«.

Natürlich wird ihm das nicht gelingen. Ebenso wie seine Vorgänger wird man Putin, wenn er »fliegt oder stirbt«, von seinem Sockel stoßen und offiziell entthronen. Wenn wir die ganze Wahrheit über ihn zu hören bekommen, werden wir viel Interessantes erfahren. Ich prophezeie jedenfalls nach seinem Abgang eine lange Serie von Artikeln und Fernsehreportagen in Russland zum Thema »Das wilde erste Jahrzehnt«, »Personenkult um Putin« und »Die irrationale, voluntaristische Politik Putins in Zeiten der ökonomischen Stagnation«.

Wieder einmal werden sich die Russen fassungslos an den Kopf langen und sich aufregen: Was war das doch für ein Mistkerl, was hat der nicht alles angerichtet, und wir hatten von allem keine Ahnung. Putins Propagandaleute aber werden sich innerhalb eines Lidschlags umgestellt haben und mit Geheul ihren früheren Götzen anprangern, und zwar genau jene seiner Eigenschaften, für die sie ihn zuvor geliebt haben.

Die Liste dessen, was man Putin nach seinem Abgang alles vorwerfen wird, ist lang, angefangen von seinem unmoralischen Verhalten und der Beschuldigung, seine politischen Gegner ermordet haben zu lassen, vom Personenkult in den staatlichen Massenmedien bis hin zu groß angelegten wirtschaftlichen Manipulationen und Machenschaften. Aber zu den härtesten und gleichzeitig gerechtfertigtsten Vorwürfen wird der gehören, dass er Russland in einen Zwist mit seinem Brudervolk, der Ukraine, getrieben und dort eine Invasion gestartet hat, die viele Tausende Menschenleben kostete, das Land in einen neuen kalten Krieg hineinzog und Russland in den Augen der Welt diskreditierte. Und seine kriegerische Intervention in Syrien wird man als nichts anderes als ein sinnloses Verbrechen bezeichnen.

Sein Größenwahn wird verlacht werden, ebenso wie seine respektlosen Versuche, Fachleute aller möglichen Gebiete zu belehren. Die neue »Familie« der putinschen Schmarotzer, die die »nationalen Reichtümer des Landes ausgeplündert haben«, wird man verurteilen. In den Enthüllungsreportagen werden die Gesichter Abramowitschs, Kadyrows, Jakunins und Rotenbergs, Kowaltschuks und Kabajews auftauchen ..

Wenn das keine Wunschträume sind ...?! All das findet erst statt, wenn einer »fliegt oder stirbt«. Und vermutlich wird das nicht ganz so bald der Fall sein. Aber ein solches Finale ist unausweichlich. Niemand ist unsterblich.

Putin ist von allen Staatschefs der Post-Stalin-Ära der aggressivste und unberechenbarste. Im Gegensatz zu Gorbatschow, Jelzin, sogar zu Chruschtschow und Breschnew stellt Putin für die Welt eine reale Bedrohung dar. Ich glaube, er wäre in der Kubakrise aufs Ganze gegangen. Wie viele Menschen, die von ihren Komplexen gelenkt werden, fürchtet er nichts mehr, denn als Schwächling dazustehen. Um das zu vermeiden, ist Putin in der Lage, jedes Risiko und jedes Abenteuer in Kauf zu nehmen. In die Geschichte jedenfalls, die – wie man weiß – nicht lügt, wird Putin nach Stalin als gefährlichster Herrscher Russlands eingehen.

# 2. Entstehung des Putinismus: Blick von innen

*»Woher kommt all diese Ignoranz, all dieser Hass? Das Land hat sich wieder in einen Paria verwandelt. Und es ist meiner Meinung nach schlimmer als zu Zeiten der Sowjetunion. Weil die Leute, die jetzt an der Macht sind, sogar noch ungebildeter sind und nicht einmal von einer Idee gezügelt werden, irgendeinem Marxismus-Leninismus, der die Gedanken doch wenigstens in gewisse Bahnen lenkt. Hier herrscht jetzt das Gesetz der Bande, das Gesetz des Geldes, das Gesetz der Ignoranz.«*

Swetlana Aleksijewitsch

In Putins Russland wurde alles schrittweise profaniert: das Parlament, die Wahlen, das unabhängige Fernsehen, die legale Opposition, die öffentliche Meinungsumfrage, die Gewissensfreiheit und die Meinungsfreiheit. Das ereignete sich vor meinen Augen, denn ich hatte beruflich bedingt unmittelbaren Zugang zu allen diesen Bereichen. Und an die Stelle der zerstörten demokratischen Institutionen traten die Instrumente der autoritären Macht und totalen Propaganda.

Zu Zeiten des sowjetischen ideologischen Totalitarismus waren die wichtigsten Mittel der bürokratischen Herrschaft Gewalt und Ideologie. Im der postsowjetischen Gesellschaft herrscht die Bürokratie mithilfe von Gewalt und der Kontrolle über den Geldfluss. In allen Lebensbereichen regiert unumschränkt das große Geld, an das nur herankommt, wer mit der staatlichen Bürokratie und den Strukturen von Geheimdienst, Militär und Polizei zusammenarbeitet. Unter Jelzin war die Macht zerrissen, verschiedene Gruppierungen konkurrierten miteinander. Keine von ihnen hatte die totale Kontrolle über die Finanzströme. Putin und seine Anhänger haben die Macht faktisch monopolisiert und sich die Kontrolle über das große Geld und damit über das Land gesichert. So entstand ein ganz besonderer Markttotalitarismus.

Allerdings kehrt das Land in den letzten Jahren langsam vom Markttotalitarismus zum ideologischen Totalitarismus zurück. Das Geld wird weniger, weshalb der unangemessen gewordene Diktator das Land vor immer ambitioniertere geopolitische Herausforderungen stellt und von den Menschen verlangt, Entbehrungen zu ertragen, bis hin zum »Tod – in vollem Ernst«, irgendwo im Donbass oder in Syrien. Unter Bedingungen, in denen die Zahlungsunfähigkeit droht, benötigt die Macht wieder eine hypnotisierende Staatsideologie. Ihre Zusammensetzung ist einfach wie der russische Cocktail Jorsch: anstatt Wodka und Bier mischt man nationalen Dünkel, klerikalen Obskurantismus und aggressive Fremdenfeindlichkeit.

## Die »Abgeordnetenkrankheit«

Ich erinnere mich genau daran, wie in Russland die zarten Triebe der Demokratie zertreten wurden, die aus den ersten Jahren nach der Perestroika stammten, und darauf der Übergang vom monetären zum ideologischen Diktat erfolgte.

Zu Beginn der Ära Putin arbeitete ich mehrere Jahre auf der Ebene der ersten Kammer (Volkskammer) des russischen Parlaments, der Staatsduma, als Politberater. In dieses unwirtliche Gebäude aus der Stalinzeit kommen jeden Tag Hunderte Abgeordnete des russischen Parlaments, dazu ihre Mitarbeiter und die Angehörigen des Verwaltungsapparats der Duma. Der sowjetische Geist herrscht dort bis heute. Er ist überall zu spüren: in den Cafeterien, wo es verboten ist, starke alkoholische Getränke auszuschenken (aber wen die Servierdame kennt, der erhält – gegen ein kleines Entgelt und unter dem Mäntelchen eines Tees – gern eine Tasse Cognac); in der billigen und schlechten Selbstbedienungskantine und am Eingang des Gebäudes, der verbarrikadiert ist wie Stalins Bunker und wo sich die Wachleute allmächtig fühlen. Meinen Freund, den bekannten Journalisten und Politologen Wladimir Pribylowski, verprügelten sie ungestraft und auf brutale Weise (sie zertrümmerten mit seinem Kopf eine Glastür), nur weil dieser mit ihrem Chef, einem ehemaligen hohen KGB-Offizier, in Streit geraten war. Damals, Ende der 1990er-Jahre, dachten wir, dass die Allmacht des KGB endlich gebrochen sei, weshalb mein Freund dem Offizier sinngemäß sagte: »Eure Zeit ist vorbei.« Und jener bewies dem naiven Journalisten postwendend, dass er mit ihm machen konnte, was er wollte. Dabei waren das nur die Vorboten. Später stellte sich heraus, dass unsere »unwiederbringlich vergangene« Geschichte in Wirklichkeit unsere Zukunft war.

Heute wird die Staatsduma als Institution verspottet, und ihr Name wird verballhornt, um die dort herrschende Absurdität und Dummheit zu verdeutlichen. Man bezeichnet sie auch als »tollwütigen Drucker« für ideologisierte, absurde und drakonische Gesetze, wie etwa die strafrechtliche Verfolgung von »Religionslästerung«, von Propaganda für Homosexualität und für die Anstiftung von sozialen Streitigkeiten (zum Beispiel gegenüber der Polizei oder Verwaltung). Ein anderes Gesetz zwingt NGOs, die internationale Zuschüsse erhalten, sich als »ausländische Agenten« registrieren zu lassen. Wieder andere beschränken die Meinungsfreiheit im Internet, das Versammlungsrecht der Bürger, die Teilnahme der Opposition an den Wahlen, den Import verschiedenster Lebensmittel und so fort. Unter diesen Gesetzen gibt es das berühmte »Schurken-Gesetz«, das es Amerikanern verbietet, russische Waisen zu adoptieren. Dieses Gesetz verhindert, dass Hunderte russische Waisen, darunter auch viele behinderte Kinder, eine Chance auf ein besseres Leben und auch einfach auf eine angemessene medizinische Versorgung bekommen. Sie sind dazu verurteilt, ihre Kindheit in russischen Waisenhäusern zu verbringen, wo die Bedingungen furchtbar sind, und später in einer Gesellschaft zu leben, wo es keine normale Infrastruktur und keinen sozialen Schutz für Behinderte gibt.

Der Höchstsatz der Invalidenrente in Russland beträgt etwa 120,– Euro monatlich. Es ist typisch, dass dieses Gesetz gewissermaßen als Racheakt verabschiedet wurde, nachdem die USA Sanktionen gegen eine Reihe russischer Beamter erlassen hatte, die in den Fall Magnitski verwickelt waren. Die Waisen müssen für die Sünden der russischen Machthaber bezahlen.

Als ich in der Duma arbeitete, wurden dort noch nicht so »wilde« Gesetze erlassen. Aber inzwischen ist mir klar, dass alle Bedingungen für eine solche Entwicklung genau in dieser Zeit geschaffen wurden. Das Abgeordnetenamt war nämlich auch damals schon ein Mittel, sich illegale Zusatzeinkünfte zu sichern, eine Eintrittskarte ins große Business. So jedenfalls sahen es viele Abgeordnete, mit denen ich zu tun hatte und zusammenarbeitete. Vorbildliche Menschen wie den ehemaligen Dissidenten Sergei Kowaljow oder meinen verstorbenen Cousin Boris Nemzow gab es immer nur sehr wenige. Und wenn die Machthaber heute einem solchen grundsatztreuen Politiker versehentlich gestatten, an den Wahlen teilzunehmen, und er dann Abgeordneter wird, so werden sie sich doch früher oder später darauf besinnen, ihm entweder sein Mandat zu entziehen – wie geschehen mit dem Mitglied des Regionalparlaments Lew Schlosberg, weil er die Teilnahme und den Tod Pskover Soldaten im Krieg in der Ostukraine öffentlich machte –, oder sie werden ein Strafverfahren gegen ihn eröffnen oder ihn zwingen zu emigrieren, wie im Fall von Ilja Ponomarjow – dem einzigen Abgeordneten, der gegen die Annexion der Krim stimmte.

Es gibt da einen alten Witz: Der russische Zar Alexander III. empfängt die Eigentümer verschiedener Zeitungen und fragt sie, welche politische Richtung sie unterstützen. Einer spricht über seinen Konservatismus, ein anderer bezeichnet sich als Liberaler. Aber der Besitzer des Boulevardblatts *Kopeke* antwortet ganz ehrlich: »Was heißt da politische Richtung, Eure Majestät, wir sorgen für uns.« Die Vertreter dieser Richtung »Wir sorgen für uns« stellen die größte Fraktion in der Duma der Russischen Föderation. Die meisten mir bekannten Abgeordneten vertraten keine erkennbaren politischen Überzeugungen. Die »Volksvertreter« ließen sich größtenteils von ihren Geschäftsinteressen leiten. Daher ist es nicht überraschend, dass etliche Mitglieder der Duma, mit denen ich zu tun hatte, ihre politischen Standpunkte in den Jahren seit Putins Herrschaft radikal wechselten. Viele von Putins Gefolgsleuten, die sich noch zu Beginn des neuen Jahrhunderts als Liberale ausgaben, sind heute homophob und/oder nationalistisch. Zum Beispiel kannte ich die heutige Vorkämpferin gegen Homosexualität und Hüterin der russischen orthodoxen Moral in der Duma, Jelena Misulina, als Abgeordnete der liberalen Partei Union der rechten Kräfte (SPS).

Der Großteil der heutigen Abgeordneten, die Putins autoritärem Regime dienen, sind nicht unbedingt ideelle Putinisten. Sie handeln so, wie es für sie in der derzeitigen Situation vorteilhaft ist. Und unter Putin bringt nun einmal die strikte Einhaltung des vom »nationalen Leader« vorgegebenen politischen Kurses die größten Dividenden, und daher müssen sie, ob sie wollen oder nicht, Gesetze verabschieden, die das Land in die Isolation treiben und die Rechte und Freiheiten seiner Bürger beschneiden.

Offiziell haben die Abgeordneten natürlich nicht das Recht, Geschäfte zu betreiben. Aber dieses gesetzliche Verbot lässt sich leicht umgehen, indem man das jeweilige Business auf einen Verwandten oder Vertrauten überträgt. Zwar veröffentlichen Bürgeraktivisten ständig kompromittierendes Material über Abgeordnete, die ihr Auslandsvermögen, etwa Häuser, Jachten oder Gelder in London, Miami und Cannes, nicht deklariert haben, aber normalerweise endet das damit, dass man die jeweilige Person lediglich in den sozialen Netzwerken abstraft. Ernsthafte Konsequenzen für die jeweiligen Abgeordneten haben diese Enthüllungen in der Regel nicht. Denn für die Staatsmacht ist die Loyalität eines Deputierten das Wichtigste. Die Möglichkeit, sich ungestraft an Korruptionsgeschäften zu beteiligen, ist der Lohn der Abgeordneten und anderer Beamter für ihre bedingungslose Ergebenheit gegenüber Putins Regime der persönlichen Macht.

Wie ich mich selbst überzeugen durfte, gibt es für die Abgeordneten diverse Möglichkeiten eines Nebenverdienstes. Der einfachste Weg ist, Lobbyarbeit für die Interessen großer Unternehmen zu betreiben, also für vorteilhafte Entscheidungen in den Bereichen Verteilung von Budgetmitteln, Auftragsvergabe, Vergünstigungen bei Zollabgaben und Steuern sowie Privatisierung. An zweiter Stelle rangiert das sogenannte Schutzgeschäft. Dabei muss man berücksichtigen, dass die russische Geschäftswelt unter der permanenten Bedrohung von überfallartigen Angriffen und Überprüfungen vonseiten verschiedener administrativer Clans und aus den Geheimdiensten lebt. Die »Schutzherrschaft« eines Abgeordneten, die Beteiligung ihm vertrauter Personen in Form von Mitunternehmern, helfen einer Firma, sich der Überfälle zu erwehren und die Abgaben an Beamte und Geheimdienste zu minimieren.

Außerdem betrachten viele Abgeordnete ihr Mandat als Sprungbrett in die Exekutive: in die Gemeindeverwaltungen, in die Verwaltungsapparate der Oblaste, in die Ministerien, die Präsidialverwaltung und auf leitende Posten des staatlich kontrollierten natürlichen Monopols. Wem es gelingt, sich vor dem Chef verdient zu machen, bekommt möglicherweise zur »Selbstversorgung« eine Stadt oder eine Region zugeteilt. Dann ist es noch einfacher, an Geld zu kommen. Ich denke dabei zum Beispiel an das ehemalige Stadtoberhaupt von Nischni Nowgorod. Er besitzt über seine Frau das größte Bauunternehmen, an das die besten Grundstücke der Stadt weitergereicht werden. Die Häuser, die auf diesen von der Gemeinde zur Bebauung ausgewiesenen Flächen standen, wurden erbarmungslos von angeheuerten Banden abgefackelt, wenn die Gebäudebesitzer nicht mit sich reden ließen und verkaufen wollten. Massenhaft wurden so historische Gebäude von hohem Denkmalwert abgerissen. Dadurch wurde die alte, kultivierte Stadt verstümmelt, aber die Frau des Bürgermeisters wurde dadurch zur reichsten Frau Russlands. Die Bewohner Nischni Nowgorods durchschauten diese Machenschaften zwar, aber sie konnten nichts gegen ihren Bürgermeister ausrichten. Denn die Direktwahl der Bürgermeister war bereits vorher abgeschafft worden. Vor Kurzem wurde die Stadt an eine andere Führung übergeben, aber ich bezweifle, dass sich viel ändern wird.

Das Abgeordnetenmandat – genau wie viele andere Ämter – wird in Russland vor allem als gute Kapitalanlage wahrgenommen. Zunächst kaufen Unternehmer sich auf einem Listenplatz bei regionalen Wahlen ein. Mit der Zeit werfen die investierten Mittel dank der dadurch erlangten Position in der Duma reiche Erträge ab. Ich habe mehrere solcher Fälle erlebt und das nicht nur in der Regierungspartei, sondern auch bei den pseudooppositionellen Parteien: der Kommunistischen Partei der Russischen Föderation (KPRF), Gerechtes Russland (SR) und der Liberal-Demokratischen Partei Russlands (LDPR).

Da es in Russland keine freien Wahlen gibt, wird man nicht für seine Verdienste vor dem Wähler zum Abgeordneten, sondern dank des Wohlwollens höherstehender Kollegen, und wie ich schon beschrieben habe, ist solches Vertrauen häufig nicht uneigennützig. Es findet eine verdeckte Rekrutierung der Elite statt, soll heißen, die regierende Elite wählt neue Leute in machtvolle Positionen, ohne dass die breite Mehrheit der Bevölkerung daran irgendwie beteiligt ist. Und das gilt auch für die Abgeordneten der Duma, deren intellektuelles und moralisches Niveau mit jeder neuen Dumabesetzung sinkt. Dass die Staatsduma praktisch einstimmig Putin unterstützt, darüber wundere ich mich nicht. Die käuflichen und dümmlichen Abgeordneten sind dazu verdammt, den Anweisungen der Vorgesetzten in jeder Lage zu folgen.

Die »Volksvertreter« legen dabei eine ungeheure, an Größenwahn grenzende Selbstzufriedenheit an den Tag. Manchmal sieht es aus, als wären sie von einer besonderen Krankheit befallen. Ich habe die Symptome einer solchen »Abgeordnetenkrankheit« zusammengefasst. Aber was ironisch überspitzt wirken mag, trägt leider nicht wenig Wahrheit in sich.

Die »Abgeordnetenkrankheit« konnte ich an vielen Volksvertretern beobachten, als ich in der Duma arbeitete. Sie macht sich in der Regel ein bis zwei Monate nach der Wahl bemerkbar. In der Anamnese zeigen sich: ein sich schrittweise verstärkender Größenwahn, die unangemessene Einschätzung der eigenen Bedeutung, unkontrollierte Ausbrüche von Aggression gegenüber Untergebenen sowie Anfälle inbrünstiger Verehrung von Höherstehenden. Letzteres kommt besonders ausgeprägt in den seltenen Fällen vor, wenn Seine Hoheit der Präsident höchstpersönlich in die Duma kommt oder zu sich in den Kreml ruft.

Symptome des sich abzeichnenden Größenwahns bei der »Abgeordnetenkrankheit«:

- Der Abgeordnete bestellt einen Artikel oder ein Interview in einer bekannten russischen Zeitung. Er heuert einen Literatur-»Sklaven« an, der den Text verfasst, und schmiert den zuständigen Redakteur, damit dieser den Artikel veröffentlicht.
- Als Nächstes benötigt er dringend einen Fernsehauftritt, und zwar unbedingt in einer beliebten Talkshow im Hauptsender. In Russland werden solche Einladungen nicht selten ausgesprochen, nachdem der Chef des jeweiligen Programms oder Senders geschmiert wurde. Am Ende stellt sich jedoch oft heraus, dass das Geld des Abgeordneten nur für eine Morgensendung in einem Kabelkanal gereicht hat.
- Der Abgeordnete bestellt eine Dissertation und die zugehörige Verteidigung. Im Prinzip geht jede Fachrichtung, aber besonders hoch im Kurs stehen Doktortitel der Juristerei und Wirtschaftswissenschaften.
- In der Staatsduma existiert eine ganze Fabrik zur Anfertigung von Dissertationen auf Bestellung. Es gibt in Russland inzwischen sogar eine spezielle Internetseite – »dissernet.org« –, auf der massenhaft falsche Doktoren in den Reihen der russischen Elite entlarvt werden – allerdings ohne die geringsten Konsequenzen.
- Der Abgeordnete kauft sich den Titel eines »Akademiemitglieds« irgendeiner »Akademie für Informatisierung«. In Russland gibt es jede Menge dubiose Organisationen, die sich stolz Akademie nennen. Überhaupt erwerben Abgeordnete wie auch russische Beamte nur zu gerne die verschiedensten wohlklingenden Titel und Diplome. Alle diese Zeugnisse und Zertifikate werden in teuren Rahmen ordentlich an den Wänden des Abgeordnetenbüros aufgehängt.
- Der Abgeordnete beschließt, ein Buch zu schreiben. Besser gesagt, es bei einem der Dumataglöhner in Auftrag zu geben. Der Inhalt ist dabei nicht wichtig. Wichtig ist das Spektakel nach dessen Erscheinen, die Signierstunde, das Überreichen und Verschicken von Exemplaren

an »wichtige« Personen. Diese wichtigen Leute haben in der Regel kein Interesse an dem Buch, aber sie wissen natürlich von der »Abgeordnetenkrankheit«, ärgern sich nicht über das Buchgeschenk, sondern geben sich dankbar und erfreut.

All das betrifft nicht nur die Abgeordneten, sondern auch viele andere Vertreter der russischen politischen Elite, mit der ich zu tun hatte. Mir ist schon vor langer Zeit klar geworden, dass es ihnen an einer realistischen Selbsteinschätzung, einer angemessenen Beurteilung der eigenen Bedeutung fehlt. Ich denke, das liegt daran, dass die meisten von ihnen ihre Karriere in den 1990er-Jahren machten, nach dem Zerfall der Sowjetunion. In Zeiten sozialer Umwälzungen wird um Macht und Geld buchstäblich wie im Roulette gespielt. Dabei ist dieses Roulette eine Mischung aus einem herkömmlichen und einem russischen. Der eine hat Glück und gewinnt: Posten, Fabriken und – wie Wladimir Wyssozki es so schön sang – »Jachten, Empfänge, Spielsoldaten und sogar Schiffe mit überfüllten Laderäumen«. Und ein anderer verliert. Dem bleibt nur die Holzkiste (der Anteil an Todesopfern bei Auseinandersetzungen innerhalb der russischen Elite liegt höher als der in so mancher kriegsführenden Armee). Um an den Spieltisch zu treten, muss man bereit sein, für die Karriere alles zu riskieren, und dazu fähig sein, andere für die eigenen Ziele auszunutzen. Man muss seine Anstrengungen wie Spielmarken auf die richtigen Karrierepferde setzen und hoffen, mit günstigem Wind zu Erfolg und Macht zu kommen.

Die russische Elite besteht aus zufälligen Gewinnern des Karriereroulettes. Das gilt für Jelzins Oligarchen und für Putins Silowiki. Das Problem besteht darin, dass sie infolge ihrer atemberaubenden Karrieren, die ihnen das Glück beschert hat, davon überzeugt sind, diese Karrieren aufgrund ihres Talents verdient zu haben und ihrer würdig zu sein. Deshalb ist es ihnen nicht mehr möglich, ihre eigene Position in der Welt realistisch einzuschätzen.

Sie gestehen sich niemals ein, auch sich selbst gegenüber nicht, dass ihre Karriere nur ein irrer Witz Jelzins oder eine seltsame Laune Putins ist, dass sie ihre Reichtümer anderen verdanken, abgezockten Bankanlegern oder Beamten, die dabei halfen, gewinnträchtiges Eigentum zu privatisieren, den erfolgreichen Geschäften mit Oligarchen oder der Beteiligung an der Zerschlagung eines natürlichen Monopols usw.

Wenn so ein Beamter (angefangen vom unbedeutenden Provinzbürgermeister bis hin zu Putin selbst) vor Publikum in gewählten Worten über den Kampf gegen die Korruption spricht, ist er ebenso aufrichtig, wie wenn er sich selbst an Korruptionsgeschäften beteiligt. Denn schließlich ist er bedeutend und unantastbar, egal was er tut. Korruption findet bei anderen statt, bei ihm ist das Gleiche nicht Korruption, sondern die Fähigkeit, günstige Umstände für sich selbst und sein Land zu nutzen. Wie könnte es anders sein?

Kognitive Dissonanz, also einen unangenehmen Spannungszustand zwischen ihren widersprüchlichen Denkpositionen, werden diese Menschen erst empfinden, wenn ihr Glück nachlässt und die Realität erbarmungslos in ihr illusorisches schizophrenes Weltbild eindringt; wenn noch schlauere und einflussreiche Kollegen sie benachteiligen, ruinieren, unter Druck setzen. Aber selbst dann sind sie meistens nicht bereit, ihre Niederlage einzugestehen, denn sie glauben fest daran, dass sie auserwählt sind.

## Der Verfall der Demokratie und ihr Tod

Als Politberater bei Wahlen in verschiedenen Regionen lernte ich die Kehrseite des russischen politischen Lebens im Detail kennen, bekam mit, wie und aus wem man Abgeordnete machte, oder Bürgermeister oder Gouverneure. Der berühmte deutsche Soziologe Jürgen Habermas hat schon in den 1970er-Jahren über die Problematik manipulativer Methoden für eine repräsentative Demokratie in der westlichen Welt geschrieben. Ich vermag nicht zu beurteilen, wie die Situation im Westen ist. Aber der Verfall der Demokratie in Russland fand vor meinen Augen statt.

Ich würde drei Entwicklungsstadien der neuen russischen Demokratie unterscheiden, seit ihrer Geburt unter Gorbatschow bis zu ihrem Tod unter Putin: ursprüngliche Reinheit (etwa von 1990 bis 1993), Degeneration der Institutionen mittels Manipulation und Betrug (von 1995 bis 2004) und bürokratische Profanierung (2004 bis heute).

## Erstes Stadium: ursprüngliche Reinheit der Demokratie

Die ersten Wahlen, bei denen ich mitarbeitete, fanden im Jahr 1990 während Gorbatschows Perestroika statt. Damals half ich meinen demokratischen Freunden bei ihren Wahlkampagnen zu verschiedenen Räten auf unterschiedlichen Ebenen. Diese Wahlen waren im Großen und Ganzen ehrlich und frei. Es stand niemand zwischen den Wählern und den Kandidaten. Es gab keinen Druck vonseiten der Machthaber, kein großes Geld, keine Intrigen von Korporationen, keine cleveren politischen Technologien oder Wahlstrategien. Die Menschen stimmten aufgrund ihrer Einschätzung von Wahlprogramm und Kandidatenpersönlichkeit ab; manipulative Nötigungen fanden praktisch nicht statt. Die Parteiführung hatte längst den Zugriff auf die realen Machthebel verloren, die Beeinflussung durch die Bürokratie war zu dem Zeitpunkt schwach, und es gab auch keine Oligarchie. Es gab buchstäblich niemanden, der den Wähler beeinflussen oder unter Druck hätte setzen können.

Damals wunderten sich sogar die ausländischen Gäste über die Demokratie in unserem Land. Ich erinnere mich an das Interview eines europäischen Journalisten mit meinem Freund, der frisch zum Abgeordneten des Regionalrats (Parlaments) gewählt worden war: »*Welche Personen aus der Geschäftswelt haben Sie unterstützt?*« – »Keine.« – »*Gab es irgendwelche Lobbygruppierungen?*« – »Davon höre ich zum ersten Mal.« – »*Wie hoch war das Budget Ihrer Kampagne?*« – Ich weiß es nicht genau, schätzungsweise die Hälfte meines monatlichen Gehaltes.« – »*Und wie sah es mit der Unterstützung durch die Medien aus? Oder der durch Wahlstrategen, Politberater?*« – »So etwas gab es nicht.« – »*Aber wie konnten Sie das Mandat gewinnen?*« – »Zum einen habe ich persönlich mit vielen Wählern gesprochen, traf sie vor ihren Häusern, in Unternehmen. Außerdem haben mich meine Freunde unterstützt, sie verteilten meine selbst ausgedruckten Flyer in Briefkästen, sprachen mit den Menschen.«

Der Journalist war begeistert von einer solchen unverfälschten Reinheit und Einfachheit der Wahlkampagne.

## Zweites Stadium: Degeneration der Demokratie

Aber dann änderte sich das alles. Nach dieser ersten, quasi jungfräulichen Etappe der Geschichte der neuen russischen Demokratie folgte die zweite ihrer Degeneration mittels Manipulation. Für die Oligarchen, die faktisch die Macht im Land und in den Regionen kontrollierten, war die Demokratie höchst gefährlich. Jegliche demokratischen Wahlen hätten das Ende ihrer Herrschaft bedeutet, hätten sie daran gehindert, sich weiter die ökonomischen Ressourcen des Landes anzueignen. Deshalb machten sie die Wahlen zur Farce. Bei den Wahlen 1996 zerrten die Oligarchen den kranken Jelzin für eine weitere Amtszeit in den Präsidentensessel. Unter Putin begann dann die dritte postume Etappe der russischen Demokratie, in der Wahlen buchstäblich zum Sparringschaukampf verkamen, wobei die Machthaber die Herausforderer auf Seiten der sogenannten Opposition auswählten und die Gewinner schon im Voraus feststanden.

Die russischen Wahlkampfstrategen und Politberater bedienten die Interessen der staatlichen Bürokratie und des damit verbundenen Großkapitals und gaben die Wahlen der manipulativen Profanierung preis. All das spielte sich vor meinen Augen ab: der direkte und indirekte Kauf von Wählerstimmen, schwarze, sprich verdeckte PR, Spoilereffekte, Doppelgänger-Kandidaten, falsche Broschüren und Flyer von Konkurrenten, provozierende Gerüchte, wohlformulierte Wahlversprechen, die kein Mensch einzuhalten beabsichtigt, ohrenbetäubende und stumpfsinnige Auftritte, teure Reklame, die von Sponsoren mit eigenen Interessen bezahlt werden, dazu »Wahlkarusselle« und organisierter Wahlbetrug. Die russischen Wähler waren zunächst fassungslos über diesen Überfluss schmutziger Methoden und dann einfach völlig enttäuscht von Demokratie und Wahlen, wie von einem lauten, aber völlig sinnlosen Ritual, das ein Teil der Gauner im Interesse eines anderen Teils von ihnen vollzieht.

Eine besonders tragende Rolle bei der Diskreditierung der Wahlen spielte die unter russischen Politberatern sehr populäre verdeckte PR, auch schwarze PR genannt. Das geht so: Zunächst machen sich die Analytiker an die Arbeit und untersuchen Biografie und Geschäfte des Konkurrenten genauestens. Alles wird ans Licht gezerrt, was man gegen ihn verwenden kann: Krankheiten, nichtrussische Herkunft, familiäre Probleme, »Jugendsünden«, unsaubere Geschäfte usw. Dann werden auf dieser Grundlage eine Reihe falscher oder halbwahrer Hypothesen erarbeitet, die den Konkurrenten in den Augen des russischen Wählers kompromittieren sollen. Zum Beispiel: Der Kandidat ist nicht verheiratet – er ist homosexuell; der Kandidat hat einen nichtrussischen Nachnamen – er ist eigentlich Staatsbürger eines anderen Landes; der Nachname des Kandidaten ist gleichlautend mit dem eines unbeliebten Oligarchen – er ist ein Verwandter. Im nächsten Schritt werden diese Behauptungen bei Interviews mit Fokusgruppen getestet. Der Moderator, der die Gruppe leitet, gibt die Hypothesen als reine Wahrheit aus und beobachtet dann genau, an welche davon die befragten Personen glauben und wie sie reagieren. Anschließend werden jene Hypothesen ausgewählt, die am glaubhaftesten waren und gleichzeitig bei den Versuchspersonen eine möglichst negative Beurteilung des zukünftigen PR-Opfers auslösten. Um diese Hypothesen zu verbreiten, wird ein Medienplan erstellt, der in der Regel aus Auftragsartikeln und Flyern besteht, das Streuen von Gerüchten mithilfe verdeckter Agitatoren an öffentlichen Plätzen enthält sowie Provokationen durch angeheuerte »erregte Wähler« oder fingierte pseudowissenschaftliche Umfragen mit provozierenden Fragen vom Typ: Wussten Sie, dass der Kandidat XY Verbindungen zu tschetschenischen Terroristen unterhält?

Natürlich wird jede Form von schwarzer PR strafrechtlich verfolgt, sofern der jeweilige Kandidat sich der Unterstützung der Machthaber erfreut. Aber wenn es sich um einen unabhängigen Kandidaten handelt, lässt sich dieser recht einfach diskreditieren, sofern der Auftraggeber nur ausreichend Geld in die Hand nimmt.

Mit was für lächerlichen Ansinnen ich mich befassen musste, solange ich noch bei Wahlkampagnen mitarbeitete. So bestellte ein Anführer einer rechten Partei die Verbrennung einer Puppe von ihm selbst durch die »Kommunisten«, damit alle sehen könnten, wie sehr er von seinen Feinden gehasst werde, und um damit die eigene Bedeutung zu unterstreichen. Ein für seine konservative Haltung berühmter Regisseur wollte ein Programm zur Wiedereinführung der dörflichen Selbstverwaltung vorlegen, in welchem die örtliche Obrigkeit und Kirche die dörfliche Bevölkerung unter Anwendung der Prügelstrafe und anderer physischer Strafen regieren sollte.

### Drittes Stadium: bürokratische Profanierung der Demokratie

Wenig später begann das Stadium der administrativen Profanierung der Wahlen. Die behördliche Verwaltung (auch früher schon von höchster Wichtigkeit) wurde zum entscheidenden Faktor für den Ausgang der Wahlen. Alle bisherigen Wahlkampfstrategien und -techniken wurden durch einfache administrative Entscheidungen darüber ersetzt, wer Abgeordneter werden durfte und wer nicht. Denn die direkten Wahlen zum Bürgermeisteramt wurden in vielen Städten abgeschafft. Die Wahlen zum Gouverneur wurden erst aufgehoben, dann wieder eingesetzt; allerdings darf nur kandidieren, wer die Erlaubnis der Machthaber erhält.

Inzwischen hat die Staatsmacht die schwarze PR monopolisiert. Unliebsame Kandidaten wie etwa Mitglieder von Nemzows Partei der Volksfreiheit – russisch: PARNAS-Partei – oder der Partei des Fortschritts von Alexei Nawalny (die man gar nicht erst registriert) werden meistens nicht zu den Wahlen zugelassen oder man leitet ein strafrechtliches Verfahren gegen sie ein. Die Ergebnisse des Showwahlkampfes werden vor dem eigentlichen Wettkampf von den Machthabern festgelegt. Wenn es notwendig ist, werden sie eben grob verzerrt. Genau das war der Auslöser für die Revolution »mit dem weißen Band«, also jene massenhaften Proteste gegen die Regierung in Moskau in den Jahren 2011 und 2012, die allerdings ohne jeden Erfolg blieben.

## Putins Propaganda

Die Zeit der freien Wahlen war zu Ende, aber die Bedeutung der schwarzen PR und anderer manipulativer Techniken wuchs. Sie sind ein wichtiger Bestandteil der staatlichen putinschen Politik, flankieren die administrative Gewalt und dienen dazu, diese in den Augen der Gesellschaft zu rechtfertigen. Was sich im Wahlkampf bewährt hat, wird nun höchst aktiv gegen innere und äußere Regimegegner angewendet, um die Bevölkerung zu verdummen und ein Feindbild zu schaffen. Das wichtigste Instrument der medialen »schwarzen Techniken« ist das russische Fernsehen. Gegenstand der Verleumdung und Hetze: die Ukraine, der Westen und die russische Opposition.

Um die putinsche schwarze PR auf die Medien und Politik des Westens auszuweiten, wenden die russischen Machthaber große Summen auf, heuern teure PR-Agenturen an, Nachrichtenmacher und Politiker. Man setzt alles daran, der Bevölkerung in den Nachbarländern die gleichen Mythen einzuflößen wie den Russen. Die Bewohner des Donbass sind bereits die Opfer einer solchen Politik geworden. Eben jene breit angelegte gezielte russische Fehlinformation hat dort die inneren Konflikte ausgelöst und den Boden für die russische Intervention vorbereitet.

Das gewaltige Ausmaß an Lüge und Schmutz im russischen Fernsehen ist einfach erschütternd. Auf staatlichen Bildschirmen werden Schauermärchen über von »Ukrofaschisten« gekreuzigte russische Kinder verbreitet, über amerikanische »Neger«, die Russen im Donbass töten, über russische Oppositionelle, die ihre Heimat ans Außenministerium der Vereinigten Staaten verkaufen. Ein verkleideter Transvestit gibt sich als Liebhaber Saakaschwilis aus und eine angeheuerte Schauspielerin als Gewaltopfer von ukrainischen Ultranationalisten.

Zuschauer! Wenn du russisches Fernsehen siehst, glaub deinen Augen nicht. Ganz gleich, was dort gezeigt wird, selbst wenn es nach absolut neutraler Berichterstattung aussieht, jedwede Information kann sich jederzeit als von vorne bis hinten gefälscht erweisen. Das weiß ich nicht nur vom Hörensagen.

Mitte der 2000er-Jahre erlebte ich folgenden Vorfall bei der Arbeit: Ein Unternehmen, dem eine Kette von Lebensmittelgeschäften mit Namen »Pjatjorotschka« gehörte, erwarb die Rechte einer Zeichentrickserie – »Nu pogodi«, in Deutschland unter dem Titel »Hase und Wolf« bekannt –, und finanzierte zwei weitere neue Staffeln der Serie. Die Beratungsfirma, in der ich damals arbeitete, erhielt den Zuschlag für eine entsprechende PR-Kampagne.

Im Zusammenhang damit entstand die Idee, folgende gefälschte Nachricht übers Fernsehen zu verbreiten: Die neuen Staffeln der Serie »Hase und Wolf« seien noch nicht offiziell erschienen, aber das Interesse daran sei so gewaltig, dass schon mit illegalen Raubkopien gehandelt werde. Durch Vermittlung gemeinsamer Bekannter lernte ich einen sympathischen jungen Mann kennen, der beim Fernsehen arbeitete. Ich schlug ihm diese Idee vor. Und er willigte zu meiner Überraschung augenblicklich ein. Der Preis für das Geschäft betrug rund 15 000 Dollar (dabei musste er einen Teil des Geldes Vertretern des polizeilichen Pressedienstes abgeben). Dafür wurde in einer regelmäßigen Sendung des föderalen Fernsehsenders NTW über Kriminalfälle eine Nachricht von einem Pressesekretär in Uniform verlesen, die darüber berichtete, dass unsere großartigen Polizeiorgane bei einer Gruppe Videopiraten neue Folgen der Serie »Hase und Wolf« beschlagnahmt hätten. Dazu wurde eine Art Lager gezeigt – das der angeblichen Piraten – und im Großbild die vermeintlichen Raubkopien. Diese hatte ich auf Bitte des Fernsehmannes zuvor selbst fabriziert: Es waren leere CDs, beklebt mit von mir gedruckten Aufklebern, auf denen der Titel »Hase und Wolf« zu lesen war. Alles lief ausgezeichnet, und der Kunde war zufrieden.

Und jetzt kommt das Wichtigste. Der clevere Fernsehmann, der diese gefälschte Nachricht einfädelte, war Alexei Malkow, heute bekannt als der Schöpfer der wichtigsten Sendung gegen die Opposition, die unter dem Namen »Anatomie des Protests« gesendet wird. Außerdem verantwortet er eine Vielzahl propagandistischer »Enthüllungsfilme«. Ihm persönlich habe ich das Geld für die lancierte Nachricht über »Hase und Wolf« übergeben.

Inzwischen kümmert sich Malkow nicht mehr um Zeichentrickfilme. Heute hat er äußerst einflussreiche und zahlungskräftige Auftraggeber. Putin höchstpersönlich hat ihm vor einigen Jahren einen Orden verliehen. Aber was den Grad an Glaubwürdigkeit seiner Fernseharbeit angeht, so tendiert dieser gegen null. Nach seinen letzten Filmen zu urteilen, haben sich die Beziehungen zwischen Journalisten und Auftraggebern und die Fälschungsmethoden im russischen Fernsehen nicht verändert. Dort läuft noch immer das endlose Spiel »Wie verschaukele ich den dusseligen Zuschauer?« Umso mehr, als dieses Spiel nicht ganz so harmlos ist, wie es auf den ersten Blick zu sein scheint. Das Schlimme daran ist, dass an seinen Folgen Menschen zugrunde gehen. Das riskante Fernsehspiel mit illusorischer Realität führt zum absolut echten Tod. Die Menschen, die man in »Anatomie des Protests« verleumdet, werden verhaftet, und Malkows Fälschungen werden als Beweise ihrer Schuld vor Gericht angenommen. Jeder Tag bringt neue Opfer bei den Auseinandersetzungen in der Ostukraine, die in erheblichem Maß von der russischen Fernsehpropaganda provoziert wurden. Die dortigen Ereignisse haben aus den lustigen Gaunern und kleinen Denunzianten Kriegshetzer gemacht, die für das Blutvergießen vieler Hundert Menschen mit verantwortlich sind.

Sind die Bürger eines Staates für dessen Verbrechen verantwortlich? Die Deutschen etwa bekennen sich seit Jahrzehnten öffentlich schuldig für die Bestialität des Nationalsozialismus. Das ist anständig von ihnen. Aber ich denke doch, dass an den Verbrechen der Macht nicht in erster Linie die einfachen Bürger schuld sind, sondern diejenigen, die die Bevölkerung manipulieren. Wie ein russischer Schriftsteller unter dem Pseudonym Kosma Prutkow im 19. Jahrhundert satirisch formulierte: »Viele Menschen ähneln Würsten; womit man sie füllt, das tragen sie in sich.« Die eigentlichen Verbrecher sind diejenigen, die die propagandistische Füllung zubereiten und sie in die von Wissen nicht allzu belasteten Köpfe füllen.

Putins Propagandafüllung beinhaltet zwei Komponenten: zum einen das Bild eines Feindes, der dem Land mit allen möglichen Schreckensszenarien droht und danach trachtet, Russland seine Unabhängigkeit zu nehmen, seine Rohstoffressourcen und seine richtige sexuelle Orientierung (der Westen, »Gayropa« usw.) und zum anderen das Bild einer wunderbaren Führung, die das Land vor diesem Feind schützt. Der Herstellung der »Füllung« basiert auf dem Prinzip, die Realität mithilfe von Polittechnologen durch konstruierte Mythen ersetzen zu lassen. Solche Scharlatanerien kannte ich davor nur von Hellsehern, Wahrsagern und Magiern.

In Nischni Nowgorod gab es in den 1990er-Jahren, als ich dort noch als Journalist arbeitete, ein höchst populäres Hellseherpaar. Eines Tages sollte ich zusammen mit einer Kollegin ein Interview mit ihnen führen. Wir besuchten sie bei sich zu Hause. Die große Wohnung war luxuriös ausgestattet. Zwischen all den schicken Möbeln und verschiedenen exotischen Artefakten saßen die beiden Hellseher, zwei ziemlich entspannte junge Leute, und erzählten uns pseudowissenschaftlichen Quark. Meine junge Kollegin war damals noch nicht lange dabei, lauschte mit offenem Mund und konnte gerade so die uns aufgetischten Lügen als solche erkennen. Aber ich verfügte damals schon über ausreichend Lebenserfahrung, um zu begreifen, was für Leute ich vor mir hatte. Irgendwann war ich von deren Erzählungen so genervt, dass ich den beiden ziemlich ruppig widersprach und anfing, mich über das Fantastische und die Unsinnigkeit ihrer angeblichen Theorien lustig zu machen. Aber dann rettete die Hellseherin die Situation, indem sie bedeutungsvoll sagte: »Aber Sie haben das Wichtigste vergessen, den Leptonen-Generator. Der erklärt alles.« – »Was ist das, ein Leptonen-Generator?«, fragte ich verlegen. »Was? Sie wissen nicht, was ein Leptonen-Generator ist? Alles ist ein Leptonen-Generator! Ich bin ein Leptonen-Generator, meine Hände, meine Seele sind Leptonen-Generatoren. Aber da Sie offenbar so ein ungebildeter Mensch sind, weiß ich ehrlich gesagt nicht, worüber wir uns noch unterhalten könnten.«

Und damit beendete sie das Gespräch, nachdem sie mich als kompletten Dummkopf bloßgestellt hatte. Die beiden Hellseher konnten sich noch viele Jahre lang bestens von diesem Leptonen-Generator ernähren, der nichts weiter war als die sinnlose Zusammensetzung pseudowissenschaftlicher Worte.

Genau so sieht es heute in Russland aus: Wo man hinblickt, trifft man auf solche Leptonen-Generatoren. Für jeglichen vernünftigen, rationalen Beweis finden sich verschiedene verlogene Gegenargumente, mit denen man dem Gegner den Mund stopft. Es gibt eine ganze Bande Propagandahellseher, die ihr Gewerbe mit Leptonen-Generatoren betreiben und die Realität mit Märchen und Mythen überziehen. Sie laufen bei allen Fernsehsendern offene Türen ein und berichten dort schreckliche Geschichten über Verschwörungen hinter den Kulissen, geopolitische Katastrophen und andere konspirative Versionen eines geheimen Krieges, den der Westen gegen Russland führt.

Dann wird dieser ganze Wahn im gesellschaftlichen Bewusstsein verankert und zur Grundlage eines fantastischen Weltbildes der russischen Bürger. Das liest sich dann etwa so:

- Nicht Putin hat sich wie ein Schurke die Krim geholt und den Krieg in der Ukraine angeheizt, sondern eine Nazi-Junta, bestehend aus jüdischen Oligarchen und amerikanischen Spionen, hat in der Ukraine die Macht übernommen, weshalb Putin reagieren musste.
- Die malaysische Boeing haben nicht prorussische Soldaten abgeschossen; das Flugzeug ist das Opfer einer gigantischen amerikanischen Provokation. Die Amerikaner haben Leichen hineingesetzt, dann versuchte dieser »fliegende Holländer«, Putins Flugzeug zu rammen. Aber nun mischten sich die Ukrainer ein, die ebenfalls Putin abschießen wollten. Sie feuerten ihre Rakete ab, schossen aber wie immer vorbei und trafen nicht Putins Flieger, sondern den amerikanischen Rammbock. So war das mit dem malaysischen Flugzeug.

Die Techniken der Manipulation sind immer die gleichen; das gilt für Hellseher in der Provinz ebenso wie für die Kremltechnologen. Nur das Ergebnis ist unterschiedlich: Den Hellsehern geben die Bürger nur ihr Geld, den Machthabern aber ihre intellektuelle Freiheit und eine angemessene Weltsicht.

Mit der realen Situation haben die von Polittechnologen geschaffenen Phantome nichts zu tun. Die Propagandamaschinerie bestimmt denjenigen zum Feind, der sich ihrer Meinung nach in den Augen der Bevölkerung am besten dazu machen lässt.

Das funktioniert so: Zunächst wird das Ziel festgelegt, etwa die unorganisierte Opposition in Russland zu diskreditieren oder die Revolution in der Ukraine oder die Übernahme der Krim zu rechtfertigen. Dafür wird eine gewisse virtuelle Realität konstruiert, die ins Bewusstsein der Bürger geschleust werden muss. In dieser vermeintlichen Realität verteidigt die rundherum glänzende russische Führung mit ihrem Präsidenten an der Spitze die Interessen aller guten Menschen vor den Machenschaften des hinterhältigen Feindes. Die erste Aufgabe besteht nun darin, ein Feindbild so zu konstruieren, dass die Bevölkerung daran glaubt.

Also werden jede Menge Meetings abgehalten, um, nehmen wir mal an, die radikale Opposition zu diskreditieren. Dazu werden Umfragen durchgeführt, bei denen man verschiedene Feindbilder getestet hat: die mit »abartiger Sexualität«, ferner Separatisten, Agenten des amerikanischen Außenministeriums, Sektenmitglieder, Freimaurer, Juden, Fahrradfahrer usw. (Da die Juden schon für die letzte Kampagne herhalten mussten, lässt man sie diesmal in Ruhe.) Nun werden die Ergebnisse der Fokusgruppen und der Meinungsumfragen zitiert, die belegen, dass die Menschen nicht daran glauben, dass von Homosexuellen, Sekten, Anarchisten, Liberalen oder sogar Fahrradfahrern eine ernsthafte Bedrohung für Russland ausgehen könnte. Man stellt fest, die Bevölkerung sei eher bereit zu glauben, dass der Westen, vor allem die USA und Agenten ihres Dunstkreises, eine Bedrohung darstellen könnten. Daher sei es zur Diskreditierung der Opposition sicher effektiver, die Oppositionellen als von Amerika gekaufte Söldner zu positionieren. Nun wird eine Informationskampagne gestartet, deren wichtigste Message lautet: »Der Westen, Russlands Erzfeind, versucht unsere Staatlichkeit zu untergraben, massenhafte Störungen und Unordnung zu provozieren, das Land ins Chaos zu führen und es dann zu zerteilen. Sein Ziel ist es, Russland seiner Selbstständigkeit zu berauben und unsere Ressourcen an sich zu reißen. Seine Agenten sind nationale Verräter: Vertreter der nichtorganisierten Opposition, liberale Kulturschaffende und Publizisten. Ihren westlichen Herren zuliebe rufen sie die Menschen zum Kampf gegen die patriotische Politik des Präsidenten auf.«

Für diese Kampagne soll eine Strategie ausgearbeitet, Informationsmaterial aufbereitet, Einzelaktionen und Massenveranstaltungen organisiert und ein Pool von Kampagnensprechern zusammengestellt werden. In einem Medienplan werden Printmedien, Nachrichten im Fernsehen, spezielle Reportagen, Dokumentarfilme, Aktivitäten in den sozialen Netzwerken (Bots, bezahlte Blogger, virales Marketing) und Arbeit mit kremltreuen Jugendorganisationen zusammengefasst.

Auf diese Weise behandelte man, soweit ich weiß, auch die Frage, wie über die Ereignisse in der Ukraine zu berichten sei. Wahrscheinlich waren verschiedene Versionen getestet worden: »Die Mafia reißt die Macht an sich«, »Meuterei der Oligarchen«, »Aufstand der Boxer« … Aber man stellte fest, dass das Bewusstsein des russischen Bürgers besonders empfindlich auf das russische Mem »banderowcy« reagiert. Diese Bezeichnung meint zunächst die Anhänger des ukrainischen Nationalisten Stepan Bandera. Offenbar tauchen dabei tief im Unterbewusstsein verankerte sowjetische Propagandamärchen über Bandera-Killer auf. Außerdem erinnert das russische Wort »banderowcy« auch noch an Bande und Banditen. Das alles sorgt für eine heftige negative Reaktion auf diesen Begriff, der mit etwas zutiefst Feindlichem und Bedrohlichem assoziiert wird. Genau aus diesem Grund beschlossen die Machthaber, der Revolution in der Ukraine den Anstrich einer »Meuterei der banderowcy« zu geben. Die Tatsache, dass das mit den realen Ereignissen in der Ukraine nichts zu tun hat, rührt keinen. Wichtig ist die virtuelle Realität, die die Medien verbreiten.

Die Meister der Manipulation bereiten also ihre Propagandafüllung zu, packen sie ab und verteilen sie unter den Bürgern. Einige Patienten widersetzen sich. Andere nehmen den Brei brav in sich auf. Schließlich gibt es noch Personen, die in der Tiefe ihres Herzens vermuten, dass man ihnen etwas Verdorbenes eingetrichtert hat, aber sie können sich nicht davon befreien. Diese Menschen sind am rastlosesten. Sie regen sich auf, schimpfen, reiben sich auf und versuchen verzweifelt, sich und andere davon zu überzeugen, dass die Propaganda, der sie aufgesessen sind, die reine Wahrheit ist.

In Russland ist das mächtigste Medium der Masseninformation, das Fernsehen, längst ein Instrument der staatlichen Politik geworden. Gewaltige Ressourcen werden in die Manipulierung des öffentlichen Bewusstseins investiert. Sich dem zu widersetzen ist sehr schwer. Die meisten Menschen können sich nur eine eigene Meinung bilden, wenn sie eine Vielzahl von Stimmen hören. Der massiven Propaganda zu widerstehen vermögen nur wenige.

In der letzten Zeit verschärft sich die Hetzjagd auf die Opposition. Andersdenkende werden nicht einfach nur als Agenten des Außenministeriums der USA oder als ukrainische Nationalisten angeprangert. Im Jahr 2014 erfuhr das überraschte Publikum, dass diese Wesen nicht einmal Menschen sind. Es gab eine ganze Reihe Propagandaaktionen, deren Ziel es war, die Opposition im öffentlichen Bewusstsein zu entmenschlichen. So wurden Plakate aufgehängt mit dem Slogan »Fremde unter uns«, was dem russischen Titel eines in Deutschland als »Sie leben« bekannten Filmes von John Carpenter entspricht; darunter abgebildet: Porträts und Zitate von Oppositionellen sowie außerplanetarischen Wesen aus dem zugehörigen amerikanischen Science-Fiction-Film. Ferner wurde eine Ausstellung mit dem Titel »Dämonen in Moskau« großflächig öffentlich angekündigt – auf riesigen Plakaten prangten nackte Regimekritiker, die man mit dämonischen Hörnern und Hufen versehen hatte. Und zum Finale dann die Fernsehserie auf der Grundlage von Dostojewskis Roman *Dämonen*, deren Autoren und vor allem Promoter zwanghaft versuchen, die negativen Charaktere des berühmten antinihilistischen Romans mit den heutigen Oppositionellen in Verbindung zu bringen.

Auf diese Weise trichtert man den Leuten einen Gegensatz ein zwischen »uns« – der moralischen Mehrheit, den »normalen Menschen« – und »den anderen« – der feindlichen Minderheit degenerierter Oppositioneller, die buchstäblich ihr menschliches Antlitz verloren haben.

Die Dehumanisierung des Gegners ist ein charakteristisches Mittel der Diktatur, das darauf abzielt, bei den Bürgern eine positive Einstellung zum Terror zu schaffen. Damit verhindern die Machthaber, dass die Menschen Mitgefühl oder andere menschliche Regungen für die unterdrückten Regimegegner empfinden. Denn warum sollte man Nichtmenschen menschliche Gefühle entgegenbringen? Man muss nur an den Holocaust in Deutschland denken, dem das Heraufbeschwören eines Bildes von den Juden als minderwertige Menschen, als »Untermenschen« voranging. Auch der Terror der Jahre 1937–1938 in der UdSSR wurde von einer Propagandakampagne gegen die »Volksfeinde« begleitet, gegen all die »Scheusale« im Gefolge von Trotzki und Sinowjew, gegen die »Degenerierten«, die »Schädlinge«, die »Spinnen«, »Schlangen« usw.

Zum Glück gab es in Russland bislang keine groß angelegten Repressionen gegen die Opposition. Aber von derartigen Propagandakampagnen wie oben beschrieben führt ein direkter Weg dorthin. Ob die Kreml-PRler das begreifen oder nicht, ihre Anstrengungen, die auf den ersten Blick idiotisch erscheinen mögen, sind höchst gefährlich und lösen echte Tragödien aus. Hier ein Beispiel: Im Jahre 2014 wurde Nemzow von der offiziellen Propaganda zum Volksverräter abgestempelt, auch sein Porträt zierte die Galerie der »Fremden unter uns« und tauchte bei den »Dämonen« auf. Anfang 2015 ermordete man ihn. Die Dehumanisierung bricht mit dem Tabu, den Nächsten zu töten, denn wenn der Gegner nicht mehr als normaler Mensch wahrgenommen wird, ist es leichter, ihn umzubringen.

Eine wichtige Rolle spielten die Polittechnologen auch bei der Kriegshetzerei im Donbass. Natürlich hat das russische Fernsehen dabei einen besonders großen Anteil, indem es die Bewohner der Ostukraine und die der restlichen Ukraine aufeinander hetzte. Aber trotz allem war das nur Teil einer sorgfältig vorbereiteten Informationskampagne, die dazu diente, den Krieg anzuheizen.

Die Medien sind ein wichtiges Instrument zur Manipulation, aber längst nicht das einzige. Daneben existiert noch die auch bei russischen Wahlen häufig zum Einsatz gebrachte Technik des Gerüchtestreuens. Ein Gerücht soll den Gegner zum einen in den Augen der Wähler diskreditieren, zum anderen soll es aber auch den Erwartungen der Wähler entsprechen. Nehmen wir beispielsweise an, der Gegner unseres Kandidaten ist der amtierende Bürgermeister, ein Junggeselle von 40 Jahren. In diesem Fall erfindet man ein Gerücht, dass der Mann nicht verheiratet ist, weil er homosexuell ist – die Einstellung der Mehrheit der russischen Wähler zu Schwulen ist negativ. Als Nächstes werden Leute angeheuert, um dieses Gerücht zu verbreiten, oder man greift dafür auf hauptamtliche Agitatoren zurück. Es werden Dialoge verfasst und laut an öffentlichen Plätzen, in Bussen, an Haltestellen, in Geschäften und Raucherecken vorgetragen, damit alle rundherum mithören können.

Das klingt etwa so:

»Weißt du, dass unser Bürgermeister ein Schwuler ist?«

»Ach Quatsch!«

»Doch, sicher. Hast du dir nie überlegt, warum er nicht verheiratet ist? Sein Fahrer ist der Freund meines Bruders. Der erzählt Dinge, ich sag's dir … Der Bürgermeister lässt sich jeden Abend heimlich in eine Schwulenbar fahren und hängt da bis zum Morgen ab.«

»Das ist ja ein Ding! Aber die Leute wissen nichts davon …«

Solche Gespräche werden zigmal wiederholt. Die Leute hören sie scheinbar zufällig mit, greifen das Gerücht auf und fangen an, es von sich aus in ihrem Bekanntenkreis zu verbreiten, ohne sich klarzumachen, aus welcher Quelle es stammt. Und ehe man sich versieht, spricht die ganze Stadt darüber, dass der Bürgermeister in Wirklichkeit homosexuell ist. Bei den Wahlen verliert er deswegen wichtige Stimmen.

Im Donbass zirkulieren jetzt viele Schauermärchen über die Gräuel, die die Bevölkerung unter der neuen ukrainischen Führung erwarten.

Hier ein Beispiel, was eine Bewohnerin des Donbass in ihrem Blog schrieb:

»Überall gehen Gerüchte um, eines ist dämlicher als das andere. Und je dümmer und absurder ein Gerücht ist, desto mehr wird es geglaubt. Es heißt, wer ausreisen will, wird in ein Konzentrations- und Filtrationslager geschickt. Die Männer getrennt von den Frauen und Kindern. In den Lagern wird die Regierungstreue überprüft, außerdem Kenntnisse der Hymne und von Banderas Biografie. Die Krematorien stehen direkt nebenan. Die Männer werden in den Krieg geschickt, die Kinder als Organspender für amerikanische Staatsbürger missbraucht, die Frauen einfach verbrannt. Viele glauben das.«

Es ist schwer vorstellbar, dass sich all dieser ganz und gar nicht harmlose Wahnsinn, der den Hass der Donbass-Bewohner auf die Ukraine schürt, ganz von selbst und auf elementare Weise verbreitet. Es ist jedenfalls sicher kein Zufall, dass einige kremlnahe Polittechnologen schon kurz nach der ukrainischen Revolution per Anzeige im Netz nach Spezialisten für eine Ukrainekampagne suchten. Ich glaube, die Verbreitung antiukrainischer Gerüchte und, allgemein gesehen, das Auslösen einer Massenpsychose unter der Bevölkerung des Donbass wurden in ganz bedeutendem Umfang von russischen Spezialisten für Informationskriegsführung vorbereitet. Im Unterschied zu den Fernsehpropagandisten bleiben sie im Schatten, aber auch sie tragen Mitschuld am Blutvergießen im Donbass.

## Die Scheinopposition

Ich beobachte mit Befremden, wie pseudopolitische Persönlichkeiten, die ich noch aus meiner beruflichen Zeit als Politberater kenne, plötzlich zu ideellen putinschen »Hunden des Krieges« werden. So zum Beispiel Sergei Mironow, damals Vorsitzender der oberen Kammer des russischen Parlaments, des Föderationsrats und heute Fraktionsführer der Partei Gerechtes Russland (SR) in der Staatsduma. Wer ihn nicht persönlich kennt, mag denken: Das ist ein Mann mit Grundsätzen, ein Hurrapatriot und Expansionist, der die Annexion der Krim und die Intervention im Donbass begeistert unterstützte. Er steht sogar auf der europäischen Sanktionsliste. Tatsächlich aber ist dieser Mann überhaupt kein Politiker mit bestimmten festen Überzeugungen, der die Interessen seiner Wähler vertritt, sondern das Produkt von Polittechnologen aus dem Kreml, eine Manipulation rund um einen leeren Fleck. Die Geschichte Mironows demonstriert, wie die von Polittechnologen geschaffenen Fälschungen sich in reale Monster verwandeln, die für das Blutvergießen im Donbass mitverantwortlich sind.

Das Zentrum für politische Beratung, in dem ich damals arbeitete, betreute Mironows Russische Partei des Lebens (RPSch) bei den Wahlen zur Staatsduma und Mironow selbst, als dieser für das Präsidentenamt kandidierte. Ich war damals von meiner Firma damit beauftragt, beide Kampagnen zu leiten.

Ich muss vorausschicken, dass die Präsidentschaftskandidatur Mironows, der im Vergleich zu den anderen putinschen Mitbewerbern als nicht sonderlich clever galt, nur als Absicherung für den Fall diente, dass die anderen Konkurrenten ihre Kandidatur zurückzögen. Da damals der Kreml das politische Feld noch nicht vollständig kontrollierte, hätte dies zu einer Vereitelung der Wahlen geführt, weshalb dieses Szenarium eine durchaus ernst zu nehmende Gefahr darstellte. Die Politberater unserer Firma waren eher pro forma bestellt worden, damit alles wie bei einem echten Kandidaten aussah.

Das Exekutivkomitee der Russischen Partei des Lebens (gleichzeitig die Basis ihres Wahlstabs) erinnerte an einen Adelshof des 19. Jahrhunderts aus einem klassischen russischen Roman. Dort regierte die alte »Gutsherrin«, die zu Hysterie und Despotismus neigte und zudem die Ehefrau des damaligen Vorsitzenden des Exekutivkomitees war. Letzterer – quasi der Gutsverwalter – war ein schmieriger Typ, kalt, intrigant und eine Nervensäge und deutlich weniger aktiv. Gelegentlich fuhr der »Gutsherr« persönlich vor, der »verrückte Alte« – Sergei Mironow, und verblüffte die Mitarbeiter mit seinen verschrobenen Ideen. Natürlich zollten die Polit-»Knechte« dem Chef Respekt, aber sie führten ihn auch an der Nase herum. Sie bildeten quasi den ausführenden Apparat und waren mehrheitlich leise, eingeschüchterte Leute, die den Starrsinn des »Herrn« klaglos ertrugen, um anschließende heimlich das »Essen aus der Küche« mitgehen zu lassen, sprich Geld aus dem Wahlkampfbudget zu klauen und hinter vorgehaltener Hand über den Chef zu lästern.

Das dreiste Verhältnis der Führung zu ihren intellektuellen Dienstleistern trug der mironowschen Partei des Lebens übrigens den wenig schmeichelhaften Spitznamen »Partei der Bisamratten« ein – was auf Russisch ziemlich unanständig klingt. Einer der führenden Mitarbeiter des Parteipräsidiums, ein liebenswürdiger, intelligenter Mensch, nutzte die Abwesenheit des »Gutsverwalters« aus und erklärte den Journalisten, Sergei Mironow werde sich künftig um die »Wiedergeburt« der russischen Bisamratte kümmern. Ich glaube, das war ein Racheakt des sich aufbäumenden Intellektuellen. Die Öffentlichkeit erkannte die Geschichte mit der Bisamratte augenblicklich als sinnlosen und ungereimten Unfug, genau wie Mironows ganze Partei. Seitdem und für alle Zeiten ist die Bisamratte das Symbol aller politischen Projekte Mironows.

Im Mittelpunkt der Agitationsproduktion, auf Plakatwänden, Flyern, Postern befanden sich auf Anregung Mironows Slogans im hysterischen Stil der »Zehn stalinschen Schläge« aus dem Jahr 1944: »Sergei Mironow – Schlag gegen die Bürokratie!, – Schlag gegen die Korruption!, – Schlag gegen die Drogenmafia!« usw. Es ist schwer, sich einen unpassenderen Kandidaten zu diesen donnernden Slogans vorzustellen als Mironow, der nach Einschätzung unseres Psychologen an ein zotteliges Fantasietier namens Tscheburaschka erinnerte, das die Russen aus sowjetischen Filmen und Romanen kannten. Aber wen interessierte die Realität? Wichtig war vor allem, den Anschein einer Opposition zu wahren. Denn die Machthaber brauchten eine Pseudoopposition, um eine Demokratie vorzugaukeln, die in Wirklichkeit nur eine Pseudodemokratie war.

Mironow hatte damals vor, sich als Nachfolger Putins, als sein Erbe zu positionieren. Zwar wirkte das alles armselig und lächerlich, aber seine Berater wollten sich vor ihrem Chef verdient machen und ihn in seinen eitlen Ambitionen stärken. Der Präsident, so lautete Mironows eigener Mythos, sympathisiere unausgesprochen mit diesen hochfliegenden Plänen. Jedes Mal, wenn wir darüber diskutierten, wie wir die Idee von Mironows Putin-Nachfolge unters Volk bringen könnten, setzte Mironow eine betont ernste Miene auf und murmelte verschwörerisch, offenbar aus Angst, seine Absichten allzu offensichtlich zu zeigen: »Auf keinen Fall wörtlich.« Daher beschlossen wir, eine Wahlzeitung für Mironow herauszugeben, mit dem Titel: »Sergei Mironow. Wege eines neuen Russlands« – auf Russisch: »Puti Nowoj Rossii«; grafisch wurde der Titel derart gestaltet, dass dem Leser der Name Putin ins Auge sprang: »PUTI Nowoj Rossii«. Mironow war mit diesem läppischen Trick höchst zufrieden: »Genau, das ist nicht wörtlich.«

Mehrere Jahre lang übertrug die putinsche Administration Mironow die Aufgabe, die »linke Opposition« anzuführen, die angeblich sozialdemokratische Partei Gerechtes Russland (SR). Was einen weiteren Betrug am Wähler, eine weitere Profanierung der Opposition bedeutete, denn weder Mironow noch der Vorsitzende des Exekutivkomitees seiner Partei waren je Linke oder Sozialdemokraten. Sie simulierten lediglich eine linke Partei und nahmen mit sozialistischen Slogans am politischen Leben teil, folgten dabei jedoch stets allen Anweisungen von Putins Administration. Dieser Betrug und die Ressourcen der Verwaltung verhalfen ihnen zum Erfolg bei den Wahlen und ermöglichten es ihnen, eine Fraktion in der Staatsduma zu bilden, die – obwohl als Linke bezeichnet – in Wirklichkeit den äußerst rechten Kurs der putinschen Regierung unterstützt.

Na, dann sind diese Leute eben Putinisten, könnte man in diesem Fall sagen. Aber was ist mit der liberalen Opposition, den wahren Anhängern der Demokratie? Ich war eine Zeit lang Mitglied des Kreativrates der liberalen Partei Union der rechten Kräfte (SPS) und wurde Zeuge der Hilflosigkeit der russischen Liberalen, ihrer Abgehobenheit vom Leben und den Nöten der Wähler sowie ihrer Abhängigkeit von der Großindustrie. Im Büro des Vorsitzenden des halbstaatlichen Energiekonzerns Unified Energy Systems und ehemaligen Vizepremiers sowie Hauptverantwortlichen der Privatisierung sowjetischen Vermögens, Anatoli Tschubais, versammelt sich regelmäßig eine Gruppe nicht mehr ganz junger Intellektueller, viele von ihnen jüdischer Herkunft. Es handelte sich um Soziologen, Journalisten, Kulturwissenschaftler und Politologen. Es gibt einen Ausspruch Lenins über die adeligen Revolutionäre des frühen 19. Jahrhunderts: »Schrecklich weit weg vom Volk sind sie!« Diese Charakterisierung passt auch bestens auf den Kreativrat der Union der rechten Kräfte. Sogar der Wachdienst des Konzerns blickte uns misstrauisch an, weil wir schon rein äußerlich so anders wirkten als der durchschnittliche Russe. Es ist klar, dass die meisten Mitglieder dieses Rates die reale Lage im Land nicht kannten. Die Soziologen diskutierten ernsthaft die Ergebnisse ihrer Umfragen, die in Russland doch meistens nicht die Realität abbilden, sondern sie völlig entstellt wiedergeben; und die Politologen konzipierten äußerlich logische Konstrukte, die endlos weit entfernt von der russischen Wirklichkeit waren. Die Journalisten schrieben darüber ausführliche Artikel, die hauptsächlich von ihren intellektuellen Gleichgesinnten gelesen wurden.

Anatoli Tschubais, der Staatseigentum zugunsten einzelner Personen privatisierte und damit den Grundstein der Oligarchie legte, stand für jenen Teil der »Liberalen«, die den Liberalismus in den Augen der Russen ein für alle Mal und hoffnungslos diskreditiert hatten. Er gehört einem neuen soziokulturellen Typus an, genau wie viele Vertreter der russischen Elite, die sich für liberal halten.

Für diese Leute galt Nekrassows klassische Charakterisierung des liberalen Idealisten ganz sicher nicht: »Vor dem Vaterlande stand er, ein lebend'ger Vorwurf da.« Der neue russische Liberale ist ein sozial erfolgreicher, aktiver Mensch, der den Liberalismus als eine Variante des Sozialdarwinismus in Verbindung mit einem primitiv verstandenen Nietzscheanismus begreift. Seine Gebote lauten: »Der Stärkere gewinnt« und »Wer fällt, dem versetze man einen Tritt«. Dergestalt sieht die Hierarchie ihres Bewusstseins aus, sie unterteilt die Umwelt in jene, die gleich sind, also über einen ähnlichen sozialen Status verfügen, und solche, die auf der sozialen Leiter niedriger stehen. Letztere werden auch als Menschen »zweiter Klasse« gesehen. Es wundert kaum, dass die liberalen »Generäle« selbst bei ihren politischen Veranstaltungen am liebsten unter sich bleiben und das zusammengetriebene Fußvolk praktisch ignorieren.

Die Ansichten dieser »Liberalen« sind nur allzu bekannt. Sie glauben daran, dass der unsichtbare Arm des Marktes immer recht hat und alles selbst reguliert. Damit rechtfertigen sie jede für sie vorteilhafte Ungerechtigkeit und sogar Dummheiten – schließlich »hat es der Markt so gewollt«. Sie verachten die einfachen Leute als »Sowjets«.

Aber das Wichtigste ist der Glaube des »Liberalen« an sein persönliches unbestrittenes Recht auf Macht und Zugehörigkeit zur Elite.

Der »Liberale« hasst die Kommunisten. Trotzdem wird man in seinem Büro nicht selten die Fotografie eines Großvaters mit Budjonowka, der Kopfbedeckung der Roten Armee, hängen sehen und vielleicht zu hören bekommen: »Lenin persönlich hat meinem Großvater das Parteibuch überreicht.« Denn auch jene Kommissare mit ihren typischen Mützen waren seinerzeit Gewinner im Selektionsprozess, der bei den »Liberalen« so hoch im Kurs steht; auch sie hielten sich für Kulturträger in einem wilden, feindlichen Land.

Der moralische Opportunismus dieser Leute ist erschütternd. Ein mir bekannter Polittechnologe mit freiheitlichen Ansichten, der für gutes Geld die Wahlkampagne einer liberalen Partei mit dem Ziel der Diskreditierung einer anderen betreute, erzählte mir einmal, dass er selbst bei den Wahlen für eben die Partei gestimmt habe, gegen die er gearbeitet hatte. Auf meine Frage hin, warum er das getan habe, antwortete er: »Schließlich habe ich sie selbst mit reingeritten.« Das heißt, indem er für die von ihm verleumdete Partei stimmte, tat er sozusagen Buße für sein Handeln. Aber wenig später übernahm er einen neuen Auftrag gegen diese Partei. Schließlich bestand auf dem »allmächtigen Markt« entsprechende Nachfrage, und auf die musste man reagieren – die Arbeit war gut bezahlt und wollte erledigt werden.

Die Ansichten dieser »Liberalen« stehen fest, aber nur solange sie nicht den eigenen Interessen widersprechen. Denn der Sozialdarwinismus ist brutal. Mit den Ansichten ist alles gut und schön, aber schließlich muss man zusehen, dass man überlebt. Deshalb sind sie Oppositionelle, solange sie nicht an der Macht sind, und Verteidiger der Macht, wenn sich dort wieder ein Platz für sie findet. Beispiele für diese Art der Verwandlung gibt es viele: etwa den heutigen Gouverneur der Oblast Kirow, Nikita Belych, der noch vor nicht allzu langer Zeit Anführer der unversöhnlichen liberalen Opposition war.

Es ist einfach kein Zufall, dass sich viele sogenannte Liberale schnell an das putinsche Regime anpassten, selbst ein wichtiger Teil dessen wurden und maßgeblich seine Wirtschaftspolitik mitbestimmen – sie werden heute gerne »Systemliberale« genannt. Und Tschubais hat inzwischen die Leitung eines neuen staatlichen Unternehmens für Nanotechnologie, Rusnano, übernommen, das schon in etliche Finanzskandale verwickelt war.

## Gesellschaft ohne Meinung

Ich habe viele Jahre als Soziologe gearbeitet. Bereits in meiner Geburtsstadt Nischni Nowgorod war ich für die Durchführung soziologischer Untersuchungen zuständig, auch in anderen Regionen, wo ich bei den Wahlvorbereitungen beteiligt war; später schrieb ich ein Buch über theoretische Soziologie. Daher überraschte mich das Angebot nicht, als einer von mehreren Direktoren beim größten russischen Meinungsforschungsinstitut einzusteigen. Was mich dagegen beunruhigte, war die Tatsache, dass das Unternehmen dem Staat gehörte. Deshalb erklärte ich meinem neuen Chef von Anbeginn an, dass ich nicht bereit sei, Putin und sein Regime zu loben (zumal der Mann meine scharfe Kritik an Putin aus meinen Publikationen im Internet kannte). Die Antwort meines Vorgesetzten lautete in etwa: »Denkst du vielleicht, wir lieben ihn so sehr? Hauptsache, du beschimpfst den Präsidenten nicht öffentlich.« Überhaupt interessierten sich meine neuen Arbeitgeber nur wenig für Politik. Das Wichtigste für sie war Geld und die Möglichkeit, die staatlichen Aufträge »umzuverteilen«.

Nachdem beim WZIOM (Allrussisches Zentrum zur Erforschung der öffentlichen Meinung) – so nannte sich das Meinungsforschungsinstitut – ein proputinsches Team die Führung übernommen hatte, verwandelte sich das Unternehmen von einem Forschungszentrum in eine – man könnte sagen – Propagandamaschine des Kremls. Seine Umfragen verfolgten zwei Ziele: den Anschein zu erwecken, dass die Bevölkerung die Regierungspolitik unterstützt, und den Machthabern gewisse verdeckte Informationen hinsichtlich der Stimmung in der Bevölkerung zuzuspielen. Mit der ersten Aufgabe kam das Institut problemlos klar, indem es Umfragen und Untersuchungen von vornherein so anlegte, dass sie in positive Ergebnisse für den Staat mündeten, welche zusätzlich weiter verbreitet wurden. Die zweite Aufgabe war praktisch unlösbar, da seriöse soziologische Umfragen unter einem autoritären, polizeilich kontrollierten Regime per Definition nicht möglich sind.

Das WZIOM erinnerte an ein Institut der nachrevolutionären Zeit, dessen Leitung regelmäßig von bolschewistischen Kommissaren besucht wurde. Seine Mitarbeiter konnte man in drei Kategorien unterteilen. In die »Kommissare«, die vom Kreml kamen, also der Berater der Präsidialverwaltung Alexej Tschesnakow, der offiziell nicht im WZIOM arbeitete, faktisch aber ihr Mitinhaber und Leiter war, der Generaldirektor Waleri Fjodorow und sein Stellvertreter für Finanzen; diese drei »Kommissare« waren für die »Verteilung« der Geldströme zuständig. Ferner gab es die sogenannten bürgerlichen Spezialisten – die meisten von ihnen nicht mehr junge, gesetzte Wissenschaftler, die für die »Kommissare« arbeiteten, sie aber hassten. Und es gab die jungen Spezialisten, die extrem schlecht bezahlt und zudem auch noch gnadenlos ausgebeutet wurden. Es war ekelhaft, mit anzusehen, wie die »Kommissare« die seriösen Wissenschaftler demütigten, Männer, die ihre Väter hätten sein können. Aber unsere älteren Herren beim WZIOM waren gezwungen, diese Behandlung zu ertragen, da sie in ihrem Alter kaum noch Chancen auf eine gut bezahlte Neuanstellung hatten. Nach und nach fassten sie Vertrauen zu mir, nachdem sie begriffen hatten, dass ich die kremltreue Leitung und deren Politik ebenfalls verachtete. Einer von diesen Leuten half mir später, die Machenschaften des WZIOM zu entlarven.

Während meiner Zeit beim WZIOM erlebte ich, wie die Leiter der kremlschen Propagandamaschine den Staat bestahlen, und das völlig ungeniert und unverhohlen. Unter den heutigen Machthabern droht ihnen keine Gefahr, dafür ist ihre sogenannte Forschungstätigkeit der reine Hohn.

In Wirklichkeit interessierten meine Vorgesetzten nur zwei Dinge: wie man möglichst viel Geld beiseiteschaffen konnte und wie man am besten die Kontaktleute in der Präsidialverwaltung umschmeichelte. Nach etwa einem Jahr beim WZIOM bekam ich interne Dokumente in die Hand, aus denen hervorging, dass diese staatliche Organisation aktiv die Gelder aus staatlichen Aufträgen auf zwei Offshorekonten verschob (eines auf Zypern und eines auf den British Virgin Islands). Außerdem hatte man in Russland einige Scheinfirmen zur Geldwäsche gegründet. Ich übergab diese Dokumente einer Bekannten, der oppositionellen Journalistin Natalia Morar, bei der *New Times* – alles einschließlich der Kontonummern jener Offshorekonten, wohin im Jahr 2006/2007 Geld geflossen war. Daraufhin erschienen drei Artikel, in denen die Muster des Diebstahles und der Steuerhinterziehung in allen Schritten genauestens beschrieben waren. Ich sagte bei dem Gerichtsprozess des WZIOM gegen die *New Times* aus und bestätigte die Anschuldigungen, die im Artikel gemacht worden waren. Am Ende gelang es den Kremlvertretern, einen einzigen, nicht grundsätzlichen Satz anzufechten. Das Verbrechen an sich, die Veruntreuung von Geldern, aber wurde bestätigt. Aufgrund der in den Artikeln benannten Fakten wurde ein Strafverfahren eröffnet.

Allerdings wurde es – wie unschwer vorstellbar – auf Druck der Regierung niedergeschlagen. Die Gauner, die man quasi auf frischer Tat erwischt hatte, büßten die Unterstützung der Präsidialverwaltung nicht ein. Dafür übten sie Rache. Die Journalistin Morar, moldawische Staatsbürgerin, wurde aus Russland ausgewiesen. Mich versuchte man einzuschüchtern, indem man mir Drohbriefe schickte, die von einem angeblichen Tschetschenen namens Wladimir

Daurowy unterschrieben waren, der, wie sich herausstellte, gar nicht existierte.

Kürzlich erfuhr ich, dass die Berater des WZIOM aus Putins Administration, die ich als gewissenlose PRler und Geschäftsleute kennengelernt hatte, heute den Krieg in der Ukraine lenken. Falls jemand denkt, der Krieg in der Ukraine würde von furchterregenden russischen Nationalisten, ideellen Kämpfern für das Imperium und von russisch-orthodoxen Fundamentalisten geführt, weit gefehlt! Es sieht vielmehr so aus, als wären diese knallharten Fanatiker nur Kanonenfutter. Gelenkt wird wie immer alles von den Geschäftemachern und Gaunern im Dunstkreis des Kremls, für die der Krieg vor allem eine Gelegenheit ist, gutes Geld zu verdienen.

Im Netz wurde der Mitschnitt eines Gespräches zwischen dem Quasipremier der Volksrepublik Donezk (DNR), Alexander Borodai, und einem gewissen Moskauer Berater veröffentlicht. In diesem Berater erkannte das Publikum – und ich übrigens auch – ohne Schwierigkeiten jenen mir von meiner Zeit beim WZIOM bekannten Tschesnakow, vor nicht allzu langer Zeit noch stellvertretender Leiter der Abteilung für Innenpolitik bei der Administration des Präsidenten und rechte Hand Wladislaw Surkows, der grauen Eminenz im Kreml. An diesem Mitschnitt ist im Grunde nichts wirklich Überraschendes. Borodai beklagt sich über das schreckliche Chaos in seiner sogenannten Republik und bettelt um Geld, Tschesnakow bestellt bei ihm eine Lobeshymne auf Putin aus dem Mund des »legendären« Kämpfers Igor Girkin. Im Grunde ist das Gespräch nichts anderes als das zweier Polittechnologen, die eine gescheiterte Wahlkampagne besprechen. Im Stab herrscht Chaos, das Geld ist ausgegeben. Das Ganze wäre nur das zynische Geschwätz zweier professioneller Falschspieler, wenn sich dahinter nicht tatsächlich Blutvergießen, Krieg und Morden verbergen würden.

Tschesnakow ist von Interesse, weil er ein typischer Vertreter von Putins politischer Elite ist. Er war nie ein Hurrapatriot, ein Verfechter des alten Imperiums, ein russischer Nationalist. Er ist eine Person ohne offenkundige politische Ansichten, wie die Mehrheit der Menschen rund um den Kreml. Früher mal war er Mitarbeiter der russisch-amerikanischen Universität, ein Westler, der jede Menge ausländische Stipendien erhielt. Jetzt werden wir Zeuge, wie er an vorderster Front gegen die »verdammten Amis« kämpft. Genau dieser Typus vom Schlag »Wir sorgen für uns« stellt die Basis von Putins Regime dar.

So sehen meine persönlichen Erfahrungen im Umgang mit den Kremltechnologen aus. Und jetzt lenken diese Personen den Krieg. Krieg ist ein einträgliches Geschäft. Solange der Krieg diese Leute gut versorgt, wird er andauern.

Meine Arbeit in soziologischen Organisationen führte dazu, dass ich den Umfrageergebnissen der russischen soziologischen Institute mit äußerster Skepsis gegenüberstehe. Über das WZIOM habe ich bereits berichtet. Aber auch die Daten anderer formell scheinbar unabhängiger Meinungsforschungseinrichtungen sollte man mit Vorsicht genießen. Der Mythos, dass Putin von der überwältigenden Mehrheit der Bevölkerung unterstützt wird, hat nicht allzu viel mit der Wirklichkeit zu tun.

• Soziologen versuchen die öffentliche Meinung überall dort zu erforschen, wo sie die Möglichkeit haben, Meinungsumfragen durchzuführen. Allerdings gibt es nicht in jeder Gesellschaft eine öffentliche Meinung. Sie bildet sich erst unter den Bedingungen eines gewissen Maßes an Freiheit und Kultur aus. Angst sowie totale Propaganda dagegen zerstören sie. Es wäre nutzlos gewesen, leibeigene Bauern nach dem Verhältnis zu ihrem Herrn zu befragen oder sowjetische Bürger in der Zeit des großen Terrors nach ihrer Meinung zu den sowjetischen Machthabern. Solche Umfragen hätten lediglich deren soziale Lage im Sinne des Staates bekräftigt. Aber eine echte öffentliche Meinung, worunter man für gewöhnlich die Gesamtheit individueller Positionen zu einer gewissen Frage versteht, konnte es unter solchen Bedingungen natürlich nicht geben. Und auch in der heutigen Welt gibt es nicht in allen Ländern eine öffentliche Meinung. Es ist klar, dass es sie nicht in der Demokratischen Volksrepublik Korea gibt, oder bei indigenen Stämmen auf den Andamanen, die wie in der Steinzeit leben.

- Das heutige Russland ist kein freies Land. Viele Menschen fürchten sich oder wissen nicht, wie man sich äußert oder auch nur für sich selbst eine Meinung formuliert, die von der staatlichen abweicht. Für welche Antworten sich die Befragten in Umfragen entscheiden, ist häufig nicht das Resultat ihrer persönlichen Wahl, sondern der vom Staat aufgezwungenen Einschätzungen, die diese Menschen einfach weitergeben, wie das Radio die Stimme des Sprechers. Viele Teilnehmer, möglicherweise die Mehrheit, verstehen jegliche politische Umfrage als Loyalitätstest, etwa in der Art einer Prüfung des politischen Grundwissens zu Zeiten der UdSSR.
- Einige meiner Bekannten geben im persönlichen Gespräch zu, dass sie nach der Lektüre oppositioneller Texte auf Facebook Skrupel haben, diese zu liken oder zu kommentieren. Denn schließlich »leben wir in Russland«, sagen sie. Natürlich würden solche Menschen bei öffentlichen Umfragen niemals ihre tatsächliche politische Position preisgeben. Sie würden eine Teilnahme entweder gleich ablehnen oder ihre Ansichten abmildern, um nicht als offene Gegner der staatlichen Politik dazustehen. Ein solches Verhalten ist relativ verbreitet in der heutigen russischen Gesellschaft. Das ist einer der Gründe, weshalb die Umfragen kein reales Bild der öffentlichen Stimmung wiedergeben.
- Angst macht die angemessene Erforschung der öffentlichen Meinung unmöglich. Die totale Propaganda schließt eine entsprechende Meinungsbildung aus.
- Als die sowjetische Propagandamaschinerie zusammenbrach, bildete sich in Russland eine mehr oder weniger freie öffentliche Meinung heraus, die etwa vom Ende der 1980er- bis Mitte der 2000er-Jahre existierte. Sie unterschied sich von ihrer entstellten Variante in der UdSSR wie auch von dem, was einem unter Putin aufgezwungen wird. Natürlich wurde die Öffentlichkeit auch damals manipuliert. Man erinnere sich nur an die staatliche Kampagne zur Anhebung der katastrophalen Umfragewerte Jelzins im Jahre 1996. Aber erst unter Putin erfolgte auch ein quantitativer Übergang der Propaganda auf ein neues Niveau. Der Druck auf die öffentliche Meinung wurde so stark, dass er sie einfach vernichtete. Ermöglicht wurde diese Entwicklung durch

die staatliche Monopolisierung des in Russland wichtigsten Informationsmittels – des Fernsehens. Diese Monopolisierung erlaubte eine groß angelegte Kampagne zur Gehirnwäsche, die möglichst jede individuelle Meinung zerstören und sie durch eine einhellige Akzeptanz aller Handlungen der Machthaber ersetzen sollte.

• Der sowjetische Pionier der Meinungsumfragen, Wladimir Schljapentoch, hat einmal den treffenden Vergleich formuliert, dass Soziologen in autoritären Gesellschaften die nichtexistente öffentliche Meinung ebenso suchten wie mittelalterliche Alchimisten den Stein der Weisen.

• Die Tatsache, dass es in Russland keine öffentliche Meinung mehr gibt, beweist etwa die schnelle und radikale Veränderung der Umfrageergebnisse nach Beginn der staatlichen Kampagne in den Jahren 2014/2015, die dazu diente, eine hurrapatriotische Hysterie zu entfachen.

• Nach Umfrageergebnissen des Lewada-Zentrums im Januar 2014 hatten 43 Prozent der Bevölkerung ein gutes Verhältnis zu den USA, 51 Prozent ein ebensolches zur EU und 66 Prozent zur Ukraine; entsprechend hatten 44 Prozent ein negatives Verhältnis zu den USA, 34 Prozent zur EU und 26 Prozent zur Ukraine. Nach einem Jahr intensiver Gehirnwäsche hatte sich die Zahl der Menschen mit positivem Verhältnis zu den USA, der EU und der Ukraine drastisch auf 13 Prozent, 20 Prozent und 24 Prozent verringert, während sich die Zahl der Menschen mit negativer Einstellung auf 81 Prozent zu den USA, 71 Prozent zur EU und 64 Prozent zur Ukraine erhöht hatte. Dabei hatten nicht die EU und die Ukraine Russland überfallen und sich dabei etwa die Region Kuban einverleibt, sondern Russland hatte die ukrainische Krim annektiert. Die Menschen lehnten den »verdammten Westen« und die ukrainischen Brüder ab und empfanden großen Stolz auf ihren »Staat«. Nach Angaben des Pew Research Center sind heute 63 Prozent der Russen stolz auf das Land im Vergleich zu 29 Prozent im Jahr 2013. Fast die Hälfte aller Russen stellt, laut Lewada, mit Befriedigung fest, dass »es Putin gelungen ist, Russland seinen alten Status als geachtete Supermacht« zurückzugeben. Auch der Krieg ist für die Russen, wie es scheint, nicht mehr so schrecklich, wenn es um die Wiederherstellung des Imperiums geht. An die 50 Prozent der Russen heißen Putins Erklärung gut, dass er während der »Krimoperation« kurz davor stand, das nukleare Waffenarsenal des Landes in Alarmbereitschaft versetzen zu lassen.

- Inwieweit es sich bei diesen Veränderungen um das Ergebnis einer persönlichen Reaktion der Befragten auf die Ereignisse handelt oder um die Folge einer monatelangen Gehirnwäsche, lässt sich nicht sagen. Aber allein die Tatsache, dass Angst und massive Propaganda herrschen, entwertet die Umfragedaten erheblich.
- Die Frage lautet also: Was genau untersuchen die Soziologen in Russland? Nicht die öffentliche Meinung (die es nicht gibt), sondern das demonstrative Verhalten von Leuten, die an den Umfragen teilnehmen. Solche soziologischen Untersuchungen haben keinen prognostischen Wert. Sobald die Angst und die Propaganda verschwinden (oder die Richtung wechseln), verändert sich die Meinung der Menschen radikal. So war das in Russland nach dem Beginn der Perestroika. Trotzdem können die Umfragen als Spiegel der staatlichen Propaganda von Interesse sein, denn sie reflektieren, wie die heutigen russischen Machthaber die öffentliche Stimmung gerne sehen würden. So ist die Mehrheit der Befragten (61 Prozent nach Angaben des Pew Research Center) zu der Überzeugung gekommen, dass »einzelne Teile der Nachbarländer zu Russland gehören«. Das bedeutet, dass man die Gesellschaft für alle Fälle auf weitere territoriale Eroberungen vorbereitet, zumindest entspricht eine solche Perspektive dem staatlichen ideologischen Mainstream.
- Ferner sind derartige Umfragen noch in anderer Hinsicht bemerkenswert; sie legen die Zahl der Menschen fest, die unverhohlen zeigen, dass sie nicht mit der Regierung einverstanden sind. Diese machen nur den Gipfel des Eisbergs aus.
- Tatsächlich gibt es deutlich mehr Regimegegner. Soziologen in autoritären Ländern untersuchen nicht die Meinung der ganzen Gesellschaft, sondern des Teils, der es wagt, seine Ansichten öffentlich zu äußern. Wer in Russland für die Regierung oder auch einfach unpolitisch ist,

der hat nichts zu befürchten. Diese Leute nehmen gern an Umfragen teil und geben entsprechend konforme Antworten. Aber diejenigen, die das Regime hassen, fürchten nicht selten, ihre Meinung zu äußern, auch gegenüber Soziologen und in vermeintlicher Anonymität. (Die Angst der Russen vor dem Föderalen Sicherheitsdienst – FSB – erinnert allmählich an die Angst der Sowjetbevölkerung vor dem KGB.) Es sieht ganz so aus, als würde ein bedeutender Teil der oppositionell gestimmten Bevölkerung einfach darauf verzichten, an Umfragen teilzunehmen, um nicht lügen oder ein Risiko eingehen zu müssen. Man könnte sie als »verdeckte Andersdenkende« bezeichnen, die im Fall einer veränderten Situation zu aktiven Gegnern des Regimes werden können.

Daraus folgt natürlich keineswegs, dass die Mehrheit der Russen insgeheim gegen Putins Regime ist. Aber sie sind auch nicht fanatische Anhänger. Vielmehr befindet sich Politik grundsätzlich eher an der Peripherie ihrer Interessen. Sie denken nur selten daran. Ihre persönlichen familiären und materiellen Probleme (das stellen eben jene soziologischen Umfragen fest) spielen eine weit wichtigere Rolle. Aber wenn die Soziologen sich mit politischen Fragen »aufdrängen«, werden die Befragten in der Regel für alle Fälle versuchen, »treu ergeben« zu wirken.

Die Russen unterstützen Putin nicht so aktiv, wie es in totalitären Ländern wie Hitler-Deutschland oder Stalins UdSSR der Fall war, wo aufrichtige, glühende Gefolgsleute des jeweiligen Führers und enthusiastische Befürworter des Regimes einen bedeutenden Teil der Bevölkerung ausmachten. In Russland ist die Unterstüztung der Macht eher passiv, wenn man so sagen will, sie basiert auf Nichtwiderstand. Die Leute widersetzen sich den Ansinnen der Diktatur nicht, lassen zu, dass sie ihre Gehirne und ihren Willen vergewaltigt, aber sie ergeben sich ohne Begeisterung. Das lässt sich auch daran ablesen, dass die Menschen höchst ungern an staatlich organisierten Aktionen teilnehmen. Um hierbei eine massenhafte Unterstützung abzubilden, sind die Machthaber gezwungen, die Teilnehmer ihrer Veranstaltungen zu bezahlen oder Studenten und Beamte zur Teilnahme zu verpflichten. Viele derartige Vorfälle wurden von Menschenrechtsorganisationen festgestellt.

Der statistisch gesehen durchschnittliche Mensch ist nicht das Subjekt, sondern das Objekt von Information. Es gab Zeiten, als die Menschen dem gedruckten Wort bedingungslos vertrauten, heute vertrauen viele dem Fernsehen. Da die wichtigsten Fernsehsender sich im Staatsmonopol befinden, nehmen die Russen bei der Mehrheit der Fragen automatisch den offiziellen Standpunkt ein. Konformismus ist in einem autoritären, polizeilich kontrollierten Staat die angenehmste Strategie zu leben, denn sie hilft den Bürgern, Unannehmlichkeiten mit der Macht aus dem Weg zu gehen.

Wenn man die Umfrageergebnisse genauer betrachtet, wird klar, dass es mit der Loyalität der passiven proputinschen Mehrheit nicht ganz so weit her ist. Die Russen nehmen die laufende staatliche Propaganda mehrheitlich unkritisch auf, sie verschwenden keine Zeit und keine Kraft für die Suche nach der Wahrheit. Allerdings hegen sie zwei deutliche langlebige politische Überzeugungen, die die Soziologen Jahr für Jahr wieder ermitteln. Über einen Zeitraum von etlichen Jahren und bereits vor dem Beginn der totalen Propaganda unter Putin förderten die Umfragen zwei ideelle Gruppierungen innerhalb der russischen Bevölkerung zutage. Die erste davon könnte man unter Vorbehalt »Anhänger der Großmacht« nennen, die zweite »Leute mit linken Werten«. Die einen verfolgen die Idee der Restauration einer starken nationalen Staatsmacht, die anderen fühlen sich von Prinzipien wie soziale Gleichheit und Gerechtigkeit angezogen. Dabei waren die linken Werte in all den Jahren seit dem Untergang der Sowjetunion beliebter als die patriotischen Überzeugungen. Das Regime Putins aber hinkt auf einem Bein. Auch wenn es den Menschen die Illusion imperialer Größe geben kann, so enttäuscht es doch deren Hoffnung auf und ihr Streben nach sozialer Gerechtigkeit.

Putins aggressive Außenpolitik trifft auf die jahrlangen Erwartungen der Russen. Seine Innenpolitik, insbesondere die Sozialpolitik dagegen ist weit weniger populär.

Sogar in den Umfragen, die – wie oben beschrieben – nur ein im Sinne der Machthaber verzerrtes Bild der öffentlichen Stimmung wiedergeben, erklären 40 Prozent der Befragten laut Lewada-Zentrum demonstrativ, dass es Putin nicht gelungen ist, für eine gerechte Verteilung der Einkünfte im Interesse der einfachen Leute zu sorgen. Das Fehlen einer populistischen Sozialpolitik im Interesse der benachteiligten Mehrheit der Bevölkerung ist für die Stabilität des Regimes eine Zeitbombe. Sobald die Welle der patriotischen Hystrie abebbt, werden die einfachen Russen wieder ihren Unmut über die ungeheure soziale Spaltung der Gesellschaft zum Ausdruck bringen, wo der demonstrative Luxus von Beamten und Oligarchen – von Putin lediglich dressiert, nicht aber ihres Einflusses und ihres Vermögens enthoben – einer bitteren Armut der großen Mehrheit der Bevölkerung gegenübersteht.

Innerhalb der hauptsächlich passiven, apolitischen proputinschen Mehrheit gibt es eine aktive ideelle Minderheit. Das sind jene Russen, die auf patriotische, imperiale und religiöse Werte setzen. Unter diesen Leuten befinden sich die Aktivisten der verschiedenen regierungstreuen Gruppierungen (Antimajdan, Stahl, Naschi, Junge Garde der Partei Einiges Russland usw.) und Ultra-Nationalisten, die vom russischen »Dschihad« gegen den Westen träumen (Neo-Eurasier, Nationalbolschewistische Partei Russlands [NbP], die Anhänger von Girkin-»Strelkow«). Ihre Mitglieder nehmen aktiv am Krieg im Donbass und der Hetzjagd gegen die Opposition teil. Aber all diese Organisationen sind nicht sehr stark und stellen keine zuverlässige Stütze des Regimes dar. Die Gruppierungen, die hinter Putin stehen, werden durchweg von karriereorientierten Bürokraten geführt, die keinen Moment zögern würden, ihre Herren zu verkaufen (das gilt ganz besonders für die Partei Einiges Russland, die im Internet nicht umsonst als Partei der Gauner und Diebe bezeichnet wird). Aber für die Nationalisten ist Putin kein Führer. Ihre derzeitige Unterstützung für ihn hat eher taktische Gründe. Wenn die Nationalisten zu der Überzeugung kommen, dass Putin den Kampf gegen den Westen nicht konsequent genug verfolgt, werden sie ihn zum Verräter erklären und sich gegen ihn wenden. Also auch hier gibt es keine zuverlässige Basis für den russischen Präsidenten.

Für zukünftige Veränderungen könnten jene Gruppierungen eine bedeutende Rolle spielen, die sich jetzt freimütig zu ihrer von der offiziellen Linie abweichenden Meinung bekennen. Unter den heuigen russischen Bedingungen sind dazu nur hochgradig politische und eher mutige Menschen in der Lage. Deshalb sind alle offenkundig Andersdenkenden in politischer Hinsicht eine höchst wichtige und potenziell einflussreiche Bevölkerungsgruppe, auch wenn sie verhältnismäßig klein ist. Diese Leute stellen eine ernsthafte Bedrohung für das Regime dar, das nicht weiß, wie es mit ihnen umgehen soll. Kürzlich erschien in der halboffiziellen Zeitung *Iswestija* der Artikel eines regierungstreuen Politologen darüber, dass es notwendig sei, die Andersdenkenden politisch zu isolieren. Er bezeichnete sie als innere Emigranten und »proamerikanische Loyalisten«. Aus seinen Äußerungen lässt sich schlussfolgern, dass Russland etwa ein Fünftel seiner Bevölkerung – zumindest im Sinne einer politischen Kraft – loswerden muss, um nicht »abhängig von den USA« zu werden.

Es sieht ganz so aus, als rechneten die Machthaber mit einer Verstärkung der Fraktion der Unzufriedenen, sollten die wirtschaftlichen Probleme weiter zunehmen. Man befürchtet, dass die Mehrheit für Putin – ohnehin eine amorphe, passive Masse – zerfällt. Ein Teil würde sich zusammen mit jenen insgeheim Andersdenkenden der aktiven antiputinschen Minderheit anschließen. Damit würde das Regime seine Stabilität verlieren und wäre vom Scheitern bedroht.

## Verrat und Tragödie der Intelligenzija

Ich glaube, dass der Verrat der russischen Intelligenzija und ihre darauf folgende Bankrotterklärung den Sieg des Putinismus in Russland erst ermöglicht hat. Andererseits erwarte ich von der Wiedergeburt der Inteligenzija die unumgängliche Befreiung des Landes vom Autoritarismus. Putins Regime hält sich, wie die Erde in der antiken Vorstellungswelt, auf drei sozialen Pfeilern: auf der staatlichen Bürokratie (Beamte, Geheimdienstler und faktisch gesehen die russisch-orthodoxe Kirche), auf dem damit verbundenen Großunternehmertum und auf der Intelligenzija, die die ersten beiden Gruppierungen bedient und sich ihnen unterordnet. Dabei ist die Rolle der Intelligenzija besonders wichtig. Gerade sie trägt (zusammen mit der Kirche) dazu bei, die Bevölkerung im Zaum zu halten, ein günstiges kollektives Bewusstsein im Sinne der Machthaber zu erzeugen und für die ideologische und propagandistische Maske des Regimes zu sorgen.

Wie kam es dazu? Der große Dichter Ossip Mandelstam, der dem stalinschen Terror zum Opfer fiel, prophezeite 1931 in einem Gedicht: »Wir werden sterben wie das Fußvolk stirbt, doch nicht ein Lobeswort für Raub und Unfreiheit und Lüge!« Aber haben sich letztlich nicht doch viele Intellektuelle verkauft und den dreisten »Raub und die Lüge« der heutigen Machthaber verherrlicht?

Einige mir bekannte Moskauer Familien, die der Intelligenzija angehören, blicken auf eine ähnliche Geschichte zurück:

- Die erste, gebildete städtische Generation sind Angehörige der nachrevolutionären Periode, die aus russischen Dörfern oder jüdischen Ortschaften in die Stadt gezogen sind und in ihrer Zeit als Erwachsene (1920–1950) idealistische Kommunisten waren;
- deren Kinder – die zweite Generation – sind vom Kommunismus enttäuschte, sowjetische Intellektuelle (1960–1980);
- die dritte Generation schließlich sind zynische Geschäftsleute (1980–2000), frei von jeglicher ideeller Motivation und somit keine Angehörigen der Intelligenzija mehr;
- und endlich die vierte Generation (angefangen von den 2000er-Jahren bis heute), jene »goldene Jugend«, ist eine verlorene Generation, deren Vertreter keine ideellen und auch nicht einmal mehr karrieristische Ambitionen haben, die in reiner Trägheit zu verharren scheinen, das Leben verbrennen und nicht selten drogenabhängig sind.

Es gibt Fälle, wo eine solche Entwicklung sich nicht über mehrere Generationen hinweg ereignete, sondern in einem einzigen Menschenleben. Ein überzeugter Kommunist wird zum liberalen Bürger und, nach dem Untergang des Sozialismus, zum erfolgreichen Geschäftsmann.

Die erste Generation der sowjetischen Intelligenz, der die Armseligkeit und Stumpfsinnigkeit des Provinzlebens noch deutlich in Erinnerung war, empfand der Sowjetmacht gegenüber aufrichtige Dankbarkeit für die Möglichkeit, schnell aus der sozialen Unterschicht aufzusteigen, für eine höhere Bildung, die Befreiung aus der jahrhundertelangen vererbten Armut. Diese Dankbarkeit verwandelte sich in einen fast schon religiös anmutenden Glauben an die offizielle kommunistische Ideologie. Die Generation der »aufrichtig Glaubenden« war bereit, der ihr »teuren Macht« zu verzeihen, auch wenn sie spürbare Ohrfeigen von ihr einstecken musste. Die nächste Generation dagegen verfügte schon nicht mehr über diesen dankbaren Glauben a priori.

Dabei spielte natürlich der stalinsche Große Terror in den Jahren 1937–38 und die antisemitische Kampagne Ende der 1940er-, Anfang der 1950er-Jahre eine wichtige Rolle. Nach dem 20. Parteitag der Kommunistischen Partei der Sowjetunion rückte ein Großteil der Intelligenzija nach und nach vom durch die stalinsche Bestialität entstellten Kommunismus ab.

Die nächste Generation der Intelligenzija füllte das so entstandene ideelle Vakuum mit Habgier und Konsumdenken. Kein Wunder, dass solche Leute zukünftig als massive Marktfundamentalisten enden würden, denn diese Ideologie rechtfertigte ihre konsumorientierte Lebensstrategie.

Ihre Kinder erkannten, dass die Väter sich grundsätzlich an Karriere und Konsum orientierten, dies aber unter dem Mäntelchen wohlformulierter, liberaler Phrasen verschleierten. Wie so oft führte die junge Generation das wahre Streben der Eltern zur Vollendung. Sie erkämpfte sich ihren Platz unter der Sonne, errang Geld und Macht um jeden Preis, war frei von Sentimentalität und intellektuellem Geschwätz.

Nur ein Beispiel: Einer meiner Freunde aus einer bekannten liberalen, formell gesehen durchaus der Intelligenzija zugehörigen, in Wirklichkeit aber höchst spießbürgerlichen Familie beendete die Schule gegen Ende der Stagnation unter Breschnew und begann in einer Fleischfabrik zu arbeiten. Die Eltern waren zutiefst schockiert. Mein Freund erklärte, dass er genau wie sie vor allem Geld und Wohlstand erreichen wolle. Aber er könne nicht einsehen, weshalb er dazu studieren solle, um anschließend irgendwelche verlogenen Artikel zu schreiben und seinen Schülern das Hirn zu vernebeln. Es gebe einen sehr viel einfacheren Weg. Er werde in der Fleischfabrik arbeiten, die Kunden betrügen, indem er beim Wiegen etwas zur Seite schaffte, und anschließend mit der unterschlagenen Ware spekulieren. Das heißt, er werde im Grunde bei seiner Arbeit das Gleiche tun wie die Eltern in ihrem intellektuellen Wirkungsfeld, mit dem Unterschied, dabei besser zu verdienen. Der Konflikt zwischen Eltern und Sohn in dieser Familie konnte erst nach der Perestroika überwunden werden, als sowohl mein Freund als auch dessen Eltern begannen, erfolgreich Geschäfte zu machen. Das alles wäre ja nicht weiter schlimm, aber leider ist der Sohn meines Freundes drogenabhängig …

Die sowjetische Intelligenz trat bei allen historischen Umwälzungen in der Rolle des Jüngers auf. Die Großväter folgten dem Kommunismus und Lenin mit Feuereifer, und die Enkel hefteten sich ebenso Hals über Kopf und mit begeistertem Gebrüll an Tschubais' und Gajdars Fersen, als diese an die Macht kamen. In den 1990er-Jahren nahmen sie die Dogmen der Marktwirtschaft auf wie eine neue Bürgerreligion und vertrauten statt Marx und Engels dem Liberalismus Ludwig von Mises' und Friedrich August von Hayeks. Mit ebenso glühendem Eifer glaubten sie an Privateigentum und den Markt, wie ihre Großväter an die Sowjetmacht und den Aufbau des Kommunismus geglaubt hatten. Das Mantra der liberalen Intelligenz lautete: Der Markt reguliert alles von selbst. Am wichtigsten ist es, den Besitz zu privatisieren, dann werden die Marktmechanismen ganz von selbst greifen, und alles wird gut. Stattdessen entfernte sich in dieser Zeit das Land immer weiter von Demokratie und gesundem Menschenverstand.

Ideelle Anhänger der Marktwirtschaft sahen es auch nicht als Fehler an, das eigene soziale Leben von marktwirtschaftlichen Prinzipien leiten zu lassen. Die Intelligenzija brachte alles ein, worüber sie verfügte: Verstand, ihre »goldene Feder«, ihr rhetorisches Talent, ihr Ansehen, ihr Gewissen. Käufer fanden sich umgehend. Es handelte sich dabei um verschiedene Gruppierungen, die den Oligarchen oder der Nomenklatura nahestanden. Schulter an Schulter arbeiteten so ein ehemaliger KGBler und ein liberaler Humorist für die Oligarchen, oder ein ehemaliger Parteifunktionär und einer der sogenannten jungen Reformer, oder ein patriotischer Schriftsteller neben einem Ökonomen westlicher Denkart. Alle huldigten sie dem Moloch »Markt«, und für den gibt es weder Hellenen noch Hebräer, weder rechts noch links, weder Kommunisten noch Demokraten, weder Intelligenzler noch Asoziale. Für jeden gilt das gleiche Gesetz: Der Profit steht über allem.

Für einige Vertreter einer solchen Intelligenzija zählt neben der Nachfrage des Marktes auch die jahrelange Positionierung auf dem politischen Markt: Der eine gilt traditionell als Patriot, der zweite als Bewahrer, der dritte als Liberaler und der vierte als Kommunist. So hat man sich mit der Zeit daran gewöhnt, dass jeder von seinem Stand aus schachert, wobei alle verbindet, dass es hauptsächlich darum geht, die eigene ideologische Ware so gewinnbringend wie möglich abzusetzen.

In den 2000er-Jahren verdrängte der putinsche Machtapparat die Oligarchen und die Intelligenzija an den Rand der Politik und entwickelte sich nahezu zum Monopolisten auf dem Markt der für die Intelligenzler typischen Dienstleistungen. Die Mehrheit der etablierten Intelligenzija folgte Putin, der eine widerwillig – aber schließlich, essen muss man –, der andere mit dem bewährten Kampfeseifer.

Ein zukünftiger Wandel ist nur möglich, wenn eine idealistisch eingestellte Intelligenzija neu belebt wird, sie ihre aufklärerische Arbeit wiederaufnimmt und das kollektive Bewusstsein von Lüge und Manipulation befreit. Dieser Prozess hat bereits begonnen, wie zu Zeiten der Massenproteste in Russlands Städten zu sehen war und auch heute in den sozialen Netzwerken des Internets zu erkennen ist.

## Warum Russland sich bis heute vor Voltaire fürchtet

Die russischen Machthaber scheinen immerhin begriffen zu haben, dass zwar die »Liebe zum Geld« aufseiten der käuflichen Beamten und Technologen vorhanden ist, doch dass es eine Illusion sei, zu glauben, die Bevölkerung würde sie massenhaft unterstützen. Das Regime braucht ideell motivierte Anhänger. Um dies zu erreichen, versucht es daher, die Massen zur Verteidigung des Regimes zu mobilisieren, indem es eine neue kirchliche Staatsideologie ins Leben ruft. Allerdings tun sich die Machthaber schwer, ihre Absichten umzusetzen, denn die Erfahrung zeigt – wie übrigens auch in vielen anderen ehemaligen kommunistischen Ländern: Wenn die religiöse Tradition, die von Generation zu Generation überliefert wurde, erst einmal unterbrochen ist, wird es praktisch unmöglich, sie wieder vollständig herzustellen. Auch dem römischen Kaiser Julian (dem Abtrünnigen) gelang es nicht mehr, das Heidentum in Rom wiederzubeleben. Und den »Abtrünnigen« vom Atheismus, den ehemaligen Kommunisten, die heute Russlands Führung ausmachen, gelingt es nicht, die Herrschaft der russisch-orthodoxen Kirche wieder einzusetzen.

In einer Situation wie der heutigen, nachdem die zeitliche Kontinuität der Religion einmal aufgehoben war, kann die Macht zwar für eine demonstrative Loyalität der Bevölkerung gegenüber der Religion sorgen, aber sie ist nicht fähig, die Bevölkerung wieder wirklich religiös zu machen. Nach 1917 verdrängten die Kommunisten die traditionelle russisch-orthodoxe Kirche mit brutalen Methoden und führten stattdessen die kommunistische Staatsideologie als bürgerliche Ersatzreligion ein.

In den 1960er- und 1970er-Jahren wandten sich viele systemkritische Angehörige der Intelligenzija dem staatlichen Diktat zum Trotz der Religion zu. Solange sich das kommunistische Regime hielt, trug die Hinwendung zur Religion vor allem den Charakter eines individuellen Protests und war kein Massenphänomen. Die Rolle der Religion und der Kirche in der russischen Gesellschaft blieb völlig bedeutungslos und die Zahl der Gläubigen in den Städten gering.

Nach 1991 ersetzte die neue Führungselite des Landes die seit 1917 herrschende Staatsideologie durch eine, die dieser diametral entgegengesetzt war. Die kommunistische Quasireligion wurde durch die »traditionellen Religionsgemeinschaften« ersetzt: russische Orthodoxie, Islam, Judentum, Buddhismus. Auf diese Weise wurde die Restauration der Besitzverhältnisse von der Wiedergeburt der Religion untermauert.

Noch unter Jelzin bildete sich eine enge Verbindung zwischen Machthabern und Kirche heraus. Mithilfe der verschiedenen, von der herrschenden Oligarchie kontrollierten Informations- und Bildungskanäle, also Massenmedien, Schule, Kirche, wurden religiöse Begriffe wie auch traditionelle Normen wieder etabliert. Das Verständnis einer religiösen Zugehörigkeit wurde ins kollektive Bewusstsein eingebracht und diente gleichzeitig als verbindlicher Teil der nationalen Identifikation: Ich bin Russe, daher muss ich russisch-orthodox sein, genau wie meine Vorfahren.

Als Folge zählten sich die meisten jener Russen, die auch während der Sowjetzeiten ihre familiären religiösen Traditionen nicht vergessen hatten, auch formell den traditionellen Glaubensgemeinschaften ihrer Vorfahren zu.

Aber zu einer vollwertigen religiösen Restauration kam es nicht. Die Menschen nahmen die vorgegebenen Bedingungen des Spiels an und nannten sich Gläubige, blieben aber im Wesentlichen nichtreligiös. Der bekannte Soziologe Boris Dubin veröffentlichte vor einigen Jahren folgende Ergebnisse seiner Untersuchung: an die 80 Prozent der Russen, die sich selbst als russisch-orthodox bezeichnen, gehen nicht zum Abendmahl; 55 Prozent besuchen keine Gottesdienste; 90 Prozent nehmen nicht am Kirchenleben teil. Trotzdem, neben der Tatsache, dass nur etwa 40 Prozent der heutigen Mitglieder der russisch-orthodoxen Kirche überhaupt an die Existenz Gottes glauben, nimmt sich das alles noch recht harmlos aus.

Die Geschichte der ehemaligen atheistischen Länder zeigt, dass eine religiöse Weltsicht hauptsächlich von Generation zu Generation weitergegeben wird (weshalb die Religiosität in den östlichen Bundesländern Deutschlands, in Ungarn, Tschechien, Estland und Lettland so schwach ausgeprägt ist). Auch die aktive Unterstützung der Religion durch den Staat kann den Ausfall mehrerer Glieder im Staffellauf der Generationen nicht völlig kompensieren. Für Russland, wo der Atheismus mehr als 70 Jahre lang geherrscht hat, gilt das in besonderem Maße. Aber die russischen Machthaber benötigen um jeden Preis eine religiöse Bevölkerung, deren Bewusstsein von der russisch-orthodoxen Kirche kontrolliert wird. Daher greifen sie auf massive und sehr wirksame Mittel wie etwa Repressionen gegen Atheisten und die Herausbildung kleiner, jedoch höchst aggressiver Gruppen russisch-orthodoxer Fundamentalisten zurück, um wenigstens den äußeren, formalen Anschein einer solchen Gesellschaft zu erreichen. Diese Anstrengungen haben aber ganz sicher nicht die religiöse Wiedergeburt der Gesellschaft zur Folge.

Der bekannte Vorfall um die Gruppe Pussy Riot hat die neue Gangart des Staates gegenüber Freidenkern deutlich gezeigt. Die Verurteilung von Nadeschda Tolokonnikowa und Marija Aljochina erinnerte mich an den religiösen Terror in Frankreich zu Voltaires Zeiten. Der berühmte russische Wissenschaftler Juri Lotman beschrieb einen solchen Fall: »Während einer kirchlichen Prozession vermieden es zwei junge Gecken, de La Barre und d'Etallonde (16 und 17 Jahre alt), demonstrativ ihre Hüte vor den Heiligtümern, die vorbeigetragen wurden, zu ziehen. Einen Monat später zerkratzte jemand mit dem Messer ein hölzernes Wegekreuz auf einer Brücke über die Somme. Der Verdacht fiel auf die beiden jungen Männer. D'Etallonde flüchtete, de La Barre wurde festgenommen … Der Bischof von Amiens, de la Motte d'Orleans, und das städtische Gericht witterten eine Chance: Man würde einen öffentlichen Prozess gegen die von Unglaube und Zynismus infizierten Jugendlichen anstrengen … Der lasterhafte Ludwig XV. war ein höchst moralischer Eiferer und glühender Glaubensverfechter, wenn es um seine Untertanen ging. Das Todesurteil gegen de La Barre wurde von ihm bestätigt und dieser am 1. Juli 1766 hingerichtet …«

Wenn man statt de La Barre und D'Etallonde Tolokonnikowa und

Aljochina einsetzt, anstatt Bischof de La Motte Patriarch Kirill, mit weltlichem Namen Wladimir Gundjajew, und statt Ludwig XV. Putin, anstatt Todesurteil Gefangenschaft, würde diese ganze Geschichte von der »Gotteslästerung« haargenau wie eine Beschreibung des Falls Pussy Riot klingen.

Weiter schreibt Lotman: »Voltaire stürzte sich wie ein Tiger in den Kampf. Er schrieb glühende Aufsätze und Artikel … Voltaire zwang all jene, denen die Zunge nicht herausgerissen worden war, Scham für ihre Mitschuld an diesem Verbrechen zu empfinden (dafür, dass man de La Barre hingerichtet hatte) …«

Voltaire trat nicht einfach nur gegen die Kirche auf, sondern gegen deren Versuche, der Gesellschaft mithilfe von Gewalt ihre Regeln und damit ihre Herrschaft aufzuzwingen. Genau das passiert heute in Russland.

Die Machthaber stützen sich auf den tätigen Beistand der Führung der einflussreichsten religiösen Gemeinschaft Russlands, der russisch-orthodoxen Kirche. Zunächst entwickelte sich diese Zusammenarbeit im Hintergrund, jetzt ist sie in die aktive Phase eingetreten. Die Kirche ist nicht mehr einfach nur ein ideologischer Handlanger, sondern ein gleichberechtigter Partner an der Macht. Die russisch-orthodoxe Kirche dient treu der neuen russischen Kleptokratie und erhält dafür die Möglichkeit, in das Schulwesen, die staatlichen Medien, die Armee, die Kultur einzudringen, dort ihre Regeln und Normen durchzusetzen. In den letzten Jahren sind die Kleriker unter dem Schutz der Macht so weit gegangen, regelrechte Pogrome bei Ausstellungen und Konzerten zu veranstalten (etwa auf der Ausstellung »Achtung, Religion!« im Sacharow-Zentrum und zur Feier anlässlich des zwanzigsten Jahrestags der Gründung des Radiosenders »Serebrjanny doschd«), Kulturdenkmäler zu vernichten (zum Beispiel die Werke des berühmten Bildhauers Wadim Sidur in der Moskauer Manege oder ein Relief auf einem historischen Bau in St. Petersburg, das Mephisto abbildet), sie erreichten das Verbot von Theateraufführungen und Filmen (etwa die Aufführung der Wagneroper »Tannhäuser« in Nowosibirsk). Alle Ausfälle dieser Antiaufklärer bleiben unbestraft. Und für die Freidenker führen die Machthaber ein neues Strafvergehen ein, »die Beleidigung religiöser Gefühle«, quasi eine Kopie der mittelalterlichen Haltung der Inquisition gegenüber Gotteslästerung.

Darüber hinaus leistet die russisch-orthodoxe Kirche nicht nur ideologischen Beistand, sondern nimmt auch ganz direkt an Putins außenpolitischen Abenteuern teil. Ich will nur ein Beispiel anführen. Am Vorabend der russischen Intervention in der Ukraine wurde unter dem Patronat der russisch-orthodoxen Kirche eine Wanderausstellung einer »heiligen Reliquie«, der Königsgaben, organisiert. Das Kunstwerk wurde in Moskau, Kiew und Minsk sowie in anderen Städten gezeigt. Finanziert wurde diese Show vom inzwischen weithin bekannten Sponsor des Krieges für eine »russische Welt«, dem russisch-orthodoxen Oligarchen Konstantin Malofejew. Kürzlich bekannte ein gewisser Girkin-Strelkow, ehemaliger »Verteidigungsminister der Volksrepublik Donezk«, der damals für Malofejew arbeitete, dass diese sogenannte Wanderausstellung nur als Deckmantel für Spionageakte und Spezialeinsätze gedient habe. Mitte Januar 2014 befand sich der Mann unter dem Vorwand, die Sicherheit der nach Kiew »verbrachten Königsgaben« gewährleisten zu müssen, in der ukrainischen Hauptstadt, darunter auch auf dem Euromajdan, wo er Aufklärungsmaßnahmen durchführte.

Es ist kein Zufall, dass hinter einem solchen religiösen Spektakel und der Aggression gegen die Ukraine ein und derselbe Sponsor steckt. Aus dem Kästchen mit den Königsgaben hüpft wie aus der Tabaksdose ein russisch-orthodoxer Fundamentalist und breitet seine Ware des religiösen »Opiums« aus. Als Nächster folgt der maßlose Konsument dieses »Opiums«, der rechtgläubige Oligarch mit den Dollarpäckchen für die »Befreiung der russischen Welt« in den Taschen. Und als dritter schließlich springt ein Terrorist vom FSB (Inlandsgeheimdienst) heraus, mit einem Granatwerfer bewaffnet, dessen Gehirn von fundamentalistischen Mythen völlig vernebelt ist und dessen Hosentaschen ebenfalls randvoll mit dem Geld des Oligarchen sind.

Die heutige aggressive Politik Russlands wäre nicht möglich ohne die staatliche und kirchliche Unterstützung für einen ganz eigenen russisch-orthodoxen Dschihadismus.

Die »niederträchtige« Kirche, über die Voltaire einst schrieb, ist heute in Russland jene nichtkonstitutionelle Verbindung der autoritären Macht und der reaktionären Kirche, für die Präsident Putin und der Patriarch Gundjajew persönlich die Verantwortung tragen.

Ich hatte keine Vorstellung, was für eine Welle von Hass ich auf mich ziehen würde, als ich eine Reihe antiklerikaler Texte zur Verteidigung der Gruppe Pussy Riot veröffentlichte, in denen ich auch Zitate von Voltaire verwendete. Wie sich herausstellte, sind Denunziationen durch religiöse Fanatiker in Russland wieder an der Tagesordnung. Die Geschichte wiederholt sich in Form einer Farce: Die Kirchenmänner lasen meinen Artikel »Zermalmt die Niederträchtige!« (nach Voltaires Kampfruf: *Écrasez l'infâme*) und erkannten in Voltaires »Niederträchtiger« offenbar sich selbst, worauf sie tödlich beleidigt reagierten. Sie versuchten einen Strafprozess gegen mich anzustrengen aufgrund einer Äußerung, die vor über 250 Jahren ein großer französischer Aufklärer getan hatte.

Es ist bekannt, dass Voltaire mehr als einmal Verfolgungen vonseiten der Kirche ausgesetzt war. Jetzt versucht man seine Worte zum Anlass für eine strafrechtliche Verfolgung zu machen. Kehrt die Inquisition zurück?

Zur Veranschaulichung will ich ein wenig aus meinem, längst nicht einzigartigen und ziemlich typischen Fall der neuen »Hexenjagd« in Russland erzählen. Am Anfang stand die Veröffentlichung eines Anzeigebriefes, den Sergei Karamyschew, ein bekannter Priester der russisch-orthodoxen Kirche, zusammen mit Kirill Frolow, dem Leiter der proputinschen Vereinigung orthodoxer Experten, verfasst hatte. Dieser Brief schloss mit folgendem Aufruf: »Die Vereinigung der orthodoxen Experten bittet den von uns gewählten und von uns unterstützten Präsidenten Russlands, Wladimir Putin, mit Eidman abzurechnen. Und wir tragen dazu bei – mit Briefen an die Staatsanwaltschaft, den Ermittlungsausschuss, den FSB.«

Die offizielle Anzeige ließ nicht lange auf sich warten. Auf der Seite »Russische Linie« tauchte ein kollektives Schreiben russisch-orthodoxer Fundamentalisten an den Ermittlungsausschuss und die Staatsanwaltschaft auf. »Ich bitte Sie, auf Grundlage von Artikel 282 des Strafgesetzbuches der Russischen Föderation umgehend ein Strafverfahren gegen Igor Eidman einzuleiten. Kraft der erhöhten sozialen Gefahr, die von ihm ausgeht, bitte ich Sie, als Mittel der Unterbindung die angezeigte Person in Gewahrsam zu nehmen.«

Als Nächstes fuhr man schwere Artillerie auf: Ein bekannter Fernsehjournalist und Propagandist für Putin, Arkadi Mamontow, verfasste einen verleumderischen Brief gegen mich. Dieser Text ist derartig charakteristisch für den heutigen ideellen Putinismus, dass ich mir erlaube, einen umfangreichen Auszug daraus zu zitieren.

> »*Unter dem Deckmäntelchen Voltaires stürzte sich dieser kleine Teufel* [Eidman] *auf unsere geliebte Kirche. Trat zur Verteidigung dieser Lästerinnen auf, die in der Christ-Erlöser-Kathedrale satanische Tänze vollführten. Und wieder haben wir die Hetzer gegen den christlichen Glauben zu Gesicht bekommen, die neuen alten trotzkistischen Kommissare, die sich schon virtuelle Lederjacken mit roten Sternen überhängen, die Ärmel hochkrempeln, die Raubzähne entblößen, von denen das Gift tropft, um sich auf die Jagd nach den Orthodoxen zu machen … Und heute stürzt sich die liberale Herde nicht nur in Russland, sondern auf der ganzen Welt mit Heulen und Zähneklappern auf unsere Kirche, den Staat, den Präsidenten und schließlich auf unser Volk und verlangt danach, die Lästerinnen freizulassen, die diesen blasphemischen Akt im wichtigsten Gotteshaus Russlands begingen …*
>
> *Ministerium für Inneres der Russischen Föderation, Hauptabteilung Extremismusbekämpfung, richten Sie Ihr Augenmerk auf den Artikel Eidmans … und ergreifen Sie Maßnahmen gegen den Autor und den Radiosender, auf dessen Homepage er veröffentlicht wurde.*«

Die Drohungen der orthodoxen Fanatiker regneten in vielfältigen Briefen und offenen Beiträgen im Netz auf mich herab. Meine Freunde warnten mich, dass ich bei einer Rückkehr ins Land möglicherweise umgehend verhaftet würde. Ich bin gezwungen, meine Untersuchung des Systems Putin aus dem Ausland weiterzuführen.

# 3. Faschismus im 21. Jahrhundert

*»Und plötzlich taucht da ein Mann auf, der Deutschlands Absturz in den Abgrund aufhält. Ich weiß noch genau, wie begeistert wir in den ersten Jahren seiner Regierungszeit waren. Die Menschen fanden Arbeit, Straßen wurden gebaut, die Armut ging zurück … Und jetzt. Und heute, wenn ich an diese unsere Begeisterung denke, daran, wie ich mit meinen Freundinnen und Freunden den Führer in den Himmel hob, daran, wie bereitwillig wir stundenlang auf seine Auftritte warteten, möchte ich Ihnen eines sagen: Man muss lernen, das Böse zu erkennen, ehe es unbesiegbar geworden ist. Wir haben das nicht geschafft, und was haben wir für einen Preis dafür bezahlt! Und andere für einen Preis bezahlen lassen!«*

Aus den »Erinnerungen« von Dora Nass, die Hitlers Aufstieg zur Macht als Kind und Jugendliche erlebte

Die Worte »Faschismus«, »Faschist« und »Nazi« sind auf der Welt schon lange Schimpfwörter. Wenn zwei Gegnern im Streit die Argumente ausgehen, beginnen sie nicht selten, sich gegenseitig als Faschisten zu bezeichnen. Dabei vergisst man nur allzu leicht, dass der Faschismus ein reales politisches Phänomen ist, das in der ersten Hälfte des 20. Jahrhunderts höchst einflussreich war und in den meisten Ländern, in denen er sich etabliert hatte, zur Katastrophe führte. »Faschismus« ist nicht nur die Selbstbezeichnung von Mussolinis Bewegung, sondern auch ein politologischer Begriff, der häufig für eine Gruppe verwandter antidemokratischer Systeme verwendet wird, darunter Hitler-Deutschland, Spanien unter Franco, die Regime von Salazar in Portugal, Horthy in Ungarn, Antonescu in Rumänien, Stroessner in Paraguay usw.

Im Verlauf der Analyse der verschiedenen Aspekte von Putins Herrschaft bin ich zu der Überzeugung gekommen, dass der Putinismus eine Neuauflage des Faschismus bedeutet, dessen Existenz, wie es schien, nach dem Ende des Zweiten Weltkriegs so vollkommen unrühmlich zu Ende gegangen war.

Natürlich ist Putin im Gegensatz zu Hitler und Mussolini nicht als bekannte Politikerpersönlichkeit an die Macht gekommen, und natürlich wies sein Regime nicht sofort Ähnlichkeit mit einem faschistischen auf. Aber das putinsche System erlebte über die Jahre eine tief greifende grundsätzliche Entwicklung. Mitte 2014 wurde Putin ein echter Führer der Massen, und zwar tatsächlich nach faschistischem Vorbild. Er wird in Zukunft unter dem Druck stehen, die Erwartungen der Bevölkerung zu erfüllen, die er mit seiner chauvinistischen Rhetorik und seiner aggressiven Politik geschürt hat. Daher ist eine weitere Faschisierung seines Regimes unausweichlich. Aber auch jetzt schon steht Putins System dem Faschismus des 20. Jahrhunderts sehr nahe und lässt sich ohne Weiteres der wenig geachteten Gemeinschaft der faschistischen Staaten zuordnen.

Faschismus ist die Krankheit einer unreifen Demokratie. Viele europäische Länder »erkrankten« daran, nachdem die traditionellen Klassengesellschaften zerfallen waren und als gleichzeitig die jungen, noch nicht stabilen demokratischen Institutionen dem Druck der Reaktion auf die Modernisierungsprozesse nicht standhalten konnten. In der ersten Hälfte des 20. Jahrhunderts galt das für Deutschland, Österreich, Spanien, Rumänien, Ungarn, Portugal und andere Staaten. Die Ausbildung einer politischen Demokratie kam in Russland nach der Errichtung der bolschewistischen Diktatur zum Stillstand. Damals wählte das Land den Weg eines pseudokommunistischen Experiments, das es schließlich in das Abbild einer östlichen Despotie verwandelte. Nachdem dieses Experiment gescheitert war, kehrte die russische Gesellschaft praktisch wieder zu jenem Ausgangszustand zurück, von dem aus sie 1917 aufgebrochen war. Das sozialpolitische System des postkommunistischen Russlands bewegte sich in etwa auf dem Niveau eines europäischen Landes mittleren Entwicklungsgrades aus dem zweiten Viertel des 20. Jahrhunderts. Genau wie diese auch hatte es sich mit der Bedrohung des Faschismus konfrontiert gesehen, der es seinerzeit nicht erlegen war, da es ein anderes totalitäres, nämlich bolschewistisches Entwicklungsszenarium realisiert hatte.

Vieles an der deutschen Geschichte der Jahre 1918 bis 1938 deckt sich mit der Geschichte Russlands in den Jahren 1991 bis 2015. Und diese Tatsache wird nicht zufällig auch durch ein vergleichbares Niveau der sozialen Entwicklung beider Länder bedingt, wie es für die Herausbildung eines faschistoiden Regimes förderlich ist.

- *Deutschland 1918 – Russland 1991:* Die Niederlage im Krieg – Deutschland im Ersten Weltkrieg, Russland im Kalten Krieg –, der Verlust von Territorium, der Zusammenbruch des Kolonialreichs, das Gefühl nationaler Demütigung, die Legende vom Dolchstoß vonseiten antinationaler liberaler Kräfte im Land, der Wunsch nach Revanche.
- *Weimarer Republik – Jelzins Russland:* Das radikale Absinken des Lebensstandards in breiten Schichten der Bevölkerung, Hyperinflation, permanente wirtschaftliche, politische und moralische Krise. Die Zerstörung der traditionellen Wertesysteme, die Kommerzialisierung aller Lebensbereiche. Enttäuschung über die Demokratie, Diskreditierung der demokratischen Werte und Institutionen. Zunehmende Beliebtheit restaurativer Stimmungen (in Deutschland für die Monarchie, in Russland für den Sozialismus). Egoismus der herrschenden Elite und der besitzenden Klasse. Permanente Bedrohung des Systems von links – vonseiten der Kommunisten – und von rechts – vonseiten der Nationalisten. Ein bedeutender Teil der Bevölkerung und das Establishment nehmen das demokratische System als fremd und aufgezwungen wahr. Dem Wesen nach bleibt die deutsche Elite monarchistisch und diejenige in Russland sowjetisch, das heißt, dass beide die parlamentarische Demokratie für eine sinnlose Farce halten.
- *Hitlers und Putins Aufstieg zur Macht:* An die Herrschaftsgewalt gelangten beide Diktatoren durch das Großunternehmertum und bürgerliche Politiker (in Deutschland: Schacht, Krupp, Thyssen, von Papen und andere; in Russland: Beresowski, Abramowitsch, Tschubais,

Woloschin und andere). In beiden Fällen wurde ihnen die Macht von einem kranken, überalterten Staatsoberhaupt und auf Betreiben von dessen Umgebung und Familie übergeben. An Hitler durch Hindenburg, an Putin durch Jelzin. Bemerkenswerterweise spielten dabei sowohl Hindenburgs Sohn als auch Jelzins Tochter entscheidende Rollen. Der Hauptgrund für die Unterstützung der beiden zukünftigen Diktatoren vonseiten der deutschen und russischen Finanzelite war der Wunsch nach einer starken Regierung, die in der Lage wäre, ihr Kapital und ihre Privilegien vor dem aufgewühlten Volk, den Kommunisten, dem Chaos und der Instabilität zu retten. Im einen wie im anderen Fall wurden diese Hoffnungen nur zu Beginn erfüllt, viele Oligarchen sahen sich bitter enttäuscht. Die Geschichten von Thyssen und Beresowski haben viele Parallelen.

- *Die Errichtung eines faschistischen Regimes:* Hier gibt es einen wesentlichen, wenn auch rein quantitativen und nicht unbedingt qualitativen Unterschied. In Deutschland wurde das faschistische Regime in weniger als einem Jahr nach Hitlers Machtübernahme errichtet. In Russland läuft dieser Prozess nun schon seit 15 Jahren und ist noch nicht abgeschlossen. Dabei spielen Putins Persönlichkeit und die kulturellen Besonderheiten des Landes eine Rolle. Putin kam im Gegensatz zu Hitler nicht aus der öffentlichen Politik. Seine fehlende Popularität und der Mangel an politischen Fertigkeiten machten es ihm unmöglich, die Vollmacht eines Diktators zügig in seinen Händen zu konzentrieren und die Gesellschaft für die Umsetzung seiner faschistoiden Projekte zu mobilisieren. Man darf nicht vergessen, dass sogar Stalin an die 15 Jahre für den Aufbau seines Terrorregimes der absoluten Macht benötigte. Aber wie ein russisches Sprichwort sagt: »Die Russen spannen lange an, fahren aber schnell.« Der Prozess der Faschisierung hat sich im Jahr 2014 sehr beschleunigt, als Putin spürte, dass er stark genug für ein solches Experiment war. Die Einnahme der Krim hat ihn zu einem echten öffentlichen Politiker gemacht, einem »Führer der Nation«, mit der er machen kann, was er will, und die er zu jedem denkbaren Abenteuer bewegen kann.
- *Das Regime Hitlers (bis 1939) und Putins:* Das Hauptziel beider

Politiker ist die Revanche für die Niederlage der Vorgänger bei der »Konfrontation mit den Feinden« in der internationalen Arena, die Wiederherstellung des früheren Status ihrer Länder als Supermacht in den jeweiligen »historischen Grenzen«. Der Untergang des sowjetischen Reichs wird von Putin als »größte geopolitische Katastrophe« angesehen (so nennt er den Zerfall der UdSSR). Die Folge des Revanchismus beider Diktatoren ist eine aggressive, auf Annexion ausgerichtete Außenpolitik, die sie mithilfe von Vereinigungsideen zu rechtfertigen versuchen: alle Deutschen in einem Staat oder alle russischsprachigen Menschen im Rahmen einer »Russischen Welt« unter Russlands Patronat. Die ersten Opfer sind die Nachbarn, deren Territorium Teil der zerstörten Imperien unter deutscher bzw. russischer Herrschaft war: Österreich und die Tschechoslowakei bzw. Georgien und die Ukraine. Es ist charakteristisch, dass die europäischen demokratischen Länder heute wie auch zu Zeiten des Münchner Abkommens eine Politik der Beschwichtigung gegenüber dem Aggressor führen. Die Ökonomie in beiden Ländern wird nach dem Vorbild eines auf Staatsmonopolen fußenden Kapitalismus errichtet. Die staatliche Bürokratie kontrolliert die Industrie und die Unternehmer streng. Die Machthaber diktieren dem gefügig gemachten Großkapital ihren Willen, mithilfe des »Generalrats der Wirtschaft« oder regelmäßigen Zusammenkünften der Oligarchen bei Putin. Die Finanz- und die politische Elite wachsen zusammen. Im Grunde sind sie ein und dasselbe. In beiden Ländern entsteht eine autoritäre Herrschaft unter einem nationalen »Führer«. Gewaltenteilung, Wahlen und ein echtes Mehrparteiensystem werden faktisch zerstört (unter Hitler ganz offiziell, unter Putin de facto). Im Hinblick auf die verbliebene Opposition betreibt man eine Politik der Einschüchterung und des Terrors (unter Putin vorerst noch punktuell beschränkt). Die Geheimdienste haben großen Einfluss in der Gesellschaft. Alle Massenmedien betreiben Regierungspropaganda und säen chauvinistische, fremdenfeindliche und militaristische Hysterie. Oppositionell gestimmte Bürger werden angeprangert, man hetzt die Bevölkerung gegen sie auf und stiftet Hass auf »feindliche« Länder. Der Mythos einer ausländischen Verschwörung wird verbreitet und die Atmosphäre einer belagerten Festung geschaffen, Kritiker der staatlichen Politik werden zu Agenten ausländischer Feinde erklärt, zu Mitgliedern einer fünften Kolonne.

Die Parallelen zwischen Putins Russland und Hitlers Deutschland sind offenkundig. Daneben gibt es aber auch etliche Unterschiede. Der wichtigste besteht darin, dass in Russland der Prozess, die Gesellschaft einer totalen staatlichen Kontrolle zu unterziehen, noch nicht abgeschlossen ist. Der Terror gegen die Opposition hat bisher punktuellen Charakter. Es fehlt die Diskriminierung aufgrund der Zugehörigkeit zu bestimmten Nationalitäten, es gibt Reste unabhängiger Medien und autarker gesellschaftlicher Organisationen, es gibt noch relativ große Freiheit im Bereich der Kunst und der Buchpublikationen, und Gleiches gilt für die Versammlungs- und Meinungsfreiheit. Wichtig ist auch, dass Putin und seine Umgebung keine ethnischen Nationalisten sind, sondern Chauvinisten und Klerikalisten. Das putinsche System hat sogar mehr Ähnlichkeit mit dem späten spanischen Franquismus, dem klerikalen Austrofaschismus und dem Horthyismus in Ungarn oder dem frühen Faschismus in Italien.

Aber man muss feststellen, dass all diese Freiheiten in Russland Schritt für Schritt beschnitten werden. So geschah es auch bei der Errichtung der faschistischen Regime in anderen Ländern. Nur im nationalsozialistischen Deutschland wurden sämtliche Freiheiten sehr schnell und praktisch gleichzeitig abgeschafft. Im Gegensatz dazu wurden im faschistischen Italien die demokratischen Institutionen schrittweise zerstört. In Russland kommt es zu immer neuen Beschränkungen der Rechte und Freiheiten der Bürger, was das sichere Anzeichen einer fortschreitenden Faschisierung ist. So lauten die jüngsten Nachrichten wie folgt: Man versucht, gegen einen Regisseur wegen seiner »gotteslästerlichen« Inszenierung ein Strafverfahren einzuleiten; die Vorlesung eines oppositionellen Politologen wird von der Miliz aufgelöst; gegen einen Blogger eröffnet man ein Strafverfahren wegen eines regierungsfeindlichen Posts; die Teilnehmer einer Versammlung oppositioneller Aktivisten werden von »Stürmern« einer proputinschen Jugendorganisation überfallen. Derartige Meldungen häufen sich. Und die schlimmste davon lautete: Im Zentrum Moskaus, gleich neben dem Kreml, wird einer der führenden Oppositionellen umgebracht. Der Terror gegen die Opposition nimmt brutale Formen an.

Gibt es einen Ausweg aus dieser Situation? Die Hoffnungen auf eine Palastrevolution sind illusorisch. Die regierende Elite ist hinsichtlich der faschistischen Ausrichtung ganz auf einer Linie mit ihrem Leader. Sie hat sich im Wesentlichen aus der sowjetischen Nomenklatura herausgebildet, was die postsowjetischen empirischen soziologischen Untersuchungen von Olga Kryschtanowskaja bestätigen. Die Elite hatte nie auch nur das Geringste übrig für »Demokratie, Menschenrechte und den übrigen liberalen Unsinn«. Das wichtigste Ziel der Perestroika und der sich anschließenden antikommunistischen Reformen unter Jelzin war der Übergang der von Sowjetbürokratie und Geheimdiensten kontrollierten staatlichen Ressourcen in ihr privates, vererbbares Eigentum. Natürlich war das eine unbewusste Entscheidung, die sich auf der Ebene des kollektiven Unbewussten der Nomenklatura vollzog. Aber die Elite erreichte zielstrebig die Umsetzung dieser Entscheidung.

Um das Staatseigentum zu privatisieren, mussten die russische Bürokratie und die mit ihr verbundenen Oligarchen demokratische Reformen imitieren. Denn nur so, im Paket mit der Demokratie, war es möglich, der Öffentlichkeit die Notwendigkeit der Privatisierung zu vermitteln – nach dem Motto: Wir machen es wie alle zivilisierten Länder. Aber sobald die Privatisierung mehr oder weniger abgeschlossen war, wurde die Demokratie der neuen Nomenklatura lästig, ja sogar gefährlich, denn sie hätte zu einem Machtwechsel und dadurch zu einer möglichen Revision der räuberischen Umverteilung von Vermögen führen können. Die Angehörigen der Nomenklatura bewahrten sich im Großen und Ganzen ihre totalitäre Denkweise und betrieben dementsprechend die Wiedergeburt des Totalitarismus, nur nicht länger in Form eines sowjetischen Sozialismus, sondern in der Form des Faschismus, der es ihnen erlaubte, die privatisierten Ressourcen zu behalten. Putin als Kind seiner sozialen Schicht erkannte diesen kollektiven Wunsch und begann ihn umzusetzen.

In letzter Zeit bekommt man jedoch den Eindruck, dass Putin in den Augen etlicher Mitglieder der Führungsriege möglicherweise etwas »aus der Spur geraten und über sein Ziel hinausgeschossen« ist. Das gilt insbesondere für die Konfrontation mit dem Westen. Wahrscheinlich beunruhigt das den einen oder anderen hohen Beamten. Aber wie im nationalsozialistischen Deutschland auch, ist der Versuch, den »Führer« zu entmachten, erst denkbar, wenn dieser Niederlagen erlebt und seine Herrschaft sich am Rande des wirtschaftlichen oder militärischen Abgrunds befindet.

## Putinismus

Wie sieht das System Putin im Einzelnen aus? Unter seiner Regierung wurde ein Staatsgebilde geschaffen, das mit Fug und Recht den Anspruch auf einen besonderen Platz in der Geschichte erheben kann. Es ist an der Zeit, zur Bezeichnung dieses Phänomens einen neuen Begriff einzuführen – den Putinismus, das heißt die putinsche Variante des Faschismus.

Putinismus bezeichnet das autoritäre Regime Putins, das sich auf das korrupte Beamtentum und die Oligarchie stützt und in vieler Hinsicht einer faschistischen Diktatur ähnelt (aggressive, auf Annexion ausgerichtete Außenpolitik, Dominanz des staatlich-monopolistischen Kapitals in der Wirtschaft, von Geheimdienst, Polizei und Militär geprägte Regierungsstrukturen, Chauvinismus und Traditionalismus in der totalen staatlichen Propaganda).

### Putins neue nationale Idee

Der Putinismus wäre genau wie andere Abwandlungen des Faschismus nicht ohne eine totale staatliche Propaganda möglich. Viele Jahre lang wurde in vielen Büros hoher russischer Beamter die Suche nach einer neuen nationalen Idee verfolgt und diskutiert. »Denker«, die ihr

Salär von der Präsidialadministration erhielten, suchten nach einer Ideologie, die in der Lage wäre, die Russen zu vereinen und um die Macht zu scharen.

Aber alle Bemühungen blieben erfolglos. Die russischen Vordenker konnten keine revolutionäre neue nationale Idee entwickeln, ganz gleich, wo sie auch ansetzten. Schließlich beschlossen die Machthaber, dass die nationale Idee in der Stabilität bestehen sollte, also im Wesentlichen aus einer Ideologie der Bewahrung der politischen und ökonomischen Verhältnisse, nach der Devise: Hauptsache, es wird nicht schlimmer!

Für eine gewisse Zeit reichte das den Russen durchaus, mussten sie sich doch erst einmal von ihrem Schrecken über die verschiedenen Reformen, »Perestroika« und »Beschleunigungen« erholen. Aber zu Beginn der 2010er-Jahre machte sich Chaos breit. Sowohl die Partei Einiges Russland als auch Putin selbst büßten an Popularität ein. Wieder begann man eilig eine nationale Idee zu suchen. Bis man sie vor nicht allzu langer Zeit endlich entdeckte. Noch dazu handelt es sich, den akut ansteigenden Beliebtheitswerten der Regierung nach zu urteilen, um einen höchst effektiven Einfall.

Die neue nationale Idee von Putins Russland basiert – in Anlehnung an die berühmte Triade des russischen Bildungsministers Sergei Uwarow aus der ersten Hälfte des 19. Jahrhunderts »Autokratie, Orthodoxie, volksverbundener Patriotismus« – auf drei Säulen: Chauvinismus, Klerikalismus und Fremdenfeindlichkeit.

Ihr Fundament ist der Chauvinismus. Die Aggression gegen die Ukraine und die Annexion der Krim lösten eine vermutlich seit dem Ersten Weltkrieg nicht mehr da gewesene chauvinistische Hysterie aus. Die patriotische Massenpsychose erfasste buchstäblich alle Gesellschaftsschichten (was auch die soziologischen Umfragen und die Diskussionen im Netz bestätigen). Der gut verdienende Ladenbesitzer, der ausgebeutete Angestellte im Staatsdienst (Pädagogen, Ärzte usw.), der angesagte Schriftsteller und der brutale Rocker preisen einmütig die Rückkehr des »verlorenen Sohns Krim« in den mütterlichen Schoß des Imperiums. Die höchst gefährlichen Spiele der Patrioten, die mit dem Krieg drohen, sorgen endlich dafür, dass ein bedeutender Teil der russischen Bevölkerung sich um die Macht schart.

Die zweite Säule der Triade ist der Klerikalismus. In den letzten Jahren hat sich der russische Staat dezidiert von einem laizistischen in einen klerikalen verwandelt. In den Schulen wie auch im Fernsehen findet massive Propaganda für religiösen Obskurantismus statt. Man organisiert wahnwitzige Spektakel um den Kult der »Königsgaben« und andere angeblich heilige Imitate. Die russisch-orthodoxe Kirche hat sich zu einer staatlichen Propagandaeinrichtung entwickelt. Freidenkertum, Atheismus, die moderne antiklerikale Kunst und die Wissenschaft wurden überall vertrieben. Das alles führte zur Verdummung der Bevölkerung und machte aus ihr eine leicht zu manipulierende Menge.

Und schließlich die letzte Säule – die Fremdenfeindlichkeit. Jedes autoritäre System benötigt Feinde, damit sich das Volk im Kampf gegen diese mit der Macht solidarisiert. Feinde unterteilt man üblicherweise in »innere« und »äußere« Feinde. Mit den äußeren Feinden ist ohnehin alles klar. Die wichtigsten äußeren Feinde sind das kriegerische Amerika und das gotteslästerliche »Gayropa«. Die Verteilung der Rollen sieht so aus: Die USA versuchen, sich unserer zu bemächtigen, uns zu unterjochen, uns unser Ein und Alles (die Rohstoffe und Ressourcen) zu nehmen, während das schändliche Europa, das in einem Sumpf aus Pädophilie und orgiastischer allgegenwärtiger Homosexualität versinkt, uns moralisch verderben und unserer traditionellen Werte berauben will, deren einer der wichtigsten die Heterosexualität ist. Kurz und gut, die einen wollen den Russen ihre Gottesgaben wegnehmen, sprich das Öl usw., die anderen den »einzig richtigen« Sex. Schwer zu sagen, welcher Feind gefährlicher ist.

Die Ereignisse in der Ukraine haben die Liste der äußeren Feinde um einen neuen Namen erweitert: den unverschämten kleinen Bruder – den ukrainischen Kain, der seinen guten und großzügigen Bruder Abel verriet. Der sich nach »Gayropa« wandte, um sich mit den dortigen Perversen zu paaren, anstatt gemeinsam mit dem rechtgläubigen russischen Bruder in heterosexueller Reinheit den Tempel des

Imperiums wiedererstehen zu lassen. Der äußerste Inbegriff des ukrainischen Feindes sind die »banderowcy«, Russenhasser, die allen Russisch sprechenden Menschen mit einem Blutbad drohen oder, noch schlimmer, mit »Gayropa« und dem unvermeidlichen Verderben.

Für die Rolle des inneren Feindes waren in den letzten Jahren verschiedene Gruppierungen nominiert: die Gotteslästerer, Homosexuelle, Vertreter der kreativen Berufe – im Russischen auch als »Kreative Klasse« bezeichnet – und andere. Aber Putin, der sich in seinen Mußestunden scheinbar durch einen Stapel verstaubter nationalsozialistischer Zeitungen gearbeitet hat, entdeckte einen neuen, noch gefährlicheren Feind. Das sind die »Volksverräter«, die versuchen, »unser wunderbares Reich von innen heraus zu zerstören«, die Agenten des schrecklichen Amerikas und »Gayropas«, die nichts anderes als russischsprachige »banderowcy« sind.

Die Ideologie des Putinismus beinhaltet die Idee einer »Russischen Welt«, in der Russland dominiert, und impliziert die »Sammlung der russischen Erde«, also die Möglichkeit der Annexion von Gebieten, in denen Russen leben. Diese Ideologie appelliert an die russisch-orthodoxen Fundamentalisten und auch an die Anhänger des Eurasismus, des geopolitischen Mythos von der permanenten historischen Konfrontation des von Russland beherrschten Kontinents Eurasien und dem Westen. Besonders populär ist auch die Theorie einer Verschwörung des Westens (USA, Angelsachsen und atlantische Zivilisation) gegen Russland.

Grundlegende Elemente des Putinismus sind der Kult eines autoritären Regierungsoberhaupts (eines »nationalen Leaders«), Militarismus, Homophobie, die Kultivierung konservativer Traditionen und einer repressiven Sexualmoral. Er predigt eine klassengebundene Welt und die Vereinigung aller sozialen Gruppierungen rund um den Staat und den nationalen Machthaber im Kampf gegen den Feind. Diese rechtskonservative Ideologie wurde von den staatlichen sozialen Institutionen verbreitet – in den Medien, Schulen, der Armee usw. – und steht den Ideologien der faschistischen Regime aus der Mitte des 20. Jahrhunderts nahe.

Damit kann ich meinen russischen Landsleuten gratulieren: Endlich haben die Köpfe des Landes eine nationale Idee für sie gefunden! Und dabei sah sie wie ganz normaler Faschismus aus …

## Putinismus in der Praxis

Auf politischer Ebene wurde im Rahmen der putinschen Ausprägung des Faschismus eine klassische Scheindemokratie etabliert. Die höchsten bürokratischen Instanzen bestimmen schon im Vorfeld die gefälschten Ergebnisse der Wahlen. Formal gesehen, existiert eine Mehrparteienlandschaft, tatsächlich aber regiert die Regierungspartei (Einiges Russland) uneingeschränkt und die offiziell anerkannte Opposition ist ebenfalls eine Scheinopposition. Die echten oppositionellen Politiker und Organisationen werden von den Wahlen wie auch dem Zugang zu den Medien ausgeschlossen und sind Repressalien ausgesetzt.

Die Macht des Präsidenten ist autoritär und praktisch unbeschränkt. Eine echte Gewaltenteilung findet nicht statt. Die höchste exekutive Instanz kontrolliert sowohl die legislative Instanz als auch die Gerichtsbarkeit. Es gibt ein ungeschriebenes Gesetz der Erbfolge, demzufolge der jeweilige Präsident seinen Nachfolger bestimmt und nicht die Wahl der Bürger.

Im Putinismus kontrolliert die Bürokratie vollständig die Großunternehmer, was eine systemimmanente Korruption zur Folge hat. In den Schlüsselsektoren der Wirtschaft herrschen Unternehmen, die direkt von der staatlichen Administration geführt werden. Die kleinen und mittelständischen Unternehmen sind schwach und abhängig.

Unter dem Putinismus gibt es keinen Sozialstaat. Es herrscht eine große Kluft zwischen den Einkommen der reichsten und der Ärmsten (Russland ist europäischer Champion des Gini-Koeffizienten). Die Mittelschicht ist zahlenmäßig schwach ausgebildet und existiert vor allem in der Hauptstadt und den Millionenstädten. Das Niveau der Renten und insbesondere der sozialen Hilfen ist extrem niedrig. Die durchschnittliche monatliche Rente liegt bei weniger als 200 Euro, die niedrigste Rente bei 100 Euro; die Arbeitslosenhilfe beträgt zwischen 12 und 70 Euro und steht nicht jedermann zu, die Unterstützung für Kinder unter 1,5 Jahren für nichtarbeitende Elternteile beläuft sich auf weniger als 40 Euro. Anfang 2015 lag das Einkommen von 15,9 Prozent der Bevölkerung unterhalb des Existenzminimums, das sind 22,9 Millionen Russen – und damit 3,1 Millionen mehr als im Vorjahr. Gleichzeitig belegt Russland einen der fünf Spitzenplätze jener Länder der Welt, in denen es die meisten Dollarmilliardäre gibt.

Die offiziellen Gewerkschaften werden vollständig vom Staat kontrolliert und bedienen die Interessen der Bürokratie und der damit verbundenen Schlüsselindustrie. Arbeitnehmer sind der Willkür ihrer Arbeitgeber schutzlos ausgesetzt. Bildungs- und Gesundheitswesen sind korrupt und ineffektiv, viele ihrer Leistungen sind für Geringverdienende unerschwinglich.

In den letzten Jahren hat sich Putins aggressiver, auf Annexion ausgerichteter außenpolitischer Kurs als gefährlichster und wichtigster Teil seiner Politik herauskristallisiert.

Der Putinismus begann sich in den 1990er-Jahren allmählich zu entwickeln. Seine wirtschaftliche Struktur erhielt er unter dem Einfluss zweier grundlegender Kräfte: zum einen der neoliberalen Wirtschaftstheoretiker und zum andern der konservativen Beamtenschaft (darunter auch Geheimdienst, Militär und Polizei), die eng mit den staatlichen Unternehmen verbunden war. Die ersten stehen an den Wurzeln der antisozialen putinschen Wirtschaftspolitik. Sie verantworten die De-facto-Absage an eine in allen zivilisierten Ländern vorgenommene Umverteilung der Einkünfte zugunsten der Besitzlosen, an ein System der sozialen Absicherung für die Bedürftigen und ein progressives Besteuerungssystem; ferner verdankt Russland ihnen das repressive Arbeitsrecht, die Privatisierung sozialer Bereiche und des öffentlichen Raums. Letztere sichert die Herrschaft der Bürokratie und der quasistaatlichen Unternehmen in der Wirtschaft sowie das autoritäre politische Modell.

Die Bürokratie im Putinismus kontrolliert die Wirtschaft nicht nur indirekt durch ihre Mitwirkung am System der »Vetternwirtschaft« (wie in den rechten Diktaturen), sondern auch direkt durch die staatliche Beteiligung in großen Unternehmen und durch ihre dirigistische Politik. Der Putinismus ist rückwärtsgewandt und zielt auf die Archaisierung der gesellschaftlichen Verhältnisse ab. Daher steht er den faschistischen Regimen in Europa in den 1920er- bis 1960er-Jahren am nächsten.

Der Putinismus kann auch nach Putins Abgang weiterexistieren. In diesem Fall tritt sein Nachfolger und Erbe an die Stelle des Gründervaters des Systems und übernimmt die Schlüsselrolle des Regimes. Eine Modernisierung der Fassade wäre durchaus vorteilhaft für die finanzbürokratische Elite, denn möglicherweise würde dies ihre Geschäfte von den internationalen Sanktionen und aus der Isolation befreien.

## Die Wurzeln des Putinismus

Ich beschäftige mich schon einige Jahre damit, wie es möglich war, dass aus den Trümmern der UdSSR dieses Monster wiederauferstehen konnte, das die zarten Triebe der Demokratie und Freiheit vernichtete.

Um das Wesen des putinschen Regimes zu verstehen, muss man die Ereignisse der 1990er-Jahre betrachten. In einem Satz gesagt: Die sowjetische Bürokratie wandelte ihre Macht in Eigentum um und erhielt die Möglichkeit, dieses zu vererben.

Die Konsolidierung des russischen pseudodemokratischen Systems nach dem Putsch im August 1991 war eine logische Fortführung jenes Prozesses der Stärkung der Bürokratie, der sich durch die ganze sowjetische Geschichte zieht – bereits Trotzki hat über diese Tendenz geschrieben. Unter Stalin formierte sich die sowjetische Bürokratie und wurde mächtig, unter Chruschtschow erhielt sie Sicherheit, unter Breschnew Stabilität, unter Jelzin Besitz, und unter Putin durfte sie ihren Besitz behalten und erhielt die während der Perestroika verlorene Stabilität zurück, die fast derjenigen unter Breschnew gleichkam.

Das Staatseigentum ging nicht einfach in private Hände über, sondern in die Hände der Bürokraten, ihrer Familienmitglieder und ihrer Geschäftspartner. Die Großunternehmer, die nicht aus dem Umfeld der Bürokratie stammten, wurden wohl oder übel Geschäftspartner der Bürokratie, also ein Teil der finanzbürokratischen Elite, die sich aus drei Quellen speiste: aus der sowjetischen Bürokratie (Mehrheit), den Vertretern der kriminellen Welt und den Repräsentanten der sowjetischen Intelligenzija.

Von der sowjetischen Bürokratie übernahm die neue Elite den autoritären Führungsstil, das Prinzip »nach oben buckeln, nach unten treten«. Und auch das für Parteikader so typische Doppelleben diente als Vorbild für die heutigen Chefs, das einerseits aus primitiver Konsumhaltung und Karrieredenken bestand, andererseits nach außen hin aber Patriotismus und eifriges Bemühen um das Wohlergehen des Landes demonstrierte. Aus der kriminellen Welt machte man sich die kriminellen Neigungen zu eigen, das Abenteurertum, die Brutalität, die Angewohnheit, Fragen mit Gewalt zu lösen, und die Verachtung der einfachen Menschen, die nichts anderes verdienen, als dass der »echte« Mensch, der Verbrecher, sie ausnutzt. Von der sowjetischen Intelligenzija kam der moralische Opportunismus, der sich an der Grenze zum Zynismus bewegt, die innere Zerrissenheit zwischen schönen, richtigen Worten und Regungen und dem tatsächlichen, einfachen und kleinkarierten Leben, das aus Kompromissen und der »Beschaffung« materieller Güter besteht.

Alle diese Eigenschaften vermengten sich im großen Schmelztopf der Wende und formten schließlich den Habitus der postsowjetischen Elite. Wenn man heute genau hinschaut, wird man sie zweifellos in jedem Minister, in jedem Oligarchen und sogar im Präsidenten erkennen können.

Unter Putin gelang es diesem neuen Menschentypus, der als Ergebnis der sozialen Erschütterungen der 1990er-Jahre entstanden war, sich einzurichten, er gewann an Selbstsicherheit und fasste Fuß an der Macht. Die Ausbildung einer neuen Elite war im Wesentlichen beendet; diese verschloss sich dem nichtprivilegierten, besitzlosen Teil der Bevölkerung. Den überraschten Bürgern blieb nichts anderes übrig, als ihre neuen Herren fassungslos zu betrachten.

Diese »Herren« allerdings schufen einen Staat nach ihren verbrecherischen sozialen Praktiken und institutionalisierten die Korruption. Hohe Staatsbeamte und ihre Familien verdienen gut an dem Geschäft, dessen Lobbyarbeit sie betreiben; praktisch alle Geschäftsleute hinterziehen Steuern und respektieren weder das Finanz- noch das Arbeitsrecht; ein großer Prozentsatz der Rechtsschützer verstößt selbst gegen das Gesetz usw.

Um ihren Status quo zu festigen sowie ihren Besitz und ihr gesetzloses Leben zu rechtfertigen, benötigten sie eine Diktatur. Und diese Diktatur wurde nach faschistischem Vorbild etabliert.

Ich stelle mir qualvoll oft die ewig russische Frage: »Wer ist schuld?« Wer ist schuld daran, dass es so gekommen ist? Ich nehme mich und meine Freunde nicht von der Verantwortung aus. Von sowjetischen Bürokraten, KGB-Leuten und opportunistischen Parteifunktionären war natürlich kein Demokratiestreben zu erwarten. Aber wie sah es mit all den glühenden Demokraten, der liberalen Intelligenz aus, den Bauleitern der Perestroika, den Rednern auf den Kongressen der Volksdeputierten? Wie konnten wir die Nomenklatura des KGB an die Macht gelangen lassen? Wie konnten wir zulassen, dass sich im Land eine Neuausgabe des Faschismus ausbreitet? Ein »zentaurisches« System, in dem sich das Schlechteste unserer sowjetischen Vergangenheit mit einem räuberischen Kapitalismus verbindet?

Wer viel Verantwortung hat, von dem wird auch viel verlangt. Wir hatten das Wichtigste – das Vertrauen der Menschen. Aber wir haben dieses Vertrauen verraten. Die Hauptschuld an der Entwicklung in unserem Land liegt bei uns: bei der Intelligenzija, den Demokraten und Liberalen.

Die liberale Intelligenz hatte die Mission einer Demokratisierung Russlands übernommen und scheiterte mit katastrophalen Folgen. Als »Moses«, der das Volk durch die Wüste geleitete, führten wir es nicht ins gelobte Land, sondern in eine neue Sklaverei.

Besondere Erwartungen setzte man in die Liberalen, die in den 1990er-Jahren in die Führungsriege des Landes aufstiegen. Nachdem sie an die Macht gekommen waren, betrieben sie mit allen Mitteln den schnellen Übergang aller grundlegenden Staatsaktiva in privates Eigentum und verloren dabei weder ihre Familien noch ihre Karrieren und die Vermehrung des eigenen Kapitals aus den Augen. In der Praxis bedeutete das, dass sie sich zusammen mit der einen oder anderen Oligarchengruppierung persönlich am großen – wie die Russen es nennen – »Zersägen« des Staatseigentums beteiligten. Die Politiker, die aus einem liberalen Umfeld kamen, bedienten gemeinsam mit ehemaligen Parteikadern und KGBlern die Interessen des neuen Großbürgertums, das sich mit ihrer Hilfe ausbildete. Und am Ende fraß die Nomenklatura die Liberalen und wurde zum großen Partner der Oligarchen. Die russische Bürokratie war der neue Herr des Landes, und an der Spitze ihrer hierarchischen Führung stand der neue Diktator Putin …

So übergaben wir das Land in die Hände des putinschen Faschismus.

## Negative Konvergenz

In den 1960er- und 1970er-Jahren erfreute sich die Konvergenzthese, die Verbindung der jeweils besten Eigenschaften des Sozialismus und des Kapitalismus bei gleichzeitiger Beseitigung der jeweiligen systemtypischen Fehler, einiger Popularität. Unter den Anhängern dieser Idee befanden sich weltweit so anerkannte Geistesgrößen wie Piterim Sorokin, John Kenneth Galbraith und Andrei Sacharow. Es gab auch damals schon Wissenschaftler, die vor einer negativen Konvergenz, also einer Verschmelzung der beiden Systeme in ihren Mängeln und Schwächen, warnten, wie etwa Herbert Marcuse und Jürgen Habermas.

Im Westen fand die Konvergenz mit dem Sozialismus mehr oder weniger während all der Nachkriegsjahre hinweg statt. Der Sozialstaat bildete sich in den meisten entwickelten, marktwirtschaftlich orientierten Ländern unter dem Einfluss sozialistischer Ideen aus. Nach dem Scheitern des Sowjetsystems schlug auch Russland zügig und unumkehrbar den Weg der Konvergenz ein, allerdings unter negativem Vorzeichen. Die neue russische Gesellschaft übernahm die schlechtesten Züge des wilden Kapitalismus und bewahrte gleichzeitig die abstoßendsten Eigenschaften des sowjetischen Sozialismus.

Die traditionelle Theorie der Konvergenz des kapitalistischen und sozialistischen Systems sah ein Zusammenwachsen, eine Synergie und das Auftreten ähnlicher Merkmale vor. Tatsächlich bewegte sich die postsowjetische Gesellschaft nach 1991 nicht in Richtung einer Konvergenz mit der realen westlichen Welt, sondern mit dem Bild vom Kapitalismus, das die damalige Führung Russlands in ihren Köpfen trug. Das war ein »wilder Kapitalismus«, wie ihn die sowjetische Bevölkerung aus der kommunistischen Propaganda kannte. In den westlichen Ländern hatte ein solches System im 20. Jahrhundert nach Schaffung des Sozialstaates aufgehört zu existieren. Natürlich gibt es auch im Westen noch negative Eigenschaften, die aber eher als soziale Mängel eingeschätzt werden.

Auf seinem Weg zum »wilden Kapitalismus« verlor das sowjetische System all seine positiven Qualitäten, ohne dabei diejenigen der westlichen Staaten zu erlangen. Es kam in Russland zu einer Synthese der negativen Eigenschaften des sowjetischen und der unausrottbaren Mängel des westlichen Systems. So entstand das russische Systemmonster mit all seinen grundlegenden sozialen Institutionen.

In den 1990er-Jahren verkörperten die russischen »Reformatoren« mit fast manischer Präzision jenes parodistische Bild des Kapitalismus aus sowjetischen Karikaturen, das ihnen offenbar in frühester Kindheit in die Gehirne gepflanzt worden war. Alle sowjetischen Propagandastempel wurden bei uns Realität. »Macht der Geldsäcke« – bitte sehr, wir warten mit unseren vaterländischen Oligarchen auf. »Korruption« – wunderbar, da kennen wir uns aus und übertreffen die ganze Welt. »Mafia« – wir schaffen uns ein Syndikat, neben dem die Familie Corleone wie ein Kindergarten aussieht. »Rechtlosigkeit des arbeitenden Menschen« – wir gewähren nicht mal das Recht, umsonst zu krepieren. »Willkür der Polizei« – wollen Sie einen Gummiknüppel auf die Fresse? »Unsicherheit hinsichtlich der nahen Zukunft«, »Drogenabhängigkeit«, »Prostitution«, »Ausbeutung« – wir lassen nichts aus und werden in jeder Disziplin den ersten Platz belegen.

Gleichzeitig bewahrte das Land sich viele negative sowjetische Besonderheiten: das ökonomische Diktat der Bürokratie, die Allmacht der neuen Beamtenschaft, die Unterdrückung privater Initiativen usw.

Unter Putin nahm die negative Konvergenz besonders in den letzten Jahren noch gehörig an Fahrt auf: Den ad absurdum geführten negativen Eigenschaften des Kapitalismus (an denen kein Weg vorbeiging) begann man wiederauferstandene »bleierne Abscheulichkeiten« aus der Sowjetzeit aufzupfropfen. Die Machthaber verbinden die scheußlichsten Mängel des Kapitalismus mit den vermoderten Resten des sowjetischen Sozialismus. Und so ist es in allen Lebensbereichen. Die Leitung des Landes basiert auf dem sowjetischen befehlsadministrativen System, verbunden mit der »wildkapitalistischen« Integration von Beamten in die Marktverhältnisse. Absolut karikaturhafte, bourgeoise »kapitalistische Minister« und »millionenschwere Abgeordnete« sind typische Repräsentanten der sowjetischen administrativen Hierarchie. Die formelle Mehrparteienlandschaft und Wahlen »wie im Westen« verbinden sich mit der faktischen Besetzung aller Positionen von oben nach unten, wie es in der UdSSR der Fall war. Die neue Medizin beinhaltet die marktwirtschaftliche Notwendigkeit, für alles bezahlen zu müssen, auch für die sowjetischen – milde gesprochen – spartanischen Verhältnisse in den Krankenhäusern, die Grobheit des Personals und die unterirdische Qualität der Leistungen. In etwa das Gleiche gilt für das Bildungs- und das Kommunalwesen.

Die grellste Konvergenz von karikaturhaftem Kapitalismus und Sozialismus ist im staatlichen Fernsehen zu sehen. Man bekommt den Eindruck, als ob sämtliche ideologisch festen sowjetischen Fernsehmoderatoren und Fernsehstars zurückgekehrt seien, die allerdings aus irgendeinem Grund alle scheinbar auf Koks sind, und dazu aufgeputzt wie die Papageien. Sie reden immer noch den alten sowjetischen Stuss, wirken dabei aber, als wären sie zugedröhnt: am Rand der Hysterie und absolut absurd. Das heutige Fernsehen verbindet die totale sowjetische Propaganda – die ununterbrochene Lobpreisung »des klugen Politikers der Partei«, also Putins, patriotischen Pathos, Hass auf den Westen und seine »Agenten« – mit dem, was man zu Sowjetzeiten unter westlicher Massenkultur verstand, also eine Ausrichtung aufs Vulgäre, das Verherrlichen von Gewalt, Kult ums Geld, die Propaganda eines religiösen Obskurantismus, Mystik und Pseudowissenschaft.

Das Schlimmste daran ist, dass sich auch in der Außenpolitik die Züge des »wilden Kapitalismus« mit denen des stalinschen Sozialismus mischen. Auf der internationalen Ebene orientieren sich die russischen Machthaber jetzt ebenso an der Praxis des Imperialismus des 19. Jahrhunderts wie auch an den sowjetischen Vorkriegserfahrungen. Russland geht mit der Ukraine in etwa so um, wie die USA mit Mexiko, als sie Texas annektierten, und die stalinsche UdSSR mit Polen vor dem Krieg. In der russischen Politik verbindet sich der sowjetische ideologische Imperialismus mit dem bürgerlich »kommerziellen«.

Putin setzt das Widerwärtigste und Gefährlichste des Sowjetsystems wieder in Kraft. Wer nostalgische Gefühle für die UdSSR empfindet, der bekommt wieder die alte totale Staatspropaganda, einen staatlich gelenkten offiziellen Patriotismus, den Persönlichkeitskult um das autoritäre Staatsoberhaupt, Repressionen gegen aktive Andersdenkende und die Wiedergeburt des Kalten Krieges. Übrigens hätte all das auch der Ukraine gedroht, wenn Janukowitsch an der Macht geblieben wäre, und jetzt dringt dieses System in die annektierte Krim und ins Donbass-Gebiet ein.

Inzwischen verstärken sich die Mängel des russischen räuberischen Kapitalismus noch. Die soziale Ungleichheit wächst, die Oligarchen, die die natürlichen Ressourcen des Landes ausbeuten, werden mit jedem Jahr noch reicher. Die Arbeitnehmerrechte existieren praktisch nicht mehr, unselbstständige Beschäftigte befinden sich ganz in der Hand ihrer Arbeitgeber. Die Mieten in den kommunalen Wohnanlagen steigen ständig, und Bewohner, die ihre Miete nicht mehr bezahlen können, werden hinausgeworfen. Kostenlose Bildung und Gesundheitsfürsorge gehören zunehmend der Vergangenheit an, überall wird Geld verlangt; wer es nicht aufbringen kann, den lässt man einfach sterben, ohne Therapie, ohne Schmerzmittel (was insbesondere in der Onkologie stark verbreitet ist). Dafür schreit heute jeder Säufer: Die Krim ist unser! Putins aggressive Außenpolitik ruft die schwindenden Erinnerungen der Menschen an die »große Sowjetmacht« wach, schafft die Illusion der Auferstehung damaliger Gegebenheiten. Daher wächst die Popularität des Regimes so schnell. Aber in Wirklichkeit wird nur die sowjetische Unfreiheit wiedergeboren, dazu der ganze Propagandabluff und die imperialen Ansprüche, die in das System eines räuberischen Kapitalismus integriert wurden.

## Die Rückkehr des Monsters

Als Boris Nemzow ermordet wurde, begriff ich einmal mehr, dass ich mit meinen Überlegungen über die faschistische Natur des putinschen Systems nicht falsch lag. Von allen politischen Verbrechen der Vergangenheit hat dieser demonstrative Mord am meisten Ähnlichkeit mit der Ermordung des oppositionellen italienischen Abgeordneten Giacomo Matteotti im Jahr 1924 durch Mussolinis Schergen. In Italien rief Matteottis Liquidierung eine heftige politische Krise hervor und bedrohte Mussolinis Machtposition massiv. In Russland fand nichts Vergleichbares statt, was daran liegt, dass es in Italien noch Reste einer Opposition im Parlament gab und zu dem Zeitpunkt noch eine relativ unabhängige Gerichtsbarkeit existierte. Putins Regime ist auf dem Weg zum Faschismus also bereits weiter als Italien zum damaligen Zeitpunkt.

Mussolini überwand die Krise, die aus der Tötung Matteottis resultierte. Es gelang ihm, die Opposition vollkommen zu unterdrücken und die Macht in seinen Händen zu konzentrieren, ehe er sich zu aggressiven militärischen Abenteuern aufmachte. In dieser Hinsicht hat Putin seinen italienischen Vorgänger schon überholt. Die russische Aggression gegen die Ukraine und der anschließende Mord an Nemzow riefen nicht nur Empörung, sondern auch hochgradige Fassungslosigkeit bei Menschen in der ganzen Welt hervor. Viele Beobachter begreifen nicht, wie so etwas in Europa zu Beginn des 21. Jahrhunderts passieren kann. Allerdings sind diese traurigen Ereignisse ganz sicher kein Zufall, vielmehr fügen sie sich logisch in den Kontext von Russlands jüngster Geschichte ein.

In Russland schließt sich gerade ein historischer Zyklus, der zu Beginn des letzten Jahrhunderts begann. Damals bildeten sich in den europäischen Ländern, zu denen mit gewissen Abstrichen auch Russland gehörte, drei große politische Konzepte heraus: das demokratische und sozialdemokratische Reformprojekt, die reaktionäre, präfaschistische Revolution einer konservativen Bürgerschicht und der revolutionäre und utopische kommunistische Umbau der Gesellschaft. Die Vertreter des Reformprojekts waren die sozialdemokratischen und liberalen Parteien, die zwar bei den Wahlen miteinander konkurrierten, aber gleichermaßen die demokratischen Werte und Institutionen anerkannten. Die Anhänger der präfaschistischen Bewegung strebten die Rückkehr zur autoritären, stark hierarchischen und fremdenfeindlichen Gesellschaft an. Noch ehe der Faschismus in Italien aufkam, hatten die ultrareaktionären, protofaschistischen Parteien in vielen europäischen Ländern an Stärke gewonnen, so in Deutschland, Österreich-Ungarn, Italien, Frankreich und Russland. Das kommunistische Projekt schließlich verfolgte den umgehenden revolutionären Übergang der Gesellschaft zur Realisierung einer egalitären Utopie. Seine Anhänger waren die Radikalen der sozialistischen Bewegung.

Im Jahr 1917 fand der erste misslungene Versuch statt, eine demokratische Reform in Russland umzusetzen. In den 1990er-Jahren wurde ein zweiter Versuch gestartet. Damals passierte in unserem Land in etwa das, was in der Weimarer Republik in den 1920er-Jahren in Deutschland geschah. »Demokratische« Politiker diskreditierten die Ideen der Demokratie für lange Jahre. Daher verloren sie die Unterstützung der Bevölkerung. Die besitzende Oligarchie setzte auf das reaktionäre autoritäre Projekt, was zu Putins Machtergreifung führte. Schrittweise formierte sich im Land ein Regime mit faschistischen Zügen.

Nach dem Zweiten Weltkrieg dachten die Menschen, dass der Faschismus als Phänomen, das die Welt bedroht, ein für alle Mal überwunden sei. Aber das ultrareaktionäre Gedankengut in Europa ist nie untergegangen. Es glomm vor sich hin, um in Russland erneut entfacht zu werden und einen neuen Versuch der internationalen Expansion zu unternehmen.

Der Faschismus in Russland hat tiefe Wurzeln und eine populäre Mythologie. Ein dem Faschismus nahestehendes Regime hätte auch unter Nikolaus II. entstehen können, wenn dieser sich bis zum Ende des Ersten Weltkriegs hätte halten können, oder nach dem Bürgerkrieg, wenn die Weißen ihn gewonnen hätten. Russland ging schon damals mit dem Faschismus schwanger. Die Geburt verschob sich um hundert Jahre und fand erst unter Putin statt. Zur präfaschistischen Bewegung vom Anfang des Jahrhunderts zählen nicht nur die »Schwarze Hundert« genannten rechtsextremen und monarchistisch-nationalistischen Organisationen, sondern auch die Mitglieder der »Fraktion der Nationalisten« in der Duma sowie hohe zaristische Beamte aus den Reihen der radikalen Rechten. Aber die wichtigsten Ultrareaktionäre waren der letzte Zar Nikolaus II. selbst und seine Frau, die großen Einfluss auf ihn hatte. Unter dem Druck der durch den »Blutigen Sonntag« ausgelösten revolutionären Unruhen im Jahr 1905 hatte sich Nikolaus gezwungenermaßen zu Konzessionen gegenüber der Gesellschaft bereit erklärt, aber selbst nach dem Erlass des Oktobermanifestes klammerte er sich verbittert an reaktionäre, archaische, autoritäre politische Traditionen und soziale Institutionen. Er unterstützte erzkonservative Kleriker und Obskuranten, verschärfte seine Politik des staatlichen Antisemitismus und der Russifizierung der nationalen Randgebiete. Einige seiner Entscheidungen nahmen buchstäblich Hitlers Nürnberger Gesetze vorweg, etwa sein beispielloses Verbot für Menschen, die auch nur zu einem Viertel jüdischer Herkunft waren, in den Offiziersrang aufzusteigen. Das war ein Schritt vom in Russland traditionellen religiös motivierten Antisemitismus hin zum nazistisch-rassistischen.

Als Ergebnis der Februarrevolution wurden die regierenden Reaktionäre besiegt, die demokratischen Reformer kamen an die Macht – gemäßigte Sozialisten und Liberale. Aber die provisorische Regierung brachte das Reformprojekt aufgrund des Krieges, seiner eigenen Unentschlossenheit und des Zeitmangels schon in seinen Anfängen zum Scheitern und musste den Kommunisten die Macht überlassen.

In dieser Situation zeigte sich der Präfaschismus erneut in Form der Weißen Bewegung. Während des Bürgerkriegs standen den »Roten«, also den Kommunisten, unter Führung der »weißen Generäle« jene präfaschistischen Kräfte gegenüber, die mit ihren Ansichten an Franco und Horthy erinnern. Wenn die Kommunisten nicht gesiegt hätten, wäre Russland das erste Land gewesen, in dem sich eine faschistische Diktatur hätte etablieren können. Darüber haben in den 1920er- und 1930er-Jahren etliche weiße Emigranten freimütig geschrieben, von denen viele den europäischen Faschismus unterstützten.

Nicht nur Italien, Ungarn, Rumänien, Kroatien, Slowakei, Spanien und Portugal, sondern auch das durch den Ersten Weltkrieg geschwächte Deutschland machten Erfahrungen mit dem Faschismus und wurden mit ihm infiziert. Russland umging damals das faschistische System und wurde das Land des kommunistischen Experiments – auch wenn dieses Experiment unter Stalin ebenfalls etliche Elemente eben dieses Faschismus in sich aufnahm.

Jetzt kehrt in Russland die »aufgeschobene Nachfrage« nach dem Faschismus zurück. Begeistert tappen wir in die gleiche Falle wie Deutschland, Italien und andere im letzten Jahrhundert.

Der Krieg mit der Ukraine ist eine Folge des Faschismus in Russland. Unter Putin begann in unserem Land die Umsetzung des faschistischen Projekts mit dem ihm eigenen aggressiven Imperialismus und der militärischen Expansion. Nicht umsonst gehören russische Reaktionäre und Präfaschisten in die von der russischen Propaganda geschaffene Ikonenwand: Nikolaus II., der monachistische Admiral Alexander Koltschak und der russische Philosoph und Publizist Iwan Ilin, der in den 1920er- und 1930er-Jahren einer der wichtigsten Ideologen der Weißen Bewegung war. Der Hass auf die Ukraine ist ein alter, fest verankerter Bestandteil des russischen Faschismus. Kein Wunder, dass gerade dieses Land das erste Opfer seines Wiederauflebens ist.

## Alle Faschisten gehen den Weg … Mussolinis

Aber selbst der Faschismus ist bei uns irgendwie armselig, unkreativ. Unter Putins modischem Know-how blitzen Mussolinis und Hitlers Ohren raus. Und die berühmten russischen »Kontersanktionen« und »Importersatze« sind auch nur ein Plagiat der Maßnahmen des italienischen »Duce«. Dabei hat in Italien alles genauso angefangen wie in Russland, mit Siegesfanfaren. Winston Churchill schrieb darüber: »Der italienische Diktator regierte nicht nur mit dem Wunsch, neue Gebiete einzunehmen. Seine Macht und seine Sicherheit hingen von seinem Prestige ab. Es scheint, als gäbe es für Mussolini keinen anderen, leichteren, billigeren und weniger riskanten Weg, seine Macht zu festigen (…), als Abessinien in das frisch geschaffene italienische Reich einzuverleiben.« Und auch Putin beschloss mit der Einnahme ukrainischen Territoriums, sein Prestige zu stärken und seine Macht zu festigen. Der Anfang gelang beiden Diktatoren. Aber die internationale Gemeinschaft war damit nicht einverstanden und verhängte Sanktionen gegen die Länder (gegen Mussolini der Völkerbund). Der clevere »Duce« wusste diese Situation zu seinen Gunsten auszunutzen. Er beschloss seinerseits »Kontersanktionen«, was ein strenges Importverbot für viele Verbrauchsgüter bedeutete. Und er begann eine Politik des »Importersatzes«, indem er eine Kampagne zur Stärkung der italienischen Produzenten anstieß. Die zugehörige Parole lautete: »Ich bevorzuge italienischen Produkte« (»Preferite il Prodotto italiano«). Im Zusammenhang mit den Sanktionen, die er als »schreckliche Beleidigung der Italiener durch die undankbaren Europäer« darstellte, entfachte er eine regelrechte patriotische Hysterie.

Diese Politik erwies sich vorläufig als erfolgreich. Italien eroberte Äthiopien, Mussolinis Rolle als »Duce« wurde gestärkt, und die Sanktionen wurden aufgehoben. Allerdings muss man auch das Ende bedenken, wenn man etwas beginnt. Wie man weiß, hängten die italienischen Patrioten Mussolinis Leichnam nur zehn Jahre später auf dem zentralen Platz in Mailand kopfüber auf.

Mit seiner Kopie von Mussolinis Politik setzt Putin auf den vorläufigen, schnellen Erfolg, vergisst aber das Ende dieser Geschichte. Aber selbst auf kurze Sicht wird seine Strategie nicht aufgehen. Denn heute sind die nationalen Wirtschaften viel stärker an die globalen Märkte gekoppelt als zu Mussolinis Zeiten. Russland bildet da keine Ausnahme. Seine Wirtschaft hängt von ausländischen Investitionen ab, seine Geschäfte und die Führungselite sind aufs Engste mit den westlichen Märkten und mit westlichen Partnern verbunden. Die Sanktionen, die jetzt die Stabilität von Russlands Währung und seines Marktes zerstören, sind im Falle einer radikalen Verschärfung in der Lage, das Land in den wirtschaftlichen Kollaps zu führen. Und eine solche Verschärfung ist dann unvermeidlich, wenn es bei dieser aggressiven, neoimperialen Politik bleibt, die aufzugeben Putin nicht vorhat, da er sonst sein Ansehen und damit seine Macht verliert.

Um nicht von den Sanktionen abhängig zu sein, ist eine radikale Umgestaltung der Wirtschaft nach einem autarken Entwicklungsmodell nötig, was unter anderem bedeutet, sich von der freien Konvertierbarkeit der Währung loszusagen und die Kapitalströme zu stoppen. Mussolini und Hitler, die sich auf den Krieg vorbereiteten, wählten diesen Weg. Hitler entzog dem Marktwirtschaftler Hjalmar Schacht, der als Reichswirtschaftsminister und Reichsbankpräsident das nationalsozialistische Wirtschaftswunder bewirkte, zunehmend die realen Lenkungshebel und übertrug seinem Gesinnungsgenossen Göring die Aufgabe, einen auf vier Jahre angelegten Entwicklungsplan zu entwerfen, dessen Hauptziel in der Erreichung größtmöglicher Autarkie bestand. Etwas Ähnliches kann man von Putin erwarten. Der russische Schacht, Alexei Kudrin, ist schon längst zurückgetreten. Wir warten auf die Ankunft eines neuen Göring an der Spitze des Wirtschaftsblocks der Regierung. (Zurzeit versucht Dmitri Medwedew dieser Rolle auszufüllen, aber er ist zu schwach dafür.)

Unter den Bedingungen der aktuellen Globalisierung aller Prozesse ist es für ein Land mit Marktwirtschaft praktisch unmöglich, autark zu werden. Putin muss begreifen, dass er Russland in eine zweite Volksrepublik Korea verwandelt, wenn er den russischen Markt zumacht. Andererseits kann er die Sanktionen nicht unbeschadet überstehen.

Das Einzige, was ihm übrig bleibt, sind im Voraus zum Scheitern verurteilte halbherzige Maßnahmen, die letztlich nur zur Verschlechterung der derzeitigen russischen Lage führen.

## Der neue Faschismus und der Krieg

Faschismus trägt Krieg und Aggression in sich. Wenn ein faschistischer Diktator entsprechende Ressourcen für territoriale Eroberungen hat, wird er angreifen. Das zeigen die Geschichte und die innere Logik des Faschismus. Nicht zufällig begann das Regime Putin nach der Faschisierung des Landes seinen Angriff gegen die Ukraine und wurde zur internationalen Bedrohung. Das nächste Ziel seiner kriegerischen Expansion wurde Syrien.

Einige Beobachter schreiben ganz klar, dass Putin sich auf einen großen Krieg vorbereitet. Ich glaube das nicht. Selbst die verantwortungslosesten Politiker sind nicht dazu in der Lage, bewusst eine derart exotische Form des Selbstmords zu wählen. Was aber nicht bedeutet, dass ein Krieg unmöglich ist. Die Gefahr ist heute sogar relativ groß.

Putin rechtfertigt die begonnene russische Intervention in Syrien mit der Notwendigkeit, die Terrororganisation Islamischer Staat zu bekämpfen. Dabei ist der wahre Grund dafür nicht der Wunsch, am Kampf gegen die Islamisten teilzunehmen – wie Putin es uns suggerieren will –, sondern der neue expansionistische Kurs der russischen Außenpolitik. Bereits Anfang der 1990er-Jahre skizzierte der bekannte Ultranationalist Wladimir Schirinowski in seinem Buch *Der letzte Vorstoß nach Süden* die neue – in Wirklichkeit nur vergessene alte – Richtung der russischen Expansion in den Nahen Osten und die Region des Persischen Golfs. Damals sah das nach den Fantasien einer politischen Randfigur aus, heute ist es jedoch russischer Mainstream in der Politik und inspirierte Putin zu seiner Syrien-Kampagne, die jedoch die Gefahr, dass ein großer Krieg ausbricht, weiter verstärkt.

Die allumfassende militaristische Propaganda in Presse, Rundfunk und Fernsehen hat in der russischen Gesellschaft eine hurrapatriotische Hysterie ausgelöst, die die Machthaber nicht unberücksichtigt lassen können. Nach der Krim verlangt das Volk neue Triumphe von seinem »Kaiser«. Putin muss im Donbass und in Syrien oder an einem andern Ort kämpfen und gewinnen, andernfalls wird die Bevölkerung von ihm enttäuscht sein. Es ist ein Teufelskreis, aus dem Putin nicht mehr so einfach rauskommt, selbst wenn er wollte.

Auch die nationalsozialistische Führung hatte nicht die Absicht, einen neuen Weltkrieg zu entfesseln. Hitler wollte zunächst nur unter deutsche Herrschaft zurückgewinnen, was er für deutsch hielt, also jene Gebiete des Deutschen Reiches und einen Teil von Österreich-Ungarn, die Deutschland (einschließlich der Österreicher) als Ergebnis seiner Niederlage im Ersten Weltkrieg verloren hatte. Er hoffte darauf, sie ohne globale Konfrontation mit den ehemaligen Gegnern zurückholen zu können. Und zunächst gelang ihm das: Österreich, Sudetenland, Tschechien wurden fast ohne Widerstand eingenommen – die ersten beiden Territorien sogar unter begeisterter Zustimmung eines großen Teils der dortigen Bevölkerung. Dann wollte er Danzig und den polnischen Korridor »zurückholen«. Dabei rechnete Hitler bis zuletzt damit, dass die Engländer und Franzosen die Polen dazu zwingen würden, auf die deutschen Forderungen einzugehen, und sich eine kriegerische Auseinandersetzung mit Polen dadurch vermeiden ließe, wie der damalige Reichsaußenminister Joachim von Ribbentrop in seinen nachgelassenen »Erinnerungen« schrieb.

Trotzdem heißt das natürlich nicht, dass Hitler nicht die Schuld am Zweiten Weltkrieg getragen hätte. Im Gegenteil, gerade seine Politik, die von seinen persönlichen Eigenschaften und Weltansichten geprägt war, führte dazu. Es ist völlig klar, dass eine Einverständniserklärung der Polen 1939 zu den deutschen Forderungen Hitlers Expansionskurs nur noch verstärkt hätte. Daher gilt auch für Putin: Die Tatsache, dass er natürlich keinen großen Krieg anstrebt, bedeutet nicht, dass seine Politik nicht dazu führt. Im Gegenteil, sie bedroht ganz real den Erhalt des Friedens. Putin glaubt, genau wie Hitler in der Vergangenheit, dass er nur russisches »Eigentum« zurückholt: Transnistrien,

Südossetien, Abchasien, Krim, den Donbass. Aber nach seinem Verständnis sind nicht nur diese relativ kleinen Enklaven sein »Eigentum«, sondern die ganze Ukraine und überhaupt alles, was sich früher unter der Kontrolle des russischen Imperiums (oder der UdSSR) befand. Daher wird er versuchen, sich Schritt für Schritt so lange neue »ureigene russische Gebiete«, ja, und auch alle möglichen anderen strategisch wichtigen Territorien vom Typ Syriens einzuverleiben, bis sein Regime scheitert. Eine derartige Politik ist unvermeidlich, denn sie wird durch die Weltanschauung und die persönlichen Eigenschaften der russischen herrschenden Elite und ihres »Führers« bedingt.

Aus der kriminellen Welt oder aus Geheimdienst-, Polizei- und Armeestrukturen hervorgegangene Eliten – was in manchen Ländern fast ein und dasselbe ist – hegen nicht selten abartige, halb verrückte Ideen, die sie veranlassen, eine aggressive, auf kriegerische Konfrontation ausgerichtete Politik zu führen. Diese Kader formen diktatorische Systeme, deren Oberhäupter aufgrund der konzentrierten Macht in ihren Händen jede Fähigkeit zur Selbstkritik und zu einer normalen angemessenen Wahrnehmung der Welt verloren haben. Die von ihnen beherrschten Länder werden zum Quell einer Kriegsgefahr für ihre Nachbarn und die gesamte Welt. Das alles gilt gleichermaßen für Italien zur Zeit von Mussolinis Herrschaft, für Hitlers Deutschland, für die UdSSR unter Stalin und neuere Regime wie Irak unter Hussein, Libyen unter Gaddafi und Nordkorea.

Die kriegerische Bedrohung, die von Putins Russland ausgeht, gleicht der, mit der die nationalsozialistischen Machthaber die Welt in einen Krieg gestürzt haben. Gründe hierfür sind einerseits die grundlegende politische Ausrichtung auf Gewalt und andererseits kriminelle Praktiken. Hitler und sein Umfeld kämpften viele Jahre lange mit verbrecherischen Methoden um die Macht und verwandelten dadurch das Land schließlich in eine Terrordiktatur. Es ist kein Zufall, dass sich unter den Nationalsozialisten viele ehemalige Kriminelle befanden. Putins Elite ist ebenfalls kriminell und noch korrupter, als es die hitlersche war. Sie verstößt sogar gegen die eigene Gesetzgebung und tritt sie öffentlich mit Füßen. Die Morde an Politkowskaja, Litwinenko, Nemzow – das ist nur die für alle Welt sichtbare Spitze jenes Eisberges des Terrors gegen alle Missliebigen. Putins geheimen Krieg gegen die Ukraine kann man nicht nur nach den Normen des Völkerrechts, sondern auch nach dem russischen Strafrecht als Schwerverbrechen einstufen. Indem die Regierenden Russlands (genau wie die Hitler-Deutschlands) auf internationalem Parkett mit ihren Methoden der verbrecherischen Gewalt agieren, schaffen sie die reale Bedrohung eines globalen Krieges.

Absurde Verschwörungstheorien sowie archaische, primitive Weltanschauungen sind weitere Ursachen für das Entstehen staatlicher Aggressionen. Hitler glaubte ernstlich an die Existenz einer internationalen jüdischen Verschwörung gegen Deutschland. Die Rolle des Weltjudentums übernehmen in der putinschen Ideologie die USA. Genau in diesem Mythos einer amerikanischen Verschwörung gegen Russland sieht Putin den Grund für einen Großteil seiner Probleme: von der ukrainischen Revolution bis hin zum Fall des Ölpreises. Das alles wäre ja relativ harmloser Unsinn, wenn dieser Mann nicht der autoritäre Herrscher einer Atommacht wäre. Die permanente Konfrontation mit den amerikanischen »Windmühlen« könnte in einen globalen kriegerischen Konflikt münden.

Um nichts weniger gefährlich ist der Glaube der Diktatoren an verschiedene geopolitische Wahnideen, die in der Regel als Ersatz für ihre mangelnde Allgemeinbildung dienen und sich bestens mit ihrem kriminellen Erfahrungsschatz ergänzen, der seinerseits dafür sorgt, dass sie die Welt in potenzielle Feinde und Opfer unterteilen. Hitler begriff nicht, dass Deutschland zur Absicherung seiner Versorgung und Produktivität ganz und gar keinen »neuen Lebensraum« benötigte, sondern eine wissenschaftlich-technische Revolution (wie die BRD es später demonstrierte). Putin gesteht sich nicht ein, dass Russland keine neuen Territorien der »russischen Welt« braucht, sondern die Ausbildung einer schöpferischen und unternehmerischen Aktivität der Bevölkerung, wodurch das Land in der Lage wäre, seine großen Probleme zu lösen.

Auch der Größenwahn von Diktatoren kann Kriege verursachen. Wenn ihre Handlungen außerhalb jeder Kontrolle stattfinden, führt dieser Größenwahn zu vernunftwidrigen Entscheidungen. Wie ein blinder Chauffeur rast der Diktator auf den Abgrund zu, und keiner sitzt neben ihm, der in der Lage wäre, ihn aufzuhalten. So war es mit Hitler. Und so ähnlich, fürchte ich, läuft es mit Putin.

Ein Angreifer kann ohne Fahrlässigkeit seiner Umgebung keinen großen Krieg auslösen. Solange er auf keinen starken Widerstand stößt, wird er weitermachen. Der russische Präsident hat schon mehrere Male demonstriert, dass er alle Konzessionen an ihn als Einladung auffasst, seinen Expansionskurs fortzuführen.

In letzter Zeit versucht Putin sich der Welt als Kämpfer gegen die islamistische, terroristische Bedrohung zu verkaufen. Offenbar hofft er, dass der Westen ihm dadurch seine alten Sünden nachsieht (vor allem in der Ukraine) und er unbeschränkte Vollmacht für seinen Expansionskurs, darunter auch die deutliche Verstärkung der russischen militärischen Präsenz im Nahen Osten, erhält. Allerdings ist das kriminelle putinsche System schon von seinen Anlagen her nicht dazu in der Lage, eine positive friedensstiftende Rolle zu spielen.

Dieser ganze Spielzug ist nichts als ein trivialer Betrug, eine Doppelpassfalle. Es ist völlig klar, dass Putin keine Stabilität im Nahen Osten will, denn sie würde zum weiteren Fall des Ölpreises führen und wäre damit höchst ungünstig für Russland. Eine Verschärfung des Konflikts dagegen könnte den größten Traum der russischen Führung wahrmachen und für ein Ansteigen des Ölpreises sorgen. Putin wird kaum gegen seine eigenen Interessen kämpfen. Daher wird jegliche russische Einmischung, ganz gleich unter welchem Vorwand man sie präsentiert, letztlich das Ziel verfolgen, die Region weiter zu destabilisieren und das in Syrien herrschende Chaos möglichst auf Saudi-Arabien übergreifen zu lassen, denn das Land ist der wichtigste Spieler auf dem internationalen Ölmarkt.

Interessanterweise offenbart Putins neuer Kurs eine weitere Parallele zu Hitlers Außenpolitik. Mit dem Unterschied, dass als große gesamteuropäische Bedrohung heute der sogenannte Islamische Staat auftritt, während diese Rolle damals die UdSSR spielte, heute die Islamisten, damals die Kommunisten. Auch Hitler präsentierte sich den westlichen Eliten als Verteidiger Europas vor der »kommunistischen Barbarei« (in Putins Variante der islamistischen), und das nicht ohne Erfolg. Deshalb verschlossen die demokratischen Länder die Augen vor der Wiederaufrüstung Deutschlands – manche trugen sogar noch dazu bei – und vor den ersten aggressiven Akten der Nationalsozialisten, in der Hoffnung, die gestärkte deutsche Kriegsmacht gegen die UdSSR benutzen zu können. Wie groß war die Enttäuschung, als Hitler seine bürgerlichen Sympathisanten bitter hinterging, indem er den Nichtangriffspakt mit Stalin unterschrieb und in der Folge halb Europa eroberte.

Jegliche taktischen Unternehmungen Russlands im Bereich der Außenpolitik sind nur Elemente der Umsetzung seiner neuen expansionistischen Strategie. Und egal, wie man diese Strategie deklarieren wird, auch vermeintlich selbstlose Ziele wie der Kampf gegen den sogenannten IS werden schlussendlich immer zu einer Steigerung des Kriegsrisikos führen.

Das Traurigste ist, dass selbst wenn Putin aufrichtig Frieden wollte, ihn das nicht daran hindern würde, einen neuen Krieg zu führen. Die Frage, ob Krieg oder Frieden, wird nicht nach subjektiven Wünschen entschieden werden, sondern durch die objektive Logik der Vorgänge. Ob Putin will oder nicht, allein die Existenz seines Regimes trägt eine kriegerische Bedrohung in sich. Wenn er ausreichend Zeit und Ressourcen für die Verfolgung seiner Expansionspolitik zur Verfügung hat, wird diese früher oder später zu einem globalen bewaffneten Konflikt führen. Den Krieg abwenden kann nur eine harte kollektive Eindämmungspolitik der demokratischen Länder, die darauf abzielt, dem Regime Putins die Ressourcen für eine Expansion zu entziehen.

# 4. Der »Super-Borgia« im Kreml

*»Es wird dir vielleicht gelingen, mich zum Schweigen zu bringen …
aber der donnernde Protest auf der ganzen Welt wird dein ganzes
restliches Leben lang in deinen Ohren hallen …
du wird das teuer bezahlen …«*

Appell des von russischen Agenten durch
radioaktives Polonium vergifteten Alexander Litwinenko
an Putin, wenige Stunden vor seinem Tod

Im letzten Jahr entspann sich in Russland buchstäblich eine shakespearesche Tragödie mit dem Titel: »Den Kühnen ermorden«.

Die handelnden Personen:
- der König (Putin)
- der Kühne, der den König kritisiert (Nemzow)
- die königliche Wache, Spezialist für die Beseitigung der Feinde des Königs und das anschließende Verwischen der Spuren (FSB, FSO, SK)
- die graue Eminenz (Putins Helfer Surkow)
- ein Vasall des Königs, der Satrap einer Bergprovinz, dem der König Tribut zahlt für dessen Loyalität und kriminelle Dienste (der Präsident Tschetscheniens Ramsan Kadyrow, der selbst im Clinch mit einigen »Wächtern des Königs« liegt, dafür aber der »grauen Eminenz« nahesteht)
- die Leute des Vasallen (Vertreter des einflussreichen tschetschenischen Clans Delimchanow-Geremejew, darunter auch Abgeordnete der russischen Föderationsversammlung und tschetschenische Kommandeure des Innenministeriums)
- von ihnen angeheuerte Wächter, bezahlte Killer (Offiziere des tschet-

schenischen Innenministeriums, die man des Mordes an Nemzow angeklagt hat: Dadajew, Schawanow, Muchutdinow und andere)

- weitere Opfer des Königs und seiner Vasallen (Litwinenko: vergiftet, Politkowskaja: erschossen, Estemirowa: erschossen, Schtschekotschichin: vergiftet, Kaschin: zum Krüppel geprügelt, Kara-Mursa: vergiftet, überlebte aber)
- die Schatten von Stalin und Jeschow

## Wer hat meinen Cousin getötet?

Als sie Boris ermordeten, dachte ich mir augenblicklich, dass vermutlich nur Putin der Drahtzieher für diese Tat gewesen sein könnte. Denn wer außer ihm hätte die Entscheidung über einen derartig aufsehenerregenden Mord treffen können? Der ganze Verlauf der Ermittlungen scheint meine frühen Schlussfolgerungen zu bestätigen.

Politische Ermordungen sind in Russland neben gerichtlichen Verfolgungen inzwischen eine gängige Praxis, um mit Oppositionellen abzurechnen. Heute gibt es in Russland mehr als hundert politische Gefangene. Darunter befinden sich der ukrainische Regisseur Senzow, die linken Aktivisten Udalzow, Raswoschajew, Romanow, Gaskarow, der Publizist Stomachin, der Rostower Journalist Resnik, der Gewerkschaftsaktivist Tichonow, der tschetschenische Menschenrechtler Kutajew. Der Ökologe Witoschko sitzt im Gefängnis, weil er eine Parole auf den Zaun der Datscha eines Gouverneurs geschrieben hat, die unrechtmäßig in einem Naturschutzgebiet errichtet wurde; die Direktorin der Bibliothek für ukrainische Literatur in Moskau, Natalja Scharina, wird festgehalten, weil sie Lesern »nicht die richtigen« Bücher ausgegeben hat; der Aktivist Belorus, weil er eine Zitrone nach einem Polizisten geworfen hat; der Bergsteiger Podresow, weil er dabei half, einen Sowjetstern auf dem Dach eines Moskauer Hochhauses in den ukrainischen Nationalfarben anzustreichen. Drei Aktivisten aus Kaliningrad wurden verhaftet, weil sie die deutsche Fahne auf dem Dach des örtlichen Gebäudes des FSB hissten. Die Schuld des Gefangenen Oleg Nawalny besteht darin, dass er der Bruder des oppositionellen Aktivisten Alexei Nawalny ist.

Allein im Jahr 2015 wurden an die 200 Strafverfahren wegen politischer »Internetaktivität« eingeleitet (Posts, Gegenposts und sogar Likes in sozialen Netzen), und nicht weniger als 18 davon endeten in Verurteilungen. Folgende empörende Vorfälle ereigneten sich in den letzten Monaten: Ildar Dadin wurde infolge eines 2014 neu erlassenen repressiven Gesetzes wegen einer Reihe von Mahnwachen und der Teilnahme an einer friedlichen Prozession zu drei Jahren Lager verurteilt; Darja Poljudowa wurde mit zwei Jahren Haft bestraft, weil sie im Internet dazu aufgerufen hatte, am Marsch der kubanischen Föderalisten teilzunehmen; der Blogger Tjumenzew wurde zu fünf Jahren verurteilt für einen Post im Internet gegen »die Schrankenlosigkeit der Beamten«. Und zu solchen wilden Verurteilungen kommt es inzwischen immer häufiger.

Mit den besonders gefährlichen Feinden allerdings befassen sich die Behörden lieber außergerichtlich. Sie werden einfach ermordet. Unter Putins Regierung wurden mehr als hundert Journalisten umgebracht, von denen die meisten in Konflikt mit den regionalen Behörden und dem örtlichen korrupten Business geraten waren. Ermordet werden auch persönliche Feinde der Geheimdienste oder Putins: der Überläufer Litwinenko in London, die Journalistin Politkowskaja, die Abgeordneten Juschenkow und Schtschekotschichin, der ehemalige tschetschenische Präsident Jandarbijew (in Katar). Auch persönliche Feinde von Ramsan Kadyrow, dem Oberhaupt von Putins Tschetschenien, werden regelmäßig ermordet: die Brüder Jamadajew, Baisarow und andere. Putin hätte, wie von vielen vermutet wird, jede Menge Gründe gehabt, Nemzow zu beseitigen.

• *Persönliche Gründe*: Im Kreml herrscht eine hochgradig maskuline Psychologie, wie sie in Geheimdienst-, Militär- und Polizeistrukturen üblich ist, und auch in der kriminellen Welt, der viele Vertreter der russischen Elite entstammen. In diesem Umfeld ist das Verhältnis zum tabuisierten Wortschatz und zu verbalen Beleidigungen im Allgemeinen ein sehr ernstes. Wer öffentlich beleidigt wurde, muss den Beleidiger bestrafen. Sonst verliert er seine Autorität gegenüber seinen Freunden und Beratern. Nemzow hat Putin ständig beleidigt, ihn mit Schimpfwörtern überzogen. Putin konnte das meiner Meinung nach nicht tolerieren, das hätte seine Clique nicht verstanden.

- *Politische Gründe*: Nemzow hatte vor, einen Bericht zu veröffentlichen, »Putin und der Krieg«, der die direkte Beteiligung der russischen Armee bei Aggressionen und Kriegsverbrechen in der Ukraine bewiesen hätte. Putin hat die Angewohnheit, bei jedem Versuch, ihn festzunageln, wie ein Gangster in einem amerikanischen Actionfilm über Russland zu schreien: »Was hast du für Beweise?« Es wäre ihm höchst unangenehm gewesen, wenn man ihm gesagt hätte: Voilà, hier sind sie, in Nemzows Bericht.
- *Pragmatische Gründe*: Putin könnte in dieser Situation, in der er sich faktisch mit der Ukraine im Krieg befindet und in der ein neuer kalter Krieg mit dem Westen ausgebrochen ist, versucht haben, die Gesellschaft einzuschüchtern, den Willen der Oppositionellen zum Widerstand zu lähmen und die Bevölkerung angsterfüllt um seinen Thron zu scharen. Die Ermordung Nemzows sollte möglicherweise signalisieren: So wird es jedem ergehen, der sich nicht unterordnet. Das ergibt sich aus Ort und Zeitpunkt des Verbrechens, die demonstrativer nicht hätten sein können.

Nemzow hatte wenige Wochen vor der Tragödie in den Medien erklärt: »Ich befürchte, Putin wird mich umbringen.« Vermutlich war er sich über die Motive seines Gegners im Klaren. Und erkannte doch nicht bis zum Letzten den Ernst der Lage.

Falls Putin den Mord an Nemzow geplant hätte, dürfte er vermutlich die Risiken abgewogen und begriffen haben, dass ihm keine ernstlichen Probleme drohten. Na gut, dann würden halt Zehntausende Angehörige der russischen Intelligenz mit ach so bedrohlichen Plakaten – »Wir sind sprachlos« – durch Moskaus Zentrum ziehen. Sie wären sprachlos, bitte schön, aber warum sollte er solche Demonstrationen fürchten?

Der Verlauf der Untersuchung des Mordes an Nemzow erinnerte an die erste Phase der Untersuchung des berühmten Anschlags auf Kirow im Jahr 1934. Stalin zeigte den Tschekisten unmittelbar nach Kirows Tod, wen man zum Täter erklären sollte. Auch Putin bereitete meiner Meinung nach die Öffentlichkeit entsprechend vor. Stalins Henker Jeschow erinnerte sich auf dem Februar-März-Plenum des Zentralkomitees der Allrussischen Kommunistischen Partei im Jahr 1936 daran, was nach dem Mord an Kirow geschehen war: »... Genosse Stalin rief mich und Kosarew zu sich und sagte: ›Sucht den Mörder unter Sinowjews Anhängern.‹«

Putin erklärte im Jahre 2012: »Ich kenne diese Methode. Man versucht sie seit zehn Jahren anzuwenden, vor allem diejenigen, die im Ausland sitzen. Sie suchen sich ein sogenanntes sakrales Opfer unter den Prominenten aus. Legen es selbst um und beschuldigen dann die Behörden.«

Auf diese Weise befahl Stalin seinen Schergen faktisch, die Oppositionellen um Sinowjew des Mordes zu beschuldigen, und Putin bestimmte, zukünftig jeweils der Opposition, am liebsten oppositionellen Emigranten, die Ermordung bekannter Oppositioneller in die Schuhe zu schieben.

In beiden Fällen lief etwas schief. Die Tschekisten erwiesen sich als schwer von Begriff und begannen, in der falschen Richtung zu graben. Jeschow berichtete weiter: »Ich muss sagen, dass die Tschekisten nicht daran [Stalins Version des Mordes] glaubten und sich für alle Fälle noch in eine andere Richtung absicherten, in Richtung Ausland, möglicherweise würde sich dabei etwas ergeben ... In der ersten Zeit waren unsere Beziehungen zu den Tschekisten ziemlich angespannt, und sie wiederum wollten sich unserer Kontrolle entziehen. Sie wollten uns die Ergebnisse der Ermittlung nicht zeigen ...«

Dagegen entwickelte sich offenbar zu Beginn, kurz nach Nemzows Ermordung, alles nach Plan: die Vertreter des Ermittlungskomitees der Russischen Föderation und die staatlichen Medien wiederholten Putins schon postulierte Worte vom »sakralen Opfer«. Es sah aus, als ob alles darauf hinausliefe, dass man die Schuld an dem Verbrechen irgendwelchen »willfährigen vertriebenen Oligarchen«, »Agenten westlicher Geheimdienste« oder Kämpfern der Opposition anhängen könnte. Aber dann fassten die Tschekisten überraschend ganz und gar nicht die, auf die der neue »Führer des Volkes« gezeigt hatte, keine Oppositionellen oder »ausländischen Agenten«, sondern den Mitarbeiter des Innenministeriums Dadajew, einen Ordensträger und »russischen Patrioten«, wie ihn Tschetscheniens Staatsoberhaupt Kadyrow charakterisierte (ein weiterer »Patriot« und Mitarbeiter der Behörden, Schawanow, den man im Zusammenhang mit diesem Fall festsetzen wollte, sprengte sich mit einer Granate in die Luft, eine dritter, Muchdinow, wurde angeblich an einem unbekannten Ort verhaftet).

Als Stalin klar wurde, dass die Tschekisten nicht realisierten, was er von ihnen erwartete, kam er nach Jeschows Worten »auf die Idee, sich in die Angelegenheit einzumischen. Genosse Stalin rief Jagoda an und sagte: ›Pass mal auf, wir hauen euch auf die Fresse‹ …« Putin konnte sich entweder nicht dazu durchringen oder er wollte nicht so vorgehen. Er setzte seine Tschekisten nicht unter Druck, damit diese die erste halboffizielle Version vom vermeintlichen Mörder Nemzows bestätigten und das Verbrechen den »Feinden des Präsidenten« anlasten würden.

Im Großen und Ganzen zeichnet sich im Fall Nemzow heute für mich folgendes Bild ab: Putin hat vermutlich auf irgendeine Weise (mit einem Signal oder einer Andeutung) Kadyrow (auf direktem Wege oder indirekt über seine Vertrauten, etwa den Kommandierenden der inneren Truppen Solotow, dessen Verhör Nemzows Anwalt beantragt hatte, oder seinen Helfer Surkow) aufgefordert, mit Nemzow abzurechnen; dieser hat wohl daraufhin seine vertrauten und in schmutzigen Geschäften bewährten Gefährten Delimchanow-Geremejew mit der Aufgabe beauftragt. Die Operation könnte anschließend vom FSO, dem russischen Schutzdienst für den Präsidenten und die Regierung, gedeckt worden sein (anders wäre ein derartiges Verbrechen an der Kremlmauer nicht denkbar gewesen). Es ist vermutlich nicht vorgesehen gewesen, die Ausführenden des Auftrags zu verhaften. Gewisse Kräfte im Ausland, denen an der Störung der politischen Stabilität Russlands gelegen war, sollten für das Verbrechen verantwortlich gemacht werden. Aber der Plan scheiterte. Die Führung des FSB beschloss die Situation zu nutzen, um selbst mit Kadyrows Leuten abzurechnen, die den Moskauer FSB seit Jahren zunehmend erfolgreich aus dem Markt für kriminelle Dienstleistungen (Schuldeneintreiben usw.) hinausdrängten. Die FSBler taten so, als ob sie Putins Wunsch, den Mörder zu fassen, glaubten, und nahmen die Täter fest.

Putin schlug im Gegensatz zu Stalin niemandem die Fresse ein. Und das vorgesehene Szenarium: »Nemzow wurde von Feinden Russlands ermordet«, musste aufgegeben werden. Daraufhin beschloss der Kreml rasch, sich eine islamistische Motivierung des Mordes auszudenken. Aber im Verlauf der Untersuchungen stellte sich heraus, dass Nemzows Ermordung schon vor den tragischen Ereignissen um »Charlie Hebdo« vorbereitet worden war, vor dem Massaker, zu dem Nemzow sein Mitleid bekundet hatte, weshalb Islamisten angeblich beschlossen hätten, ihn zu töten (wie der Hauptverdächtige an Nemzows Ermordung, Saur Dadajew, vermutlich unter Folter gestanden hat). Jedenfalls endete das Ganze im Chaos. Die heutigen »Jeschows« stellten ihre mangelnde fachliche Eignung unter Beweis, oder besser gesagt, ihren Eigennutz und düpierten ihren Chef. Aber für einen Rückzug war es schon zu spät.

Die Fälschung der »islamistischen Spur« im Fall Nemzow ist ganz und gar typisch. Diese Technik könnte man als »Legendierung des Terrorismus«, »Fake-Terrorismus« oder »betrügerischen Terrorismus« bezeichnen. So etwas gab es in der Geschichte bisher noch nicht. Professionelle Terroristen, die für den Staat arbeiten und jedes Mal unter einer neuen Maske, einem neuen Pseudonym auftreten. Im Donbass sind sie »aufständische Bergwerksleute und Traktorfahrer«, in Moskau – »empörte Islamisten«.

Ein solcher Terrorismus ist besonders gefährlich, weil er jedem Missliebigen droht, der den Behörden nicht gefällt. Man wird ihn ermorden, wie Nemzow, und dann überlegen, wem man es in die Schuhe schiebt: den Islamisten, den Separatisten oder den Außerirdischen.

Und für jeden werden sie ein Mordmotiv samt dazugehörigem Täter finden.

Die russischen Behörden haben mit dem gesamten Verlauf der Untersuchungen faktisch unterschrieben, dass gerade sie das Verbrechen angezettelt haben.

Die inhaftierten tschetschenischen Killer mit den Schulterstücken hätten sich ohne Kadyrows Befehl nie zu einem so spektakulären Verbrechen hinreißen lassen. Das Oberhaupt Tschetscheniens seinerseits hätte seinen Chef im Kreml niemals in die Bredouille gebracht, indem er ohne dessen Wissen einen auf der ganzen Welt beachteten Mord organisierte. Und wozu hätte er diesen Terrorakt überhaupt begehen sollen? Er hatte überhaupt keinen Grund, mit Nemzow abzurechnen, den er im Gegensatz zu Jamdajew, Baisarow, Politkowskaja und anderen nicht für seinen persönlichen Feind hielt. Den Befehl zu diesem Verbrechen konnte Kadyrow meiner Ansicht nach nur vom russischen Präsidenten bekommen haben.

Die Mordermittlung wird begleitet von einer Nebelwand in Form einer Berichterstattungskampagne, die auf diversen teils echten, teils fingierten »vertraulichen Informationen« der Geheimdienste basiert. Es zeichnen sich zwei inoffizielle Versionen ab, die aus zwei verschiedenen vertraulichen »Quellen« gespeist werden: die »ukrainische« für die simplen Gemüter und die »tschetschenische« für die Fortgeschrittenen (ja, Kadyrow – oder seine Leute – hat den Mord in Auftrag gegeben, aber ohne Putins Wissen). Die Behörden sagen den Bürgern: Das ist eine dunkle Geschichte, die Spuren führen in die Ukraine, und gleichzeitig blinzelt man der Intelligenzija zu: Wir wissen ja, Kadyrows Leute haben ihn umgelegt, aber was soll man tun, das sind eben Wilde.

Doch die lebendige Kette der mutmaßlichen Beteiligten an Nemzows Ermordung, an deren Anfang Dadajew steht, führt geradewegs in den Kreml.

Sie sind alle eng miteinander verbunden, »an eine Kette gefesselt«: Dadajew und seine Helfershelfer aus den hinter ihm stehenden Clans der Geremejews und Delimchanows, ihr Chef Kadyrow und sein

Schutzherr im Kreml, Putin. Keiner hätte ein solches Attentat ohne den Auftrag des vorhergehenden Kettenglieds übernommen. Einige russische Geheimdienste hatten bei diesem Verbrechen anscheinend ebenfalls ihre Hand im Spiel, aber das ist der unsichtbare Teil der Operation. So oder so ist es unmissverständlich, wohin die tschetschenische Spur an der Oberfläche führt.

Zunächst einmal, was das letzte Glied der Kette angeht, den unmittelbar am Mord beschuldigten Dadajew, diesen Mitarbeiter des Innenministeriums und »russischen Patrioten«: Wäre er unschuldig, hätten die Behörden ihm das Verbrechen sicher nicht absichtlich angehängt. Denn diese Situation ist für sie höchst ungünstig. Wenn sie jemandem übel mitgespielt hätten, dann ganz sicher einer Person aus dem antirussischen oder wahabistischen Untergrund. In diesem Fall würde es ihnen viel leichter fallen, die offizielle Version von einer Provokation der Feinde Putins oder einer Rache der Islamisten plausibel zu machen.

Dadajew wurde vom FSB gefasst, um zum nächsten Glied in der Kette vorzudringen, also zu den wichtigen Leuten um Kadyrow, jenen, die dem FSB auf dem Feld des kriminellen Business Konkurrenz machen – über diesen Zusammenhang hat die Zeitung *Nowaja Gaseta* ausführlich berichtet. Natürlich wagen es die Leute vom Föderalen Sicherheitsdienst nicht einmal daran zu denken, den ursprünglichen Auftraggeber ins Visier zu nehmen. Der Streit dreht sich darum, an welchem Glied die zu ihm führende Kette zerschlagen wird. Kadyrow ist bislang lediglich bereit, Dadajew preiszugeben, und auch das nur unter bestimmten Bedingungen. Die Föderalen aber wollen die Kette unmittelbar vor Kadyrow selbst – der für sie natürlich unerreichbar ist – zerschlagen, um so möglichst viele seiner Leute dingfest zu machen.

Vermutlich wird Putin dafür sorgen, dass Kadyrow aus diesem Konflikt mit dem FSB als Sieger hervorgeht. Schließlich ist auch Putin daran gelegen, dass die Spur so früh wie möglich versandet.

## Killeragentur »Putin, Kadyrow & Co.«

Der Verlauf der Ermittlungen im Mordfall Boris Nemzow bestätigt, dass in Russland die weltweit erste Killeragentur entstanden ist, die einen geschlossenen Kreislauf abdeckt. Sie gibt Morde in Auftrag und organisiert sie, dann untersucht sie diese selbst und verurteilt die von ihr angeheuerten Mörder. Bei dieser Arbeit assistieren im unterschiedlichen Ausmaß gewisse hohe Beamte und leitende Mitarbeiter der Rechtsorgane in Moskau und in Grosny. Meistens beauftragt die Agentur eine Gruppe von Killern, die zu den Kadyrow unterstellten Tschetschenen gehören und keine sonderlich hohe Position in der lokalen Hierarchie einnehmen, mit der Ermordung missliebiger Personen. Man könnte sie – in Analogie zur in Russland höchst populären Romanfigur des »Sitz-Vorsitzenden Funt« aus dem Roman *Das Goldene Kalb* (der nur für die Arbeit angeheuert wird, damit er dort anstelle der eigentlichen Leiter sitzt) – als »Sitz-Killer« bezeichnen. Die Menschen sind verurteilt, für die von ihnen begangenen (oder auch nicht begangenen) Morde einzusitzen. Bei ihnen sollen die Ermittlungen enden und in Bestrafung münden. So war es in den Mordfällen Ruslan Jamadajew, Anna Politkowskaja und weiteren. Alles sieht danach aus, als würden auch die Ermittlungen im Fall des Attentats auf Nemzow so enden. Zur Absicherung der Agentur übergibt man die Leitung der Ermittlungen in der Regel einem Vertrauten, der die »Sitz-Killer« verhaftet und nicht darüber nachzudenken wagt, ob er tiefer graben sollte. Es ist kein Zufall, dass man zum leitenden Ermittler im Fall Nemzow Nikolai Tutewitsch bestimmte, der wenige Jahre zuvor die »Sitz-Killer« Jamadajews festgenommen und keine Auftraggeber für diesen Mord gefunden hatte.

Recherchieren Journalisten über einen dieser Morde, dann erhalten sie eine deutliche Warnung, wie zum Beispiel Sergei Sokolow von der *Nowaja Gaseta,* zu dem Alexander Bastrykin, der Leiter des Ermittlungskomitees der Russischen Föderation, gesagt hat: »Man wird dir den Kopf abschneiden, und deine Beine werden an einem andern Ort sein. Keiner wird dich finden, und wenn doch, dann werde ich die Untersuchung leiten.«

In dieser Killeragentur arbeitet ein begrenzter Kreis von Personen. Daher weisen diese Morde allesamt große Ähnlichkeit miteinander auf; der Organisation und Ausführung der Morde werden immerzu ihrer Herkunft und ihrem Status nach ähnliche Leute verdächtigt, und immer wieder leiten dieselben »Ordnungshüter« die Untersuchungen.

Daher ist auch die offensichtliche Parallele zwischen dem Mord an Nemzow und dem an Jamdajew absolut kein Zufall. In beiden Fällen wurden die Verbrechen im Zentrum Moskaus in einer besonders gut bewachten Zone verübt, die Opfer wurden aus nächster Nähe und im Blickfeld etlicher Überwachungskameras erschossen. Viele Freunde und Verwandte beider Ermordeter verdächtigen Ramsan Kadyrow als Drahtzieher der Verbrechen. Verhaftet und der Verbrechen beschuldigt wurden Fremde aus Tschetschenien, die man zum Sündenbock machte. Die Auftraggeber der Morde wurden nicht gefunden, und es sieht ganz so aus, als würde sie auch keiner suchen.

Interessanterweise sind bei den mutmaßlichen Mördern Jamadajews und Nemzows sogar die Familiennamen gleich, beide heißen Dadajew. Rund um die beiden Verbrechen werden in den Medien immer die gleichen Leute und Clans diskutiert: Kadyrow, Surkow, die Geremejews und Delimchanows. Im Zusammenhang mit dem Fall Ruslan Jamadajew wurde auch Sulejman Geremejew verhört, der gleichermaßen bei der Ermordung Politkowskajas, Baisarows und anderer auftauchte. Und jetzt setzen sich die Anwälte dafür ein, ihn im Fall Nemzow zu verhören, zusammen mit anderen Vertretern der Clans der Geremejews, Delimchanows und sogar mit Kadyrow selbst.

Isja Jamadajew erklärte der Zeitung *Moskowski Komsomolez* im Jahr 2009, dass sein Bruder Ruslan auf dem Rückweg von einem Treffen mit dem stellvertretenden Leiter der Präsidialadministration Wladislaw Surkow getötet wurde und dass hinter diesem Mord der Präsident Tschetscheniens und persönliche Feind Ruslans – Ramsan Kadyrow – stehen, sowie der »direkte Organisator, der Dumaabgeordnete Adam Delimchanow mit Spitznamen ›Henker‹. Er ist bei ihnen für Hinrichtungen und Entführungen zuständig.«

Überhaupt ist Surkow einer der rätselhaftesten und unheilvollsten

Figuren an der Macht. Viele Jahre lenkte er die interne Politik in der Präsidialadministration der Russischen Föderation. Man hielt ihn für die graue Eminenz im Kreml – zu dieser Zeit wurden auch die Grundlagen für das heutige politische und ideologische System geschaffen. Dann wurde er an die damalige Peripherie der Politik versetzt und für den eher bescheidenen Posten des persönlichen Beraters des russischen Präsidenten unter anderem in Sachen Beziehungen zur Ukraine bestimmt. Und siehe da, schon wenig später werden genau diese Beziehungen zur Ukraine in Russland Thema Nummer eins. Es beginnt der russische Angriff auf das benachbarte »Bruderland«, und wieder einmal befindet sich Surkow im Zentrum der wichtigsten Ereignisse, an der Macht und dort, wo viel Geld fließt. Ich glaube nicht, dass das ein Zufall ist.

Nemzow war ein persönlicher Feind Surkows und hat viel dazu beigetragen, Surkow im Westen zur Persona non grata zu machen. Surkow (der Name seines tschetschenischen Vaters lautet Dudajew) ist bekannt für seine Rachsucht und Blutrünstigkeit und konnte die Angriffe seines Kontrahenten Nemzow nicht unerwidert lassen. Er ist als Einziger gleichermaßen verbunden mit Putin und Kadyrow. Er könnte der Koordinator der Kremlaktivitäten und des kadyrowschen Teils der Killeragentur sein, auch im Fall Nemzow.

Es gibt einen wesentlichen Unterschied zwischen den Morden an Ruslan Jamadajew und Nemzow. Im ersten Fall kam die Initiative für das Attentat aus Grosny, die Rolle des Zentrums der Föderation beschränkte sich auf Verschleierung und Verwischen der Spuren mithilfe des Ermittlungskomitees. Im Fall Nemzow gab es eine andere Arbeitsteilung. Die Initiative für dessen Ermordung kam vermutlich aus Moskau, und Kadyrow war nur der Ausführende. Jamadajew war der Blutsfeind und Konkurrent des tschetschenischen »Herrn«. Nemzow dagegen war für Kadyrow nur einer jener »Schwätzer«-Oppositionellen in Moskau und ihm völlig egal. Für das Regime im Kreml dagegen war Nemzow – genau wie Litwinenko – ein »Volksverräter«, ein Feind, der im neuen kalten Krieg auf die Seite des Feindes übergelaufen war. Wenn der Feind sich nicht ergibt – lautet ein unter Geheimdienstmitarbeitern beliebter Ausspruch von Gorki –, dann wird er vernichtet.

Der Mord an Nemzow erregte wie der zuvor an Litwinenko weltweites Aufsehen. Der Unterschied zwischen beiden Taten besteht darin, dass im Fall Litwinenko (wie auch in einem anderen skandalösen Mordfall um den ehemaligen tschetschenischen Präsidenten Jandabijew) die russischen Geheimdienste nicht die kadyrowsche Nebelwand in Gang gesetzt haben. Mittlerweile arbeitet die Moskauer Killeragentur schlauer – sie hält immer tschetschenische »Sitz-Killer« vor, auf die sie die Verantwortung abschieben kann.

Solange diese Agentur so effektiv den ganzen Kreislauf abdeckt, kann es jeden Moment zur Ermordung weiterer missliebiger Personen kommen.

## »Kadyrowisierung« des ganzen Landes

In letzter Zeit widmen eine Reihe russischer oppositioneller Medien, Politiker und Analytiker der Figur Ramsan Kadyrows verstärkte Aufmerksamkeit. Sie alle vertreten eine höchst umstrittene These. Kadyrows Regime wird nur allzu gern als aberwitzig dargestellt, als einzigartiger Fall, der die föderale Macht kompromittiert. In Wirklichkeit aber ist Kadyrows System ein integraler Bestandteil des Putinismus. Nur sind in ihm alle im Putinismus vorhandenen Dispositionen bereits bis ins Äußerste entwickelt. Kadyrow ist die Weiterentwicklung Putins. Putin driftet zügig in Richtung der gewaltsamen »Kadyrowisierung« des ganzen Landes und beraubt das System Kadyrows damit seiner Einzigartigkeit. Kadyrowisierung meint hier nicht die Ausweitung von Kadyrows Einfluss, sondern die fortschreitende Annäherung Russlands an jenen Grad des Autoritarismus, der Unfreiheit, der Willkür, des Militarismus, der Fremdenfeindlichkeit, des Terrors gegen Andersdenkende und des Klerikalismus, der schon lange in Tschetschenien herrscht. In diesem Prozess spielt natürlich nicht Kadyrow die entscheidende Rolle, sondern Putin und sein Kremlumfeld.

Wer ist dieser Kadyrow? Er ist einfach nur einer von Putins Stellvertretern, sein Satrap in Tschetschenien. Er spielt eine zweitrangige Rolle, ist eine vorübergehende und abhängige Figur. Putin kann ihn jederzeit ohne große Probleme loswerden – sowohl physisch als auch nur aus seiner Machtposition. Kein Mensch in Tschetschenien würde für Kadyrow kämpfen. Seine Leute sind Söldner, die im Wesentlichen der Kreml unterhält. Sie werden nicht die Hand beißen, die sie füttert, sondern den neuen Protegé des Kremls annehmen und ihm für Geld dienen, wie sie es jetzt bei Kadyrow tun.

Einige aufrichtige Gegner des putinschen Systems glauben, dass Kadyrow quasi dessen Achillesferse sei, dass seine kriminelle Tätigkeit Putin zu stark kompromittiere. Aber dem ist natürlich nicht so. Ich würde eine andere Metapher vorschlagen: Kadyrow ist ein menschlicher Dummy, der alle gegen Putins Macht gerichtete Raketen auf sich ablenken soll.

Stalin wusste die Schuld für seine Verbrechen auf die Ausführenden zu schieben (auf Jagoda, Jeschow und andere). Unter seiner Herrschaft glaubte die naive Intelligenz, dass Jeschow der Mann war, der Unschuldige tötete und Stalin selbst darüber empört sei. Putin lässt diese stalinsche Tradition jetzt wieder aufleben. Unter seiner Herrschaft spielt Kadyrow die Rolle des Blitzableiters. Wieder legte man der Öffentlichkeit den Gedanken nahe, dass Kadyrow oder seine Leute den Mord an Nemzow befohlen hätten, Putin aber nichts damit zu tun habe und entrüstet sei, jedoch nichts dagegen unternehmen könne.

Eines Tages wird Putin sich von Kadyrow abwenden, und unsere »schlauen Köpfe« werden zunächst vor Erleichterung aufatmen. Aber dennoch wird vermutlich das Morden an missliebigen oppositionellen Personen mit neuem Elan weitergehen.

Kadyrow sagte: »Und alles, was unsere liberalen Herren von sich geben, ist Mist und Unsinn. Sie wollen uns vergiften. Ich bin Infanterist des Oberkommandierenden. Wenn man mir einen Befehl gibt, führe ich den zu hundert Prozent aus.« Damit gab Kadyrow zu verstehen, dass jene Liberale, die andeuteten, Kadyrow selbst habe die Initiative zur Ermordung Nemzows gestartet, falsch liegen. Er ist nur ein Infanterist und vernichtet die, auf die der Kommandeur zeigt.

Es existiert noch eine weitere Version, der zufolge sich Kadyrow wegen der Angriffe gegen seinen Chef im Kreml beleidigt fühlte und selbst beschloss, Nemzow zu bestrafen. Tut mir leid, Kadyrow ist alles Mögliche, aber kein impulsiver Idealist, der bereit wäre, sich um der »Ehre seines Freundes« willen in den Kampf zu stürzen. Und am Ende gefällt Putin die ungebetene »Verteidigung seiner Ehre« gar nicht oder schadet ihm gar … Niemals hätte Kadyrow seinem Chef einen solchen Bärendienst erwiesen, ohne vermutlich von diesem selbst oder von einem seiner zuverlässigen Vertrauten wie Surkow oder Solotow dazu ermuntert worden zu sein.

Und eines sollte man schließlich nicht vergessen: Kadyrows Leute hätten ein solches Verbrechen allein nicht durchziehen können. Denn Nemzow befand sich, wie bekannt war, unter engmaschiger, geheimdienstlicher Überwachung. Die FSB-Leute hätten natürlich sofort bemerkt, wenn ihr Schützling von einer Bande bärtiger Männer in einem Wagen sowjetischer Herkunft beschattet worden wäre und hätten sich diese geschnappt. Aber allem Anschein nach hatten ihre Vorgesetzten befohlen, die Augen davor zu verschließen. Das heißt, irgendjemand muss die Absicherung der tschetschenischen Killertruppe (wenn sie es denn doch war) gegenüber den Geheimdiensten organisiert haben. Und dieser Jemand konnte auf keinen Fall Kadyrow sein.

Wenige Monate nach der Ermordung Nemzows vergiftete man seinen Freund und Berater Wladimir Kara-Mursa. Zum Glück überlebte er den Anschlag, was fast an ein Wunder grenzt, denn die Ärzte hatten ihm nur eine fünfprozentige Überlebenschance gegeben. Sobald Wladimir zu sich kam, erklärte er, genau wie seine Verwandten zuvor, dass es sich dabei um einen Racheakt für seine politischen Aktivitäten gehandelt habe, und verlangte von den Behörden, den Anschlag polizeilich zu untersuchen. Natürlich führten seine Bemühungen, den Verantwortlichen zu bestrafen, ins Leere. Die Wahrscheinlichkeit, dass sich Wladimir Kara-Mursa zufällig vergiftet hat, ist äußerst gering.

Vergleichbar mit der, dass ein Mensch, der einer bewaffneten Bande gegenübersteht, ausgerechnet von der verirrten Kugel aus dem Gewehr eines unbeteiligten Jägers getroffen wird.

Kara-Mursa ist ein höchst aktiver Gegner der regierenden kriminellen Clique. Genau wie Nemzow traf er Putins System an der empfindlichsten Stelle: Erfolgreich betrieb er Lobbyarbeit für die Verhängung internationaler Sanktionen gegen Putins Beamte, Oligarchen und Propagandisten. Natürlich konnten ihm die russischen Behörden das nicht verzeihen.

In der Killeragentur »Putin, Kadyrow & Co.« arbeiten, wie bereits beschrieben, Kadyrows Leute und Mitarbeiter der russischen Geheimdienste. Kadyrows Männer töten mithilfe einer Schusswaffe (Politkowskaja, Nemzow u. a.), die Geheimagenten dagegen mit Gift und tarnen die Vergiftungen als Unfälle (Schtschekotschichin, Litwinenko u. a.). Die Vergiftung Kara-Mursas sieht ganz nach einer Arbeit der Geheimdienste aus.

Trotzki bezeichnete seinerzeit Stalin als »Super-Borgia im Kreml«. Und heute sitzt ein neuer »Super-Borgia« im Moskauer Kreml. Nur wollen viele Menschen das nicht wahrhaben. Aber es wird Zeit, die rosa Brille abzunehmen und die Realität ins Auge zu fassen, in der Vergiftung und Ermordung von Regimegegnern scheinbar zum Moskauer Alltag gehören.

Die russischen »Rechtsschutzorgane« geben ihre Leute natürlich nicht preis. Die Vergiftung Kara-Mursas wie auch vorangegangene Attentate auf politische Gegner der russischen Behörden werden nicht objektiv untersucht. Auf dem Friedensforum in Oslo schlug ich vor, eine unabhängige internationale Kommission zur Untersuchung von Verbrechen des Putin-Regimes zu gründen (Angriff auf die Ukraine, der Abschuss der Boeing, der Mord an Nemzow usw.). Seit der Vergiftung Kara-Mursas ist diese Idee leider noch aktueller. Die Auftraggeber und Organisatoren der Verbrechen können nur durch die Bemühungen der internationalen Gemeinschaft überführt werden. Nur dann gibt es eine Hoffnung darauf, dass sie eines Tages bestraft werden.

## Die Fälle Kaschin und Nemzow

Ich hatte viele Male die Gelegenheit, mich davon zu überzeugen, dass die einfachsten – man könnte sagen, die primitivsten – Erklärungen für Vorfälle im Zusammenhang mit russischer Politik der Wahrheit in der Regel am nächsten kommen. Erst kürzlich wurde diese These wieder einmal bestätigt. Vor einigen Jahren wurde der bekannte Journalist Oleg Kaschin brutal zusammengeschlagen. Der Angriff ereignete sich kurz nachdem er in seinem Blog den jungen Gouverneur der Oblast Pskow (und, was nicht ganz unwichtig ist, Sohn eines Freundes von Putin) als »verschissenen Turtschak« bezeichnet hatte, woraufhin eben jener Turtschak ihn unmittelbar übers Netz bedrohte und von ihm eine Entschuldigung verlangte. Daraufhin machte das Mem »verschissener Turtschak« im Netz die Runde. Seitdem haftet diese Definition ein für alle Mal an dem unglückseligen Gouverneur, der offenkundig dazu verurteilt ist, diese lakonische Einschätzung Kaschins bis zum Lebensende zu ertragen. Schuld daran ist natürlich nicht Kaschin, sondern die Reputation der Vertreter von Putins Machtapparat. Denn wenn das Verhältnis der Russen zu den Beamten besser wäre, hätte die Internetgemeinde Kaschins wenig originelle Beschimpfung Turtschaks sicher nicht mit solcher Begeisterung aufgenommen. Turtschak selbst begreift das nicht, denn er ist doch letztlich nur ein Beamter Putins. Und in diesem Umfeld lebt man wie in einem Strafgefangenenlager. Wer geschmäht wurde, muss postwendend mit physischer Bestrafung des Beleidigers reagieren, sonst gehört er demnächst der untersten Kaste im Lager an. Jedenfalls konnte nach nicht besonders langer Zeit das ganze Land die Aufzeichnung einer brutalen Realityshow aus einer Überwachungskamera in der Nähe von Kaschins Haus ansehen, in der zwei brutale Schläger lange und lustvoll auf einen Menschen eintraten, der dem bekannten Journalisten Kaschin ähnlich sah.

Jetzt schreibt Kaschin: »Ich nahm an, dass ein Mensch, der dir öffentlich droht, sich nicht bloßstellen und etwas unternehmen würde. Als man mir zwei Monate nach dem Streit mit Turtschak den Kopf einschlug und den Finger abriss, hielt ich daher die Version, dass

Turtschak dahinterstecken könnte, für die unwahrscheinlichste.« Jedenfalls forschte der Journalist zunächst nach anderen Gründen für den Überfall auf sich. Aber erst kürzlich stellte sich heraus, dass es doch Turtschaks Leute gewesen waren. Als Drahtzieher des Überfalls auf Kaschin wurde ein Mitarbeiter des Gouverneurs von Pskow, ein gewisser Gorbunow, für einige Zeit verhaftet. Dazu schreibt Kaschin: »Es gehört nicht viel dazu, zu bemerken, dass die Geschichte einige Ähnlichkeit mit dem Fall Nemzow hat, bei dem der maßgebliche Drahtzieher angeblich Geremejew ist; aber warum er Nemzow ermorden wollte und wer noch dahintersteckt, sagen die Ermittler nicht und haben es offenbar auch in Zukunft nicht vor. Falls sich plötzlich herausstellt, dass Gorbunow den Anschlag von sich aus initiiert hat, weil er sich über meine Position in Sachen *Charlie Hebdo* ärgerte, werde ich das kaum glauben.«

Tatsächlich sind die Parallelen zwischen den Fällen Kaschin und Nemzow ziemlich offensichtlich. Auch Boris Nemzow scheute sich nicht, grobe Ausdrücke im Zusammenhang mit hohen Vertretern der russischen Behörden zu verwenden. So bezeichnete er Putin kurz nach dem Ausbruch der Aggression gegen die Ukraine im ukrainischen Fernsehen unter Verwendung eines äußerst vulgären Wortes als Mistkerl. Der deutsche Journalist Boris Reitschuster erklärte in einem Interview dazu: »Boris zeigte mir eine Aufzeichnung davon, lächelte und sagte: ›Ich glaube, das wird mir Putin nicht verzeihen. Was meinst du, wird er mich dafür umbringen lassen?‹«

Natürlich war Nemzow einer der namhaftesten politischen Gegner Putins, den er scharf für seine Intervention in der Ukraine kritisierte und sich für internationale Sanktionen gegen Putins Clique starkmachte. Aber mit jenem Tabuwort hatte Nemzow Putin eine besonders schwere Beleidigung zugefügt.

In alten östlichen Kodexen werden unterschiedlich schwere Bestrafungen für Handlungen gegen die Vertreter der verschiedenen sozialen Gruppen aufgeführt. Je näher ein Mensch dem Thron des Tyrannen steht, desto schlimmer ist seine Bestrafung, wenn er es am geforderten Respekt gegenüber dessen Person fehlen lässt. Heute gibt es solche archaischen Regeln nur in Randgruppen der Gesellschaft, wie etwa der Welt der Diebe: Je höher der Status des jeweiligen Diebes, desto schlimmer fällt die Bestrafung für dessen Beleidigung aus. Die verbale Demütigung des Sohnes vom Freund des Königs wird mit brutalem Prügeln bestraft, die Beleidigung Seiner Hoheit selbst – mit dem Tod.

Auch die Ermittlungen in den Fällen Kaschin und Nemzow verlaufen nach sehr ähnlichem Muster. Sie demonstrieren, wie archaisch und feudal die russische Gesellschaft ist. Hier gibt es keine Gleichheit vor dem Gesetz und in der Frage der Verantwortung, vielmehr werden Recht und Freiheit durch den jeweiligen Status in der Machthierarchie bestimmt. Der Feudalherr kann seinem Vasallen ungestraft befehlen, einen Unruhestifter umzubringen. Der Vasall wiederum schickt seine Diener aus, das Verbrechen zu verüben, wohl wissend, dass der Souverän ihn vor der Strafe schützt. Aber die Diener dagegen werden in vollem Maß für den Mord zur Verantwortung gezogen. Und nur die Diener, die gemeinen Ausführenden, die sich ganz unten in der Hierarchie befinden, sitzen eine Strafe ab.

## Die Mordfälle Litwinenko und Nemzow

Bis zur Ermordung Nemzows war Alexander Litwinenko das berühmteste Mordopfer unter Putins persönlichen Feinden. Ich schlage folgendes Experiment vor: Nehmen wir die prägnantesten Zitate aus den beiden Reden des Anwalts von Marina Litwinenko, Ben Emerson, zu Beginn und am Ende der öffentlichen Anhörung im Fall der Ermordung von Alexander Litwinenko und tauschen wir den Familiennamen Litwinenko gegen Nemzow aus. Das Resultat ist verblüffend. Das jeweils wortwörtlich gleiche Plädoyer könnte man in einem Prozess über den Mord an Nemzow vor einem internationalen Gericht formulieren – und ich zweifle nicht daran, dass es früher oder später dazu kommt.

»Wenn Sie an einem bestimmten Punkt zu dem Schluss kommen,

dass Beamte des Kremls die Ermordung Nemzows in Auftrag gaben, dann fordern wir Sie auf, noch einen Schritt weiter zu gehen und den Schluss zu ziehen, dass ein offiziell sanktionierter Mord dieser Art mit all seinen politischen Implikationen nicht ohne das persönliche Wissen und die Erlaubnis Wladimir Putins durchgeführt werden konnte (…).

Herr Nemzow war natürlich einer der bekanntesten Kritiker Wladimir Putins. Wenn man Nemzows öffentliche Erklärungen und Schriften berücksichtigt, kann man mit Sicherheit davon ausgehen, dass seine Tätigkeit vom russischen Geheimdienst genauestens überwacht wurde, wenn auch nur mit dem Ziel, herauszufinden, was er als Nächstes vorhatte. Die offiziellen Strukturen hätten die Entscheidung, Nemzow zu beseitigen, nicht ohne die Zustimmung des Präsidenten der Russischen Föderation getroffen. Nach allem, was wir über das politische System wissen, hätten die russischen Geheimdienste die Ermordung Nemzows nicht ohne die direkte Zustimmung Putins umsetzen können, wenn man Putins wohlbekannten Hang zum Detail in solchen Fragen berücksichtigt.

Wenn man alle Beweise im Zusammenhang betrachtet, so glauben wir, wird die Spur des Mörders nicht einfach zu den russischen Behörden führen, sondern direkt in das Büro von Herrn Putin, und Wladimir Putin sollte als mehr oder weniger gewöhnlicher Verbrecher im Mantel eines Staatsoberhauptes überführt werden.

Wenn der russische Staat schuldig ist, ist Wladimir Putin schuldig. Nicht weil er die Verantwortung für die Handlungen seiner Untergebenen trägt, oder etwas in der Art, sondern weil es nicht anders vorstellbar ist, als dass er persönlich den Befehl gab, den Feind zu beseitigen, der ihn und seine Banditen anprangerte.

Putin und seine politische Truppe müssen persönlich an der Organisation des Verbrechens beteiligt gewesen sein. Sie beseitigen jene, die ihnen im Weg stehen, und Nemzow wurde genau aus diesem Grund ermordet. Nach vielen Jahren der Verhandlungen reißt der Welt nun der Geduldsfaden im Zusammenhang mit dem Politiker Putin. Er ist zur internationalen Bedrohung geworden: kompromittierend, rachsüchtig, blutrünstig, gefährlich für die Welt und für sein Volk und für Russland als Ganzes.«

Nach der Anhörung im Fall Litwinenko ist es einfach albern, das Geschwafel jener zu lesen, die schreiben, Putin habe nichts von den Vorbereitungen zur Ermordung Nemzows gewusst, er sei »entrüstet« gewesen und dass es sich dabei um ein von gewissen hohen Kadyrow-Leuten oder Geheimdienstlern im Alleingang initiiertes Verbrechen gehandelt habe. Alle Argumente Emersons, mit denen er Putin persönlich beschuldigt, der Auftraggeber für den Mord an Litwinenko zu sein, passen auch zu dem Fall Nemzow. Es hat den Anschein, dass Nemzow und Litwinenko nicht ohne den direkten Auftrag des russischen Präsidenten hätten umgebracht werden können, eines Mannes, wie Emerson so treffend formulierte, der einfach ein Verbrecher im Mantel eines Staatsoberhauptes ist.

## Und was jetzt?

Der Untersuchungsbericht des Londoner Gerichts im Fall Litwinenko bewertet Putins Schuld an der Ermordung Litwinenkos als »wahrscheinlich«. Was zu einer einzigartigen Situation führte. Ein Staatsoberhaupt Russlands wurde zum ersten Mal in der Geschichte des Landes praktisch offiziell als Krimineller gebrandmarkt, der den Mord »wahrscheinlich gebilligt habe«. Nicht einmal Stalin wurde, solange er an der Macht war, von Rechtsorganen mit solchen Worten belegt. Was nicht heißen soll, dass nicht auch andere russische Staatsoberhäupter Verbrechen begingen; sie haben sich nur nicht so dumm angestellt.

Nach dieser Einschätzung des Hohen Londoner Gerichts muss es den westlichen Politikern sehr schwerfallen, einen normalen Dialog mit dem russischen Präsidenten weiterzuführen. Jeder europäische Leader muss sich doch bei einem Treffen mit Putin fragen, ob er dem »wahrscheinlichen Mörder« wirklich die Hand geben soll.

Die Bewertung im Fall Litwinenko vervollständigt das Bild von

Putin, das sich seit Langem weltweit abzeichnet. Alles läuft darauf hinaus, dass in nicht allzu langer Zeit der Internationale Gerichtshof in den Niederlanden oder ein eigens gebildetes internationales Tribunal die russische Führung unvermeidlich der Tötung der Passagiere der malaysischen Boeing anklagt. Früher oder später werden Entscheidungen internationaler Rechtsbehörden getroffen werden, die die Annexion der Krim, die Verbrechen im Osten der Ukraine, den Mord an Nemzow und anderer Personen betreffen.

Einem Präsidenten mit derartig kriminellem Hintergrund wird es immer schwerer fallen, Russland auf internationaler Ebene zu vertreten. Eines Tages wird er einfach nicht mehr in der Lage sein, diese extrem wichtige Funktion eines Staatsoberhauptes zu erfüllen. Dann bleiben Putin nur noch zwei Auswege übrig: Entweder formal zurückzutreten oder sich zur vollständigen Isolierung des Landes in der internationalen Gemeinschaft zu entschließen. In der russischen Führungselite träumen viele davon, dass er abtritt und man dem Volk bei den nächsten Präsidentschaftswahlen eine neue Figur vom Typ Medwedew unterschiebt. Damit dieser die westlichen Länder bereist, Russlands Interessen vertritt und dafür sorgt, dass sich die Beziehungen des Landes mit dem Westen erneuern. Während Putin gleichzeitig im Kreml sitzt und in Wirklichkeit alles steuert, etwa in seiner Funktion als Premierminister.

Auf den ersten Blick könnte man meinen, dass Putin so ein Verlauf gelegen käme. Aber er wird sich kaum für diesen Weg entscheiden. Denn diesmal könnte die Geschichte mit dem untergejubelten Scheinpräsidenten schlecht enden. In einer Situation der Krise kann das formelle Staatsoberhaupt dem alternden Putin die Macht abnehmen und der wahre Herrscher des Landes werden.

Auf der Pressekonferenz nach seinem letzten »Wahlsieg« bei den Präsidentschaftswahlen weinte Putin buchstäblich vor Glück. Er erinnerte an einen Verliebten, der sich nach langer und gefährlicher Trennung endlich wieder mit der Dame seines Herzens vereint hatte. Denn er hatte doch zuvor, wenn auch nur formal und nicht wirklich, für vier Jahre seine geliebte Macht einem anderen überlassen müssen. Sogar diese vorgetäuschte Trennung vom Präsidentenposten hatte ihm schwer zu schaffen gemacht. Damals erhielt er, nicht ohne Mühen, seinen vormaligen Status als erster Mann im Staat zurück und wird sich unter keinen Umständen mehr freiwillig, auch nicht zum Schein, davon trennen.

Daher ist das Szenarium einer internationalen Isolierung Russlands sehr viel wahrscheinlicher als Putins Abgang. Auf lange Sicht wird diese Isolierung gegen die Diktatur arbeiten. Denn es ist praktisch unmöglich, Russland autark zu machen, wie es etwa in Nordkorea der Fall ist. Jegliche Unternehmungen in dieser Richtung werden zur endgültigen Verarmung der Bevölkerung führen und wären, was noch wichtiger ist, höchst ungünstig für die herrschende Elite. Eine internationale Isolation wird sich unheilvoll auf die in den Weltmarkt integrierte russische Wirtschaft auswirken. Die ohnehin schon ungute Situation wird sich weiter verschlechtern: die Kapitalflucht verstärkt sich, der Kurs des Rubels und die Einkünfte werden weiter fallen. Das alles wird zur zunehmenden Verelendung der Mehrheit der Bevölkerung führen und zum nächsten Ausbruch massenhafter Unzufriedenheit. Und in dieser Situation stehen dann Wahlen bevor. Auch wenn sie längst zur Farce geworden sind, in einer Situation der Krise ist auch ein vorgetäuschter Sieg der politischen Kräfte nicht so einfach zu bewerkstelligen. Man muss schon stark mauscheln und fälschen, was zu neuen Protesten führen kann. Jedenfalls ist es gut möglich, dass Putin sich unversehens mit ernsthaften innenpolitischen Problemen konfrontiert sehen wird.

# 5. Wladimir Putins Krieg und »Frieden«

*»Es spielt dabei keine Rolle, ob der Krieg tatsächlich stattfindet, und da ein entscheidender Sieg nicht möglich ist, spielt es keine Rolle, ob der Krieg günstig oder ungünstig verläuft. Es reicht, dass ein Kriegszustand existiert.«*

George Orwell

Ich werde oft gefragt, warum ich so viel über Putin schreibe. Die Antwort ist einfach – ich habe zwei kleine Töchter, die ich über alles liebe. Seit dem Beginn von Putins Aggression gegen die Ukraine ist das Gefühl, dass meine Familie in Sicherheit lebt und eine geschützte Zukunft hat, verschwunden. Wie schon zu Zeiten der sowjetisch-amerikanischen Konfrontation droht jetzt allen wieder ein Krieg, sogar im äußerlich so friedlichen Deutschland, wo meine Familie und ich leben. Und schuld daran ist in großem Maße Putin persönlich. Ich weiß viel über sein System und halte es für meine moralische Pflicht, weniger informierten Menschen zu helfen, damit sie verstehen, woher die Bedrohung für die Welt kommt. Wer mehr über die Quelle dieser Bedrohung weiß, wird sich leichter tun, sie abzuwenden.

Am 23. Juni 2003 informierte die russische Nachrichtenagentur RIA Nowosti über eine wegweisende Errungenschaft auf dem Gebiet der internationalen atomaren Bedrohung: »Ein halbes Jahrhundert kräftezehrender atomarer Konfrontation liegt hinter uns«, erklärte Präsident Putin. »In den letzten 15 Jahren erlebten die Welt und das System internationaler Organisationen eine tief greifende Umgestaltung. Deren wichtigstes Ergebnis ist die Beendigung des Kalten Kriegs und die Verminderung der Gefahr einer globalen Atomwaffenkatastrophe praktisch auf null.«

Das Jahr 2014 veränderte die Lage wie auch das Kräftegleichgewicht in der Welt radikal. Damals wurde der Kalte Krieg faktisch erneuert, es begann eine neue Phase der »kräftezehrenden atomaren Konfrontation«, zum ersten Mal seit Gorbatschows Perestroika zeichnet sich die reale Gefahr einer »globalen Atomwaffenkatastrophe« wieder ab. Alle Errungenschaften der vergangenen Jahre, die unseren Planeten sicherer gemacht hatten, wurden für ungültig erklärt.

Das Jahr 2014 wurde für Russland ganz real ein neues »Jahr des großen Umbruchs« (wie man auch das Jahr 1929, als Stalin sich an die Zwangskollektivierung machte, genannt hatte). Im Jahr 2014 begann die neue Konfrontation zwischen Russland und dem Westen, und im Land selbst setzte sich endgültig das aggressive, dem Faschismus nahestehende Regime durch, das sich in einem Zustand des permanenten Kriegs befand. Dieses Jahr erinnert auch an das Jahr 1938 in Deutschland, als Hitler nach den Olympischen Spielen in Berlin und Garmisch-Partenkirchen (die aus irgendeinem Grund auch an Putins Spiele in Sotschi denken lassen) seine Aggression gegen Österreich begann, dann gegen die Tschechoslowakei – das Vorspiel zum Beginn des Zweiten Weltkriegs.

Was veranlasste Putin, mit einer Handbewegung alle fundamentalen Errungenschaften der Vergangenheit auf dem Gebiet der Sicherheit und Zusammenarbeit zwischen Russland und dem Westen für ungültig zu erklären?

## Putins nationale Revanche – kommt der Krieg von Osten?

Wie schon beschrieben, ist Russlands Präsident besessen von der strategischen Idee einer nationalen Revanche in der Auseinandersetzung mit dem Westen. Nur so lässt sich seine aggressive Außen- und Militärpolitik der letzten Jahre erklären.

Heute verfügt kein einziges Staatsoberhaupt einer Atomwaffenmacht über eine derartige Machtfülle, über solche Möglichkeiten, allein Entscheidungen zu treffen, wie Putin. Der Friede auf dem Planeten hängt vom guten Willen, von den ideologischen Vorlieben und der psychischen Verfassung eines einzigen Menschen ab. Und dieser Mensch entwickelt sich vor den Augen der fassungslosen internationalen Gemeinschaft zunehmend zu einem Menschen mit gestörter, wirklichkeitsferner Weltsicht. Ein Wink Putins, und die Menschheit befindet sich auf der Schwelle zur globalen Katastrophe.

Das Magazin *Forbes* hat Putin drei Jahre in Folge zum einflussreichsten Menschen der Welt erklärt. Aber vor allem ist er der gefährlichste Mensch der Welt. Das Geheimnis seines »Einflussreichtums« ist die Angst vor ihm. Seine Macht gründet sich auf die Angst vor seiner Unberechenbarkeit und seiner Unvernunft, die eine Kriegsbedrohung darstellen.

Die Tatsache, dass jeder neue Krieg Putins Status als einflussreichster Mensch der Welt stärkt, nimmt er als Respektbekundung für seine Politik wahr, als Ermunterung für eine neuerliche Aggression. Der russische Präsident betrachtet die Welt mit den Augen eines Petersburger Halbwüchsigen, wo der im Recht ist, der stärker ist und immer als Erster zuschlägt. Als Kind hat er gelernt, dass der einflussreichste Kerl im Hinterhof der gefährlichste und dreisteste Rowdy ist. Und jetzt als erwachsener Präsident bestätigt *Forbes* dienstfertig seine Überzeugung.

Dabei handelt es sich um ein sehr ernstes und ständig wachsendes Problem für die internationale Sicherheit. Der russische Präsident setzt alles daran, die Grenzen des ihm Erlaubten auf internationalem Parkett immer weiter auszudehnen und die Möglichkeiten zur Umsetzung seiner ehrgeizigen Pläne zu erweitern.

Ich habe schon vor langer Zeit prognostiziert, dass sich Putins Regime unausweichlich auf eine offene Aggression gegenüber seinen Nachbarn zubewegt. Im Folgenden führe ich einen Ausschnitt aus einem Text an, der 2008 entstand, kurz nach der russisch-georgischen Konfrontation, die mit der offiziellen Anerkennung seiner Protektorate in Abchasien und Südossetien endete. Darin skizzierte ich die Richtung der weiteren russischen Expansion. Meine erste Prognose hat sich leider schon in vielen Punkten bestätigt.

- *Die Einverleibung des Südostens der Ukraine:* Der Oberste Sowjet der autonomen Republik Krim verkündet unter dem Druck der russischen Regierung die Durchführung eines Referendums bezüglich der Frage, ob die Krim sich Russland anschließen sollte. Als Ergebnis eines siegreichen Zehn-Tage-Kriegs besetzt Russland nicht nur die Krim, sondern auch den Donbass sowie die Oblaste Luhansk und Charkow.
- *Der »Anschluss« Weißrusslands:* Von den russischen Geheimdiensten organisierte Vertreter der weißrussischen Öffentlichkeit wenden sich an die russische Führung mit der Bitte um Hilfe bei der Befreiung des Landes von dem verbrecherischen diktatorischen Regime des »psychisch kranken« Lukaschenko, der darüber hinaus die Errichtung einer Staatenunion sabotiert. Als Antwort auf diesen inszenierten Appell marschieren russische Truppen in Weißrussland ein. Die weißrussische Armee widersetzt sich nicht (die Aktion ist mit ihrem Oberkommandierenden abgestimmt). Weißrussland wird ein Teil Russlands und erhält einen Sonderstatus.
- *Die Einverleibung von Nordkasachstan:* Russland organisiert einen Scheinaufstand der russischen Bevölkerung in den nördlichen Oblasten Kasachstans, woraufhin russische Truppen den Aufständischen »zu Hilfe eilen«. Im Folgenden kommt es zur Besetzung und Einverleibung von Nordkasachstan.

Weißrussland und Kasachstan sind Verbündete Putins. Trotzdem fürchten deren autoritäre Staatsoberhäupter ihren russischen Patron, der ihnen, der Logik seiner imperialen Pläne folgend, jeden Augenblick in den Rücken fallen kann. Zweifellos droht auch Moldawien und sogar Estland und Lettland Gefahr, obwohl die letzten beiden Länder NATO-Mitglieder sind. Wenn Putin zu der Überzeugung kommt, dass die NATO nicht bereit ist, ihre Mitglieder im Baltikum mit militärischen Mitteln zu schützen, könnte er versuchen, ein Stück ihrer russischsprachigen Zentren abzuzwacken, etwa Narwa und Daugavpils – umso mehr, als die regionalen Behörden in vielen dieser Regionen ohnehin längst der Kontrolle des russischen Geheimdienstes unterstehen.

Wie die russische Intervention in Syrien zeigt, können nicht nur Länder der ehemaligen UdSSR zum Gegenstand russischer Expansion werden. Russland hat den Nahen Osten im Visier, dieses große Spiel droht ein langwieriges mit unabsehbaren und möglicherweise höchst gefährlichen Folgen zu werden.

Um seine Ziele umzusetzen, muss Putin den Westen zu einer Politik der Beschwichtigung drängen und zu wirtschaftlichen und politischen Konzessionen.

Putins wichtigste Druckmittel gegenüber dem Westen sind dabei: der Informationskrieg und die atomare Erpressung. Putins Sondereinsätze zur Informationsverbreitung implizieren nachrichtendienstliche Methoden der Desinformation und die Fertigkeiten russischer Polittechnologen, die aufrichtig glauben, dass man mit Lüge und Manipulation jedes beliebige Problem lösen kann.

Das von Putin geschaffene Regime ist der neue Feind der Demokratie und nach Stalinismus, Nationalsozialismus und islamischem Fundamentalismus zum ernsthaften Problem für sie geworden. Putinismus und islamischer Fundamentalismus bedrohen gleichermaßen die Zukunft der demokratischen Welt. Nachdem Putin die Demokratie im Land zerstört hat, unterstützt er jetzt in den europäischen Ländern die antidemokratischen, neofaschistischen Kräfte. Zu den »Freunden Russlands« gehören so rechtsextreme Parteien wie der Front National von Marine Le Pen in Frankreich (der Skandal um den russischen Kredit für die Partei erlangte allgemeine Bekanntheit), die ungarische Jobbik, die bulgarische Ataka, die österreichische FPÖ, die italienische Lega Nord und Forza Italia, die belgische Partei Vlaams Belang (die übrigens alle ihre »Beobachter« zum Annexions-»Referendum« auf die Krim schickten). Auch wenn sich Putins Politik der Sympathie einiger führender Mitglieder der Partei Die Linke erfreut (eine absurde

Situation, wenn Neokommunisten Neofaschisten gegen Kritik verteidigen), stehen die meisten Anhänger Putins doch am äußersten rechten politischen Rand. Es ist kein Zufall, dass profaschistische Demonstranten auf Pegida-Demonstrationen gegen Flüchtlinge schreien: »Merkel nach Sibirien, Putin nach Berlin.«

Während Putins Regime nicht aufhört, Europa mit seinen Kriegsvorbereitungen zu erschrecken, versucht es gleichzeitig, die europäischen Demokratien von innen heraus zu untergraben, und zwar mithilfe seiner politischen Verbündeten aus der neuen, äußerst rechten »Internationale« der Antidemokraten, die sich unter seiner Schirmherrschaft befindet.

Trotz aller ideologischer Gründe war die scharfe Kehrtwende der russischen Politik im Jahr 2014 doch auch durch zutiefst praktische Anforderungen bedingt. Zu diesem Zeitpunkt erreichte der Wohlstand der Bewohner des Landes, der sich auf den hohen Ölpreis stützte, ein Maximum. Jedoch war der Preisverfall für fossile Energieträger, der Mitte 2014 einsetzte, bereits abzusehen. Die russischen Machthaber begriffen, dass er das Land unvermeidlich in eine wirtschaftliche Krise stürzen würde. Sie brauchten einen kleinen »siegreichen Krieg«, der die Aufmerksamkeit der Menschen von ihren alltäglichen drängenden Problemen und Schwierigkeiten ablenken würde. Und so übernahm Putin die Krim.

Der »starken Hand« bedarf es nach Vorstellung der Bürger vor allem, um sie vor »Feinden« zu schützen. Daher muss sich der russische Diktator ständig neue Feinde ausdenken und gegen sie einen ununterbrochenen Krieg führen, um so seine Macht zu rechtfertigen. Wo, ist nicht wichtig: ob in der Ukraine, in Syrien oder woanders. Wichtig ist: The show must go on. Die momentane zeitlich begrenzte Waffenpause an der ukrainischen Front wird vom neuen Kriegseinsatz in Syrien kompensiert, damit der Grad an patriotischer Begeisterung in der Bevölkerung nicht sinkt. Und so führten die Bombardierungen in Syrien prompt zu einem neuen Popularitätsrekord Putins.

Jedoch ist Putins Rolle in der heutigen Krise zwar bedeutsam, aber nicht absolut unangefochten. Denn er hat noch radikalere und gefährlichere Kräfte in Russland herangebildet. Sie haben mit Waffen in der Hand im Donbass gekämpft, und jetzt streben sie nach mehr Einfluss und Popularität in Russland. Die Geheimdienste und die konservativ-klerikalen Geschäftsleute unterstützen sie. Diese neue Kraft könnte man orthodoxe Dschihadisten nennen. Im Moment sind sie noch Putins Verbündete, aber irgendwann könnten sie aus der Deckung hinter seinem Rücken hervorkriechen und nach der Macht greifen. Es besteht die Gefahr, dass der russische Präsident ihnen den Weg zur Macht ebnet, ohne es selbst zu merken.

## Wer hat den Krieg auf der Krim ausgelöst?

So etwas hat es in der Geschichte noch nicht gegeben. Im alten Griechenland wurden kriegerische Auseinandersetzungen zwischen Städten oder Stadtstaaten für die Dauer der Olympischen Spiele unterbrochen. Während der Weltkriege des 20. Jahrhunderts dagegen wurden keine Olympischen Spiele durchgeführt. Aber dass ein Land, das Olympische Spiele veranstaltet, unmittelbar während dieses großen Sportfestes einen Krieg organisierte, eine territoriale Eroberung, eine Aggression, das gab es vorher noch nie.

Im Februar 2014 planten Putin und seine Umgebung in den Pausen zwischen den Reden über »Frieden auf der ganzen Welt« und dem Beginn der ersten Wettkämpfe die russische Aggression gegen die Ukraine, die Einnahme der Krim, die Abtrennung der Südostukraine. Ausgerechnet zu diesem Zeitpunkt unterschrieben sie das Todesurteil für Tausende von Opfern dieses Krieges, die in den letzten Jahren gestorben sind. Ob der freiwillige Student aus Kiew, der Pensionär aus dem Donbass, der Luftlandesoldat aus Pskow – sie alle wurden damals zum Tode verurteilt, unter lauten Ovationen zu Ehren der Sieger und unter dem Geplänkel auf der Tribüne über Frieden und Völkerfreundschaft.

Aus bekannten Gründen konnte Putin den Krieg nicht während

der Olympischen Spiele beginnen. Aber er hatte die Entscheidung darüber bereits getroffen, und die Vorbereitungen für den Angriff liefen auf vollen Touren, um sich gleich nach Beendigung der Spiele wie ein Schakal auf die schwächer werdende ukrainische Revolution zu stürzen. Zum ersten Mal in der Weltgeschichte symbolisierte das Erlöschen des olympischen Feuers nicht einfach nur die Vollendung der Spiele, sondern gab gleichzeitig das Signal für den Beginn eines Angriffs und Krieges. Nach diesem Signal besetzten die schweigsamen »grünen Männchen« der russischen Spezialeinheiten die Krim und verteilten sich dann wie Kakerlaken im Donbass, wo sie anstatt des eben erst verloschenen olympischen Feuers die tödliche Kriegsflamme entfachten.

Übrigens soll ja 2018 in Russland die Fußballweltmeisterschaft stattfinden. Ich bin mir sicher, dass die käuflichen Sportfunktionäre der internationalen Verbände ihre Entscheidung über die Durchführung der Meisterschaft in einem Land, das einen Krieg entfesselt hat, nicht rückgängig machen werden. Mal sehen, was die Welt nach dem Ende der Weltmeisterschaft dann für eine Überraschung erwartet …

Putin hat zugegeben, dass er die Entscheidung über die »Heimholung« der Krim, die den Beginn der Aggression gegen die Ukraine markiert, selbst getroffen hat. Die persönlichen Gründe für diese Entscheidung sind nicht weniger transparent als die ideologischen und pragmatischen. Sie bestehen in Gefühlen, die man im christlichen Glauben als Todsünden bezeichnet. Diese banalen menschlichen Laster bewegen sehr viele Politiker, und das nicht nur in Russland.

- *Stolz:* Putin will sich einen Platz in der Geschichte sichern als plumper »Sammler russischer Erde«, Bezwinger der Krim, »Anti-Gorbatschow«, der die zerfallene Supermacht wiederherstellt.
- *Zorn:* Er trachtet danach, sich an der Ukraine für die Revolution und ihr Unabhängigkeitsbestreben zu rächen und den Russen zu zeigen, dass jede Form des Aufstands gegen die Macht zu Krieg und katastrophalen Problemen führt.

- *Habgier:* Er will die Ukraine unterwerfen, beziehungsweise für den Anfang erst einmal die Krim und den Donbass und auf diese Weise mit der Umsetzung seines Traums von der Hegemonie im postsowjetischen Raum beginnen.
- *Ruhmsucht:* Er versucht seine Macht zu festigen, auf der Welle der patriotischen Hysterie seine schwindende Popularität zu retten und eine militarisierte Gesellschaft um seine Person zu scharen.

Neben persönlichen, egoistischen Motiven gibt es noch andere, ebenso irrationale Gründe für die Aggression gegen die Ukraine. Zurzeit spielt eine Gruppe von Personen aus den Geheimdiensten mit dem Präsidenten an der Spitze die führende Rolle in der russischen Elite. Hoch spezialisierte Personen können häufig nur im Rahmen ihrer professionellen Prägung denken, und verschiedene Probleme werden immer nach dem gleichen vertrauten einfachen Muster gelöst. Die Geheimdienstler sehen in allem die Umtriebe ihrer ausländischen Kollegen. Sie können sich einfach nicht vorstellen, dass Menschen aus eigenem Antrieb gegen ihre Regierung protestieren, Änderungen anstreben, Demokratie einfordern usw. In ihrem Weltbild stecken hinter all diesen Ereignissen nur die Geheimdienste konkurrierender Länder.

Diese beruflich begründete Beschränktheit des Denkens sorgte in großem Maße für eine stark negative Einstellung zum Kiewer Majdan und bestimmte die sich anschließende völlig inadäquate russische Politik, die einen aggressiven Krieg auslöste. Putins Leute waren offenbar ernsthaft zu der Überzeugung gekommen, dass ihre amerikanischen Kollegen sie in der Ukraine total abgehängt hatten, was ihre professionelle Eigenliebe zutiefst kränkte. Sie beschlossen, sich um jeden Preis zu revanchieren, und begannen ihren Kampf gegen die amerikanischen Windmühlen, der zu einem echten Krieg und Todesopfern führte.

Alles fing mit Putins Versuch an, eine prorussische Koalition der postsowjetischen Diktatoren zu gründen. Zweiundzwanzig Jahre und sechs Monate nach dem Putsch der sowjetischen Nomenklatura gegen die Perestroika im August 1991, der unter der Bezeichnung Staatskomitee für den Ausnahmezustand (GKTSCP) in die Geschichte einging, tauchte im eurasischen Raum ein offiziell Zollunion genanntes Staatenbündnis von vier Diktatoren auf, ein Bündnis zwischen Putin, Lukaschenko, Nasarbajew und dem sich anschließenden Janukowitsch.

Das Staatskomitee für den Ausnahmezustand war der Versuch des konservativen Teils der hohen sowjetischen Nomenklatura, die Macht im Land zu halten. Das Staatenbündnis dagegen war als Bündnis der siegreichen kriminellen Bürokratie vorgesehen, das die Umverteilung eines großen Teils der ehemaligen UdSSR zwischen nationalterritorialen Gemeinschaften sicherstellen sollte (wobei der russische Putin-Clan als Erster unter Gleichen gedacht war).

Mit der Einbeziehung der Ukraine in dieses Bündnis hätte Putin den heiß begehrten Status des führenden Diktators im postsowjetischen Raum erworben. Zunächst schien sich alles hervorragend zu entwickeln. Aber dann geschah das Unglück: Die Ukrainer erhoben sich und wollten keine Diktatur. Den erzwungenen Eintritt in das Staatenbündnis empfanden sie in etwa so wie die Moskauer im Jahr 1991 das Staatskomitee für den Ausnahmezustand.

So wie sich das Schicksal des Komitees in Moskau entschied, so bestimmte der Ausgang des Aufstandes in Kiew die Zukunft des Bündnisses der eurasischen Diktatoren. Die Ukraine erwies sich als schwächelndes Glied der vereinigten Diktaturen. Der Plan für das Staatenbündnis scheiterte.

In der Ukraine kam es zur Revolution. Der verschlagene »Beinahe«-Diktator Janukowitsch flüchtete feige aus dem Land. Hier hat es wenig Sinn, über jene zu diskutieren, die nach ihm an die Macht kamen. Es war schon immer so, dass sich die Ergebnisse von Revolutionen keine Engel zunutze machten. Wichtig ist etwas anderes: Die neuen Machthaber unternahmen keinerlei Maßnahmen gegen die russischsprachige Bevölkerung (die einzige Fehlentscheidung wurde durch die Abschaffung des prorussischen »Gesetzes über die regionalen Sprachen« postwendend korrigiert). Auf der Krim und im Donbass blieb die Mehrheit der Schulen, Medien, Kultureinrichtungen und der Vertreter der wirtschaftlichen und politischen Elite russischsprachig.

Die russische Führung kooperierte aktiv mit den früheren Präsidenten der Ukraine. Nichts hinderte sie daran, auch mit den neuen ukrainischen Machthabern friedlich zusammenzuarbeiten, denn an der Lage der Russen hatte sich nichts verändert.

Nach Janukowitschs Flucht aus der Ukraine gab es große Hoffnungen auf ein friedliches Leben und die Zusammenarbeit mit Russland. Aber Putin wollte es anders. Er begann sich an den Ukrainern für deren Revolution zu rächen, versuchte, sie in Misskredit zu bringen, und gleichzeitig machte er sich an die Eroberung der nahe gelegenen ukrainischen Gebiete.

Zunächst annektierte Russland die Krim, indem es die Schwäche der neuen ukrainischen Führung ausnutzte. Viele Gefolgsleute Putins aus Armee, Polizei und Geheimdienst sind professionelle Firmenplünderer, die die Schule der gewaltsamen Umverteilung von Eigentum in den 1990er-Jahren durchlaufen haben. Kein Wunder, dass die Besetzung der Krim wie eine typische Heuschreckenoperation durchgeführt wurde. Als erster Schritt – Austausch des Wachdienstes (der ukrainischen Armee durch russische Sondereinheiten), dann die Ernennung des neuen Direktors durch die Plünderer (der neue Premier der Krim), als Nächstes – die Legitimierung der Übernahme (ein Referendum im Angesicht russischer Maschinengewehrläufe, das an die Volksbefragung im Zusammenhang mit Österreichs Anschluss an das nationalsozialistische Deutschland erinnert).

Natürlich haben die Menschen auf der Krim ein Recht auf Selbstbestimmung. Aber wie kann eine freie Willensbekundung aussehen, die unter einer ausländischen Besetzung und militärischem Druck durch russische Sondereinheiten erfolgt? Das Referendum wurde überstürzt durchgeführt (für seine »Vorbereitung« brauchte man nur wenige Wochen) in einer Situation der bewaffneten Gegenwehr, propagandistischer Hysterie und Provokation. Unter den Antworten auf die Frage nach der Zukunft der Krim war keine, die die Unabhängigkeit der Halbinsel vorsah. Das diente dazu, dass deren Anhänger, nachdem sie ihre Variante nicht fanden, für die Vereinigung mit Russland stimmten. Es gab keine unabhängigen Kontrollen über die Auswertung der

Referendumsergebnisse. Und die ursprünglichen Einwohner der Krim, die zahlreichen Gemeinden der Krimtataren, boykottierten die Abstimmung massenweise. Trotzdem hinderte das die putinsche Machtriege nicht daran, die Krim nach ihrem Pseudoreferendum zügig und wie ein Dieb in der Nacht in ihren Besitz einzugliedern.

Als die russischen Machthaber die Krim übernahmen, erneuerten sie die archaische Logik der territorialen Expansion, des permanenten Kriegs aller »um Land«. Danach ist jeder Schritt gut, der zu territorialen Erwerbungen führen kann. Genau deshalb haben europäische Könige jahrhundertelang miteinander gekämpft. Denn damals ging man davon aus, dass die Größe und Erhabenheit eines Herrschers in der Weite seiner Ländereien und in der Anzahl seiner Untergebenen begründet ist. Im Rahmen einer solchen Logik denkt Putin.

Diese Logik führte zu zwei Weltkriegen und war, so schien es, glücklicherweise in Europa Mitte des 20. Jahrhunderts überwunden. Die Machthaber der europäischen Länder hörten damals auf, nach der Vergrößerung ihrer Territorien zu streben, nach der Schaffung oder dem Erhalt von Imperien. Sie begriffen, dass es unter den modernen Gegebenheiten nicht nur außerordentlich gefährlich war, sondern auch nichts außer hohen Kosten einbrachte. Diese Auffassung setzte sich in vielen Ländern durch, nachdem dort die autoritären Regime zusammengebrochen waren. Denn die Diktatoren waren zumeist an die Macht gekommen, indem sie eine Atmosphäre der kriegerisch-patriotischen Hysterie im Land schufen, und genau damit erhielten sie sich diese auch. Die letzten Fanatiker territorialer Übernahmen waren die italienischen Faschisten und die deutschen Nationalsozialisten mit ihren manischen Ideen von der Vergrößerung des Lebensraums für ihre Völker. Die demokratischen Länder Europas in der Nachkriegszeit dagegen verabschiedeten sich von gegenseitigen Gebietsansprüchen. Dank dieser Entwicklung gab es in Europa seither keine großen Kriege mehr.

Die modernen europäischen Politiker sehen den Erfolg nicht in territorialem Zugewinn, sondern in der Steigerung des Lebensstandards für die Bewohner ihres Landes. Deshalb leben wir in einer relativ sicheren Welt. Vielmehr war es so bis zu den jüngsten Ereignissen. Putins Krim-Kampagne hat sie begraben.

Nachdem die Übernahme der Krim erfolgt war, begann die russische Führung in Zusammenarbeit mit den bei ihr untergetauchten Vertretern des gescheiterten Janukowitsch-Regimes den militärischen Konflikt im Südosten der Ukraine zu provozieren.

Der Krieg im Donbass begann als Fortführung der seit Langem gegen die Ukraine laufenden informationellen Sonderoperation »mit anderen Mitteln« – fast könnte man an Clausewitz denken. Nicht umsonst waren die ersten Premierminister der sogenannten Volksrepubliken Donezk und Luhansk, also der beiden »Piraten-Republiken«, bekannte russische PR-Leute, und einer der Hauptregisseure dieser blutigen Show ist Russlands PR-Manager Nummer eins, der Putin-Berater in Sachen Ukraine Wladislaw Surkow.

Um zu verstehen, wie die russischen Machthaber den Krieg anheizten, muss man nur das russische staatliche Fernsehen anschalten, das bis heute seine Informationsattacken gegen die Ukraine weiterführt und Hass und Zusammenstöße zwischen ihren Bewohnern provoziert. Nach der Annexion der Krim eroberten »Freiwillige« aus Russland in russischer Ausrüstung und mit ebensolchen Waffen, angeführt von Kadermilitärs, ukrainische Städte (Slawjansk, Kramatorsk u. a.). Dabei stimmten sie jeden ihrer Schritte mit Putins Vertretern ab (das beweisen zahlreiche Aufzeichnungen abgefangener Gespräche).

Russische Agenten waren der Auslöser für den »Aufstand« im Donbass, der ganz sicher nicht der Verschlechterung der Lage geschuldet war; vielmehr wurde die Lage dadurch erst katastrophal.

Im Donbass herrschten absolut keine Bedingungen, die einen Kriegsausbruch nahegelegt hätten, es gab keine nationalen Konflikte (wie im ehemaligen Jugoslawien, Abchasien oder Ossetien), keine ethnischen Säuberungen oder Ähnliches. Eine militante Separatistenbewegung hatte es nie gegeben und auch keine friedliche.

Wenn die Bewohner der Oblaste Luhansk und Donezk früher keine massenhafte Unzufriedenheit über den Verbleib ihres Gebiets in der Ukraine bekundet hatten, warum gab es 2014 dort dann plötzlich einen »Aufstand«? Die Antwort ist einfach: Man hat die Menschen betrogen. Ganz berechnend brachte man sie in einen Zustand der Massenpsychose. Die irrationale Angst und der Hass der Russischsprachigen auf die neue ukrainische Führung wurde absichtlich und zielstrebig mithilfe einer manipulativen Kampagne zur Gehirnwäsche, der Verbreitung panischer Gerüchte, kurz durch die Arbeit der russischen Medien und Polittechnologen geschürt. Vermutlich war es die in jüngerer Geschichte größte informationelle Sonderoperation zur Täuschung und ideologischen Unterwerfung von Millionen von Menschen.

Tatsächlich war die Bewegung für die »Unabhängigkeit« (besser gesagt, für die Angliederung an Russland) buchstäblich innerhalb weniger Wochen entstanden, und sie versuchte nicht einmal, ihr Ziel mit friedlichen Mitteln umzusetzen, sondern ging stattdessen sofort zu gewaltsamen Aktionen über, wie etwa der Übernahme von Gebäuden.

Aber den wahren Krieg brachten erst die russischen Militärangehörigen, die Propagandisten, und »Freiwilligen«. Die russische Propaganda dachte sich das Schauermärchen von den schrecklichen »banderowcy« aus, die Ultranationalisten, die die russische Sprache verbieten und alle zwingen, ihrem Führer zu huldigen, dabei stellten die realen, wenig einflussreichen Gruppierungen der ukrainischen Nationalisten weder im Donbass noch auf der Krim jemals eine Bedrohung für die dortigen Russen dar. Gleichzeitig mit der ausgedachten »Peitsche« – der Angst vor den »banderowcy« – schuf die russische Propaganda noch ein Schein-Zuckerbrot: Sie führte die örtlichen Bewohner in Versuchung, indem sie ihnen Berge von Gold versprachen, im Fall einer Eingliederung des Donbass in Russland nach dem Vorbild der Krim. Und dann ließ man sie im Stich.

Wenn es die Einnahme der Krim nicht gegeben hätte, nicht die massive antiukrainische Fehlinformationskampagne, nicht die Panzer in Slawjansk und anschließend die groß angelegte Bewaffnung und Ausbildung der Kämpfer, nicht die Teilnahme russischer Militärangehöriger in dem Konflikt, dann hätte es den Krieg einfach nicht gegeben. Das ist offensichtlich. Das geben sogar die Enthusiasten der

»neurussischen Kampagne« zu. »Wir haben euch den Krieg gebracht«, schrieb ein bekannter »Separatist« in seinem Appell an die Einwohner von Slawjansk. In Wirklichkeit handelt es sich bei ihm um den Moskauer Geheimdienstoffizier Girkin-Strelkow. Natürlich nehmen Kämpfer aus den Reihen der örtlichen Bewohner aktiv an den Auseinandersetzungen teil, aber die Leitung dieser ganzen Meute liegt in der Hand der Spezialisten in Moskau.

Aktion führt unvermeidlich zur Gegenaktion. Die gewaltsame Machtübernahme durch prorussische Kräfte in den Städten des Donbass stieß auf den bewaffneten Widerstand der ukrainischen Armee. Der Krieg begann. Bis dahin hatte kein Mensch die Einwohner von Luhansk und Donezk bedroht. Das wird auch klar, wenn man sich die Erfahrungen der übrigen russischsprachigen ukrainischen Regionen ansieht, wo nach wie vor Frieden herrscht. Jetzt sind die Einwohner des Donbass die realen Opfer eines bewaffneten Widerstands geworden. Eine von Provokateuren gefälschte Realität ist Wahrheit geworden, wie es in einer postmodernen Welt vorgesehen ist.

Die Bevölkerung von Donezk und Luhansk hatte ganz sicher keinen Krieg nötig, denn außer Elend konnte er den dortigen Einwohnern doch nichts bringen. Aber es gab nun einmal Kräfte, die daran interessiert waren, den Konflikt anzuheizen und die Bevölkerung dieser Regionen für ihre eigenen Interessen auszunutzen.

Am Krieg hatten folgende Gruppen ein Interesse:

- die russische Führungsspitze unter Putin, die dadurch ihre Position massiv stärkte, indem sie eine patriotische Hysterie entfachte, die sich mit Hass auf den Nachbarn mischt
- ein Teil der ostukrainischen Oligarchen und politischen Elite, d. h. Personen, die infolge der Revolution ihre Macht verloren (Janukowitsch und Co., ein Teil der Partei der Regionen, die Kommunistische Partei der Ukraine und einige Oligarchen aus Donezk)
- russische Nationalisten und Abenteurer: »Imperialisten«, »Kosaken«, Klerikale, Nationalsozialisten, die einen Großteil der Freiwilligen aus Russland ausmachen

Die russische Politik konnte nur zum Kriegsausbruch und zu Blutvergießen führen. Andere Varianten gab es nicht. Und so kam es denn auch. Wären den russischen Regierenden die Auswirkungen ihrer Handlungen nicht bewusst gewesen, hätten wir es mit Idioten zu tun. Aber weit gefehlt, das sind sie ganz sicher nicht, sie müssen gewusst haben, dass ein Krieg beginnt.

Interessanterweise wurde dieser Hybrid-Krieg bereits in den 1990er-Jahren recht genau vorhergesagt und beschrieben im »Szenarium eines bewaffneten Aufstands« des bekannten russischen Schriftstellers Eduard Limonow, der auch der Anführer jener nationalbolschewistischen Partei ist, die bolschewistische Ideen mit nationalsozialistischen verquickt.

Vielleicht ist die verblüffende Übereinstimmung des limonowschen Szenariums mit dem realen Kriegsverlauf ja kein Zufall. Ich bin mir sicher, dass zumindest einer der Organisatoren des Überfalls auf die Ukraine, Wladislaw Surkow, der bekannte Bücherliebhaber und Menschenhasser, Limonow liest.

Im Folgenden werden also die Etappen eines »hybriden« Krieges gegen die Ukraine aufgezeigt, wie sie von Eduard Limonow prophezeit und von Wladimir Putin umgesetzt wurden:

- Provokation von Auseinandersetzungen, Destabilisierung der Situation auf dem zu erobernden Gebiet
- Fälschung der Ereignisse in den Medien
- Verbreitung von panischen Gerüchten unter der Bevölkerung und auf dieser Grundlage das Entfachen einer Massenhysterie
- Hineinziehen der lokalen Bevölkerung in den Krieg mithilfe von gezielt falschen Informationen über sich gegen sie richtende Gefahren
- Beteiligung von regulären Truppen am Krieg unter der Maske lokaler »Aufständischer« und Freiwilliger (dieser Punkt fehlt bei Limonow, nicht aber bei Putin)
- Ausnutzung des Krieges zur Lösung innenpolitischer Aufgaben durch seinen Initiator (bei Limonow zum Sturz der amtierenden Machthaber, bei Putin zu dessen Stärkung)

Einen solchen bewaffneten Konflikt, wie ihn Limonow beschrieben und Putin realisiert hat, könnte man auch als postmodernen Krieg bezeichnen, in dem »der Schwanz mit dem Hund wedelt«: Medienberichte und die Verbreitung spezieller Gerüchte beschreiben nicht die Ereignisse, sondern formen sie erst. Der Auslöser für den Krieg im Donbass waren provozierende Gerüchte über ein bevorstehendes Blutbad an der russischen Bevölkerung durch die »banderowcy«. Limonow schlug vor, den Krieg mithilfe gefälschter Beweise von massenhaften Ermordungen von Russen durch ukrainische Ordnungskräfte zu provozieren. Die Ziele der Provokationen sind bei Limonow wie bei Putin die gleichen: Entfachen einer antiukrainischen Massenpsychose in Russland und in den russischsprachigen Gebieten der Ukraine und der anschließende »abrupte Übergang vom Stadium ohnmächtiger nationaler Empörung zum aktiven Verfolgen des Kriegspfads, auf dem man, ob man will oder nicht, schon nicht mehr umkehren kann« (Zitat aus eben jenem frühen Artikel Limonows).

Vergleichen wir Limonows Drehbuch – direkte Zitate in Anführungszeichen – mit den realen Ereignissen der letzten Zeit:

Limonow schlug vor, aus den regionalen Leichenschauhäusern Leichen zu entnehmen und sie als Opfer ukrainischer Sicherheitskräfte auszugeben, »zwischen 50 und 100 Leichname relativ junger Menschen … An den Ort, wo man die Leichen zusammengebracht hat, werden Gruppen von russischen und ausländischen Journalisten geführt. Als diese den Graben mit den halb verschütteten blutigen Leichen erblicken, beginnen sie fieberhaft Aufnahmen zu machen. Die Film- und Fotoaufnahmen dieser 50–100 Leichen erschüttern die russische öffentliche Meinung. Schlagzeilen wie ›Ukrainische Sondereinheit erschießt 93 russische Jugendliche, darunter ein 13-jähriges Mädchen‹ bringen ganz Russland aus dem Gleichgewicht.«

Das alles hat große Ähnlichkeit mit dem derzeitigen russischen Informationskrieg gegen die Ukraine. Man denke nur an den gefälschten Bericht des russischen Fernsehens über die angebliche Kreuzigung eines russischen Jungen durch rechtsextreme ukrainische Nationalisten. Daneben gab es in den russischen Medien schon zahllose Falschmeldungen über die Entdeckung von Massengräbern von angeblichen Opfern der ukrainischen Armee«.

Limonow sah die Wirkung einer groß angelegten antiukrainischen informationellen Provokation mit äußerster Präzision voraus. Genau so verlief es fast 20 Jahre zuvor in seinem Szenarium: »Das schockierte Russland glaubte an das Verbrechen … Da das russische Fernsehen zum Teil auch in der Ukraine empfangen wird, kann keiner die ersten überraschenden Nachrichten aufhalten; es ist unvermeidlich, dass dadurch auch die Russen in der Ukraine, elf Millionen Menschen, heftig erschrecken.«

In Limonows Drehbuch geht es weiter mit der Ausgabe von Waffen, um den Konflikt damit noch mehr anzuheizen. Genau so gingen Putins Geheimdienste vor. Sie gossen Öl in das Kriegsfeuer im Donbass, indem sie alle Seiten, Abenteurer, »Kosaken«, »Freiwillige« usw. mit Waffen versorgten.

Limonow beschrieb die neuen Methoden zur Organisation eines Hybrid-Krieges ganz detailliert: Zunächst muss ein informationelles Bild geschaffen werden, dann wird die Erfindung Realität. »Das Ziel der Information: die Unentschlossenen auf äußerste Mittel einzustimmen, auf ihre Teilnahme an einem (bis dahin noch nicht existierenden) Aufstand … Man muss sie davon überzeugen, dass sie nicht die ersten und nicht die einzigen sind.«

Genau so geschah es im Donbass. Die dortigen Einwohner wurden zur Aktion manipuliert: Unter dem Vorwand eines Kampfes gegen die erfundene rechtsextrem-nationalistische Bedrohung zog man sie in die reale bewaffnete Aggression Russlands gegen die Ukraine.

Für Limonow, wie auch für Putin, ist die Ukraine nicht das Wichtigste. Der Hauptgegenstand ihrer »Projekte« ist Russland. Limonow träumte davon, einen Aufstand auf der Krim zu organisieren, damit sie an Moskau fiele. Für Putin ist das Abenteuer auf der Krim und im Donbass nur ein Mittel, um seine eigene Diktatur zu stärken. Limonow schrieb: »Auf die Krim wird es all jene ziehen, die in Transnistrien, in Serbien und in Tschetschenien kämpften. Von diesen Leuten gibt es Zehntausende.« Und genau so geschah es in den »Volksrepubliken«

von Luhansk und Donezk. Tausende Kämpfer zog man in diesen geraubten Enklaven an der russisch-ukrainischen Grenze zusammen. Aber wird auch Limonows zweiter Traum wahr? Der Traum davon, dass diese Kämpfer der Auslöser einer Explosion in Russland werden, dass die Krim (also heute der Donbass) unser Sierra Maestra wird, von wo aus wir in unser Havanna, also nach Moskau ziehen? Das wissen wir vorerst noch nicht.

So also entzündeten die russischen Machthaber das Kriegsfeuer im Donbass. Dennoch scheiterte im Ganzen gesehen Putins Blitzkrieg. Die Ukraine spaltete sich nicht auf, die schleichende Eroberung »Neurusslands« glückte nicht. Nicht einmal den Korridor zur Krim gelang es unter russische Kontrolle zu bringen, ganz zu schweigen von Charkow und Odessa. Um die von prorussischen Kräften besetzten Territorien im Donbass zu halten, war Putin gezwungen, eine direkte Intervention mit regulären russischen Abteilungen einzuleiten. Im Krieg im Donbass waren Militärs aus allen Teilen Russlands auszumachen: von Fallschirmjägern aus Pskow, Iwanow und Kostroma bis hin zu burjatischen Panzersoldaten. Es starben Hunderte russischer Militärangehöriger. Genaueres kann man in dem Bericht »Putin und der Krieg«, der auch in deutscher Übersetzung vorliegt, nachlesen. Die Idee zu diesem Bericht stammt von Boris Nemzow, der bereits Material gesammelt hatte, ehe er ermordet wurde. Nach seinem Tod wurde er von seinen Mitarbeitern zu Ende geschrieben.

Die russischen Propagandisten berichten nur allzu gern über die Verbrechen der ukrainischen Soldaten. Vermutlich ist das eine oder andere in ihren Erzählungen leider wahr. In jedem Krieg begehen Soldaten Verbrechen, das war schon immer so. Und natürlich soll jedes Kriegsverbrechen, ganz gleich von welcher Seite es verübt wurde, bestraft werden. Aber ausschlaggebend im Krieg, wie auch bei einer Prügelei, ist, wer angefangen hat. Der größte Kriegsverbrecher ist der, der die militärische Auseinandersetzung, die Aggression begonnen hat.

Damit ist die Führung Russlands, die den Krieg angezettelt hat, der Hauptkriegsverbrecher. Wenn es zu einem Prozess gegen die Schuldigen dieses Feldzuges kommt, sollte den russischen Machthabern einzeln der Prozess gemacht werden.

Das Ergebnis großen Blutvergießens und militärischer Anstrengungen ist lediglich die russische Kontrolle über die Reste zweier ukrainischer Oblaste. Die Donezker und Luhansker »Raub-Republiken« sind völlig künstliche, von außen aufgezwungene Gebilde. Ihre Führung besteht aus lokalen Randfiguren und Leuten aus den russischen Geheimdiensten, die vor Ort nicht verwurzelt sind und nicht über ernsthafte Autorität bei den Bewohnern verfügen. Sogar der Teil der Bevölkerung, der die Separatisten zunächst unterstützte, tat das hauptsächlich in der Hoffnung auf eine vollständige Angliederung der Region an Russland, das für seinen höheren Lebensstandard bekannt war. Aber inzwischen ist klar geworden, dass Russland ihnen nicht »Kost und Logis« gewährt, weshalb das ganze Abenteuer der Ausrufung der Unabhängigkeit von der Ukraine für sie jeden Sinn verloren hat. Die Machthaber der Donezker und Luhansker »Volksrepubliken« könnten sich ohne die massive Hilfe Russlands und den Terror gegen die Bevölkerung nicht einen Monat halten (protestierende Einwohner werden von den örtlichen »Geheimdiensten« und Kampfsondereinheiten ohne Gerichtsprozess auf unbestimmte Zeit in Kellergefängnisse gesteckt, wo sie Folter und Demütigungen ausgesetzt sind).

So landete das Donbass-Abenteuer in einer Sackgasse. Putin hat seine beabsichtigten Ziele nicht erreicht (die Gründung »Neurusslands« oder einen Machtwechsel in der Ukraine). Der Unterhalt der überlebensunfähigen prorussischen Enklave ist für ihn praktisch nutzlos, verlangt aber permanentes finanzielles und militärisches Engagement. Diese Republiken sind wie der alte, schwere Koffer aus einem jüdischen Witz: unnötig, aber wegwerfen geht nicht. Denn eine solche Wende der Ereignisse würde von der Bevölkerung, die eben noch von den Machthabern zur hurrapatriotischen Hysterie aufgewiegelt wurde, als Verrat der »russischen Welt« aufgenommen. In dieser Situation wendet Putin seine bewährte Taktik an: einen Schritt zurück und zwei Schritte vor; also ein vorläufiger Rückzug, um den Angriff dann zu verschärfen. Er versucht die Ukraine nun mit anderen Mitteln zu unterwerfen: nicht mit einem neuen direkten militärischen Überfall (der eine massive Verschärfung der westlichen Sanktionen zur Folge hätte), sondern mithilfe eines vorgetäuschten friedlichen Prozesses. Parallel dazu wird der zeitweilige Waffenstillstand an der ukrainischen Front mit einem neuen Krieg in anderer, syrischer Richtung kompensiert, damit die begeisterte patriotische Stimmung in der Bevölkerung nicht nachlässt.

Im Rahmen seiner neuen Taktik erklärte Putin sogar, dass Russland die »territoriale Integrität der Ukraine unterstützt«. Manch einer deutete diese Worte als Entgegenkommen gegenüber der ukrainischen Seite, als Anzeichen für eine nachgiebigere Position. Aber dem ist natürlich nicht so. Putin braucht den Donbass nicht um seiner selbst willen, sondern in seiner Funktion als Zeitbombe, die er in der Ukraine deponiert hat.

Russland will mit allen Machtbefugnissen ausgestattet im Donbass schalten und walten, aber dabei soll er formal als ukrainisches Territorium gelten. Das würde es Putin ermöglichen, der Ukraine den Unterhalt für die Einwohner der okkupierten Gebiete anzuhängen, die Auszahlung der Renten, der Sozial- und Arbeitslosenhilfe usw.; ferner würde es der ukrainischen Führung die formale Begründung für scharfe Kontrollen an der Grenze zu den »Raubrepubliken« nehmen und damit einer Begrenzung des Transits von Menschen und Waren. Daneben hat Russland aber nicht vor, der Ukraine die Kontrolle über den Abschnitt der offiziellen russisch-ukrainischen Grenze im Donbass zurückzugeben (Putin fordert, diese Frage ganz ans Ende des endlosen »Friedensprozesses« zu stellen). Auf diese Weise will der russische Präsident aus den von ihm kontrollierten Enklaven ein Messer machen, das er in den Körper der Ukraine stößt: Er erhält die Möglichkeit, dorthin ganz nach Bedarf Agenten, Kämpfer, Provokateure zu schicken und dadurch die Lage zu destabilisieren, um schließlich die Abwahl einer von Russland unabhängigen ukrainischen Regierung zu erreichen. Der besondere Zynismus der Situation liegt darin, dass sich Putin mit dieser seiner neuen Taktik der verdeckten Aggression dem Westen als Friedensstifter präsentieren möchte und so die Aufhebung der Sanktionen zu erreichen hofft.

Trotzdem, ungeachtet der zahllosen Provokationen, ist der Krieg vorläufig eingefroren. Das liegt nicht daran, dass die russische Seite sich durch das Minsker Abkommen gebunden fühlt. Wenn Putin zu der Überzeugung kommt, dass es wieder vorteilhaft für ihn ist, die Armee in den Kampf gegen die ukrainischen Machthaber zu schicken, wird er das ohne Zögern und ungeachtet irgendwelcher Abkommen tun. Genau das fand mehrfach im Verlauf des Konflikts mit der Ukraine statt. Man muss sich nur erinnern, dass die Tinte auf dem Minsker Abkommen über die Feuerpause noch nicht getrocknet war, als Putins Soldaten ein schreckliches Blutbad in Debalzewe anrichteten, das Hunderte Menschenleben kostete.

Wenn Putin seinerzeit die Krim annektiert und sich damit zufriedengegeben hätte, dann hätte es keinen Krieg im Donbass gegeben. Das Unglück besteht darin, dass alle aggressiven Diktatoren in Überzeugung der eigenen Straffreiheit nicht aufhören zu attackieren, ehe sie nicht ihre Macht oder ihr Leben lassen müssen. Was hinderte Hitler nach der Übernahme Österreichs und Tschechiens, Ruhe zu geben? Vielleicht hätte er dann noch weit länger als ein Jahrzehnt regiert. Auch Mussolini hätte sich mit Äthiopien und Albanien zufriedengeben können. Dann hätte man seine Leiche nicht kopfüber auf dem zentralen Platz in Mailand aufgehängt. Aber sie drängten wie Panzer vorwärts, bis sie sich den Hals brachen.

Die Politiker der europäischen demokratischen Länder hofften lange, dass Hitler und Mussolini nach ihren ersten territorialen Eroberungen satt sein würden und es möglich wäre, einen globalen Krieg zu vermeiden. Aber sie begriffen die Logik dieser Ehrgeizlinge nicht, die nur durch Gewalt zu stoppen waren. Die Welt musste dieses mangelnde Verständnis brutal bezahlen. Leider können auch die heutigen europäischen politischen Akteure einfach nicht begreifen, dass Putin weder Verhandlungen noch Abkommen aufhalten werden.

## Putins Kriegsmotor: »Dschihadisten« und »Silowiki«

Eine der ernstesten und langfristigsten Konsequenzen von Putins Abenteuer im Donbass war das Auftauchen einer informellen bewaffneten Bewegung »russischer Dschihadisten«. Diese Bezeichnung ist nur bedingt zutreffend, denn zu dieser Bewegung gehören russisch-orthodoxe Fundamentalisten ebenso wie Neoeurasier im Gefolge von Alexander Dugin, Stalinisten und russische Nationalsozialisten. Sie alle vereint ein aggressiver Nationalkonservatismus, der Hass auf den Westen und europäische Werte, Fremdenfeindlichkeit und eine grundsätzlich kriegerische gewaltsame Orientierung. Diese breite ideelle Basis ist eher die Stärke der »Dschihadisten« als ihre Schwäche. Die fundamentale Orthodoxie findet keine breite Unterstützung in der russischen Bevölkerung. Aber eine radikale antiwestliche Haltung, der Glaube an die eigene nationale Überlegenheit und Einzigartigkeit, der Hass auf Fremde und Homosexuelle – all das ist relativ weit verbreitet.

Der inoffizielle Anführer der »Dschihadisten«, der ehemalige Verteidigungsminister der Donezker »Volksrepublik«, Igor Girkin, der in der russischen Öffentlichkeit auch unter dem Pseudonym Igor Strelkow bekannt ist, formulierte in einem Interview kürzlich die grundlegenden Prinzipien dieser Bewegung, die denen ihrer islamischen Entsprechung ziemlich nahe kommen.

Genau wie bei den Islamisten sieht auch das Weltbild der »russischen Dschihadisten« eine Unterteilung der Menschheit in Rechtgläubige, also sie selbst, und die Feinde des wahren Glaubens, also die Feinde Russlands und der russischen Orthodoxie. Ihre einzig richtige Zivilisation befindet sich in Opposition zur ganzen übrigen Welt, die »vollkommen abtrünnig und seelenlos ist und vollständig auf materialistischen Werten basiert« (so Strelkow). Der größte Antagonist Russlands ist der Westen. Aber auch China ist, wie Strelkow sagt, nicht viel besser, denn dort herrschen die gleichen materialistischen Werte.

Zwischen der rechten »russischen Welt« und dem sündigen Westen ist der Krieg unvermeidbar. »Russland erwartet den Krieg … Der Krieg steht uns bevor, und diesen Krieg werden wir entweder gewinnen oder verlieren, aber in jedem Fall wird er uns stark verändern.« Nach Ansicht der Ideologen dieses »Dschihads« ist dieser Krieg unabwendbar, und alle ehrlichen Menschen in Russland sind verpflichtet, daran teilzunehmen.

Der Donbass entwickelt sich zu einem ukrainischen Äquivalent des sogenannten Islamischen Staates in Syrien und dem Irak, ein Bollwerk des russischen und russisch-orthodoxen »Dschihadismus«. Nicht umsonst tauchten gleichzeitig mit Videomaterial über die Hinrichtungen im sogenannten Islamischen Staat auch Aufzeichnungen von Prozessen in den Donbass-Enklaven auf, wo die Leute mit sagenhafter Selbstverständlichkeit zum Tod durch Erschießen verurteilt werden.

Der russische Diktator hat im Donbass ein frankensteinsches Monster geschaffen, das fähig ist, ihn selbst zu fressen. Putin und die russischen »Dschihadisten« im Donbass sind vorerst noch Verbündete, könnten aber mit der Zeit zu Feinden werden.

Die russischen »Dschihadisten« setzen voll auf Krieg und halten ihn für unausweichlich. Eine Kollision zwischen den ideellen »Dschihadisten« und Putins Beamten-Gaunern zeichnet sich bereits ab. Im Donbass hat die Auseinandersetzung zwischen Surkows PR-Leuten und den ideellen Fanatikern schon begonnen. Als Konsequenz hat man den inoffiziellen Anführer der »Dschihadisten« Girkin-Strelkow bereits aus dem Donbass abgeschoben. Aber der dort herrschende Kult um Strelkow ist ungebrochen, und viele seiner Leute sind an Ort und Stelle geblieben. Der Konflikt zwischen Surkows Leuten und denen Strelkows könnte der Auftakt zu einer offenen Protestaktion der »Dschihadisten« gegen die russischen Machthaber werden. Wenn sie sich von Putin betrogen fühlen oder wenn sie auch ausreichend stark zu sein glauben, um ihn herauszufordern, sind sie fähig, einen Krieg gegen ihn anzuzetteln, und das auch in Russland. Diese bevorstehende Auseinandersetzung könnte ähnliche Züge tragen wie der Krieg der islamischen Fundamentalisten gegen die korrupten Regime in Syrien und im Irak.

Das Problem besteht darin, dass das Ungeheuer des »russischen Dschihadismus« nicht nur für den erfolglosen russischen Diktator gefährlich ist, sondern für die ganze Welt. Der Westen hat noch nicht begriffen, was es mit dieser neuen Bedrohung auf sich hat. Im Osten Europas könnten Prozesse in Gang kommen, neben denen die Gräueltaten des sogenannten IS in Syrien und dem Irak verblassen.

Egal, was Strelkow vorschwebt, die Mehrheit der russischen Bevölkerung jedenfalls, wie auch die des Westens und Chinas, besteht aus absolut materialistisch orientierten Menschen (das belegen alle soziologischen Erhebungen). Sie werden die »Dschihadisten«, die Isolation, Entbehrungen und Krieg mit sich bringen, niemals unterstützen. Trotzdem haben die aggressiven Fanatiker gewisse Chancen. Sie könnten Hilfe vonseiten des am kämpferischsten eingestellten Teils der russischen Führungsschicht erhalten, den sogenannten Silowiki. Denn unter diesen »Scharfmachern« gibt es viele Geheimdienstleute. Ihre Unterstützung könnte für die Entwicklung der russischen »dschihadistischen Bewegung« ausschlaggebend werden.

Diese Gefahr ist höchst real. Die Silowiki haben – neben ideellen Interessen – durchaus auch merkantile Motive, den russischen »Dschihad« zu unterstützen. Denn es sieht ganz danach aus, als stünden hinter dem neuen Expansionskurs Russlands nicht nur Putins persönlicher Wille, sondern auch die Interessen der tschekistischen Mafia innerhalb der russischen Führung und der Großindustrie. Die Rolle der Geheimdienste im heutigen Russland ist ein Thema, das seit vielen Jahren nichts an Bedeutung und Aktualität verloren hat. Für ihr Interesse daran bezahlten Alexander Litwinenko und Juri Schtschekotschichin mit dem Leben.

Schon in den 1990er-Jahren war bekannt, dass hohe Mitarbeiter der Geheimdienste viele erfolgreiche Unternehmen »im Schwitzkasten« halten. Aber immerhin war der Einfluss der Silowiki damals noch nicht unumschränkt. Der Oligarch, mit dem ich Ende der 1990er regelmäßig zu tun hatte, empfand die Tschekisten nicht als bedrohlichen »großen Partner«, sondern als Dienstleister, die für Geld zu allem bereit sind. So erzählte er mir beispielsweise, dass die Geheimdienstler ihm regelmäßig über alles berichteten, was sie auf den Korridoren der Macht mithörten. Der Oligarch war nicht vom Wohlwollen der

Geheimdienste abhängig. Er hatte einen noch stärkeren Schutz – die höchste Führungsinstanz des Landes.

Als Putin an die Macht kam, schützte er wie Jelzin die Oligarchen, drängte dabei aber ihren politischen Einfluss radikal zurück, weshalb sie fast im selben Maß wie die übrige Geschäftswelt von den Silowiki abhängig wurden. Die Silowiki erkämpften sich zwar die Achtung der Oligarchen, tatsächliche Macht über diese konnten sie jedoch nicht erringen. Genauer gesagt, Putin ließ dies nicht zu. Er erlaubte den Silowiki nicht, die Oligarchen unkontrolliert unter Druck zu setzen. Lediglich einige rituelle Opfer wurden ihnen zum Fraß vorgeworfen: Chodorkowski, Beresowski, Gusinski usw. Putin stärkte den Einfluss seiner Handlanger aus den Geheimdiensten gewaltig, hielt dabei aber gleichzeitig seine Hand über die Oligarchie aus der Zeit Jelzins und schuf auf diese Weise ein System von Checks und Balances, das seine persönliche Macht festigte. Auch die Tatsachte, dass es vollkommen unmöglich war, den Oligarchen – wie es die Ereignisse rund um Michail Chodorkowskis Konzern JUKOS zeigten – ihr Vermögen zu nehmen, ohne dabei eine Flut von Klagen vor westlichen Gerichten auszulösen, rettete die Oligarchen letztlich.

Die Silowiki haben bis heute nicht die totale Kontrolle über die Oligarchen erlangt, auch nicht über den Rohstoffsektor, wo eine Reihe einflussreicher privater oligarchischer Gruppen existiert. Um an das Vermögen der Oligarchen zu kommen und deren Imperium in Stücke zu reißen, müssten die Silowiki eine Lage schaffen, wie sie in einer »Vorkriegszeit« herrscht. Im Krieg gelten andere Gesetze! Unter den Bedingungen einer totalen Mobilisierung aller Kräfte im Kampf gegen den »äußeren Feind« sind die »zivilen« Oligarchen, die eng mit ausländischem Kapital und Offshorevermögen verbunden sind, leicht zu treffen. Man wird sie des mangelnden Patriotismus beschuldigen oder einfach unter den allgemeinen Kriegsvorbereitungen über sie herfallen können, denn es gibt keine Eigentumsrechte mehr, wenn das Vaterland in Gefahr ist. Putin wird dann keine andere Wahl haben, als den »tschekistischen Wölfen« die »zivilen« Oligarchen zum Fraß vorzuwerfen. Und auf die Entscheidungen westlicher Gerichte wird unter den Bedingungen eines neuen kalten Krieges sowieso keiner mehr irgendetwas geben.

Die russischen Silowiki haben ein direktes eigennütziges Interesse daran, dass sich die Situation weiter zuspitzt. Nur ein Krieg wird es ihren Clans ermöglichen, sich endlich das Vermögen der alten »zivilen« oligarchischen Imperien unter den Nagel zu reißen.

## Der Putinismus und die rechtskonservative russische Tradition

Russlands Politik in Sachen Ukraine stellt in vielen Punkten eine Weiterführung der russischen rechtskonservativen Tradition dar, deren Erbe das putinsche Regime ist. Die russischen Rechten, die Anhänger des Imperiums und die Konservativen haben die Ukrainer nie als eigenständiges Volk betrachtet, vielmehr lediglich als Nebenzweig der Russen, und die Möglichkeit eines ukrainischen Staates haben sie stets kategorisch abgelehnt.

Auch der Stalinismus war ein reaktionäres, konservatives imperiales System. Allerdings gab er sich als Erbe der russischen revolutionär-demokratischen Tradition aus. Die Intelligenzija glaubte ihm diesen Betrug und lehnte dabei in Wirklichkeit das ab, was der Stalinismus als seine ideellen revolutionären Wurzeln ausgegeben hatte. Später dann wandte die Intelligenzija sich gewissermaßen »durchs Hintertürchen« der rechten politischen Tradition zu, ohne deren Nähe zu eben jenem Stalinismus zu erkennen. In diesem politischen Umfeld dominierten die konservativen Klerikalen und rechten Liberalen. Die einen huldigten dem Premierminister Stolypin, der nicht zuletzt für seine brutale Unterdrückung von Aufständen und revolutionären Umtrieben bekannt wurde, dazu dem letzten Zaren, Nikolaus II., der im russischen Volksmund auch manchmal »der Blutige« genannt wird, und dem Faschisten Ilin. Die anderen schrieben sich Alexander II., den »Henker Polens«, und die »Liberal-Imperialisten« auf ihre Fahnen, also Leute vom Typ des Außenministers der provisorischen Regierung, Pawel Miljukow, der die russische Kontrolle über Konstantinopel und die Dardanellen anstrebte, was ihm den Spitznamen »Dardanellen-Miljukow« eintrug. Unsere Intelligenzija begann Tradition, Eigentum und Kirche als unverbrüchliche Werte zu betrachten und schuf den Kult vom »dostojewskischen Sünder« und vom »solschenizynschen Denker«, indem sie die reaktionären, klerikalen und fremdenfeindlichen Ideen der beiden Schriftsteller aufnahm. Schlussendlich züchtete sie das ideologische Monster heran, auf das sich Putins System stützt. Es ist absolut kein Zufall, dass Solschenizyn, der sein ganzes Leben den Stalinismus anprangerte, vom Sterbebett aus den Stalinisten Putin segnete, jenen treuen Nachfolger von Stalins imperialer Politik.

Es ist auch nicht verwunderlich, dass heute die Verehrer der »weißen« Antikommunisten aus den Zeiten des Bürgerkriegs Schulter an Schulter mit Stalinisten gegen die Ukraine kämpfen. Der Imperialismus ist das, was die »weißen« Ideen von einem einzigen unteilbaren Russland mit Stalins UdSSR verbindet. Der russische Imperialismus, der eine Wiedergeburt in Form des Putinismus erlebte, lässt sich nur im Rahmen einer revolutionär-demokratischen, liberalen, kosmopolitischen, antiklerikalen kulturellen Tradition überwinden, die auf Alexander Herzen, Michail Bakunin, Pjotr Kropotkin und Leo Tolstoi zurückgeht. Diese Tradition schließt einen Kult um Moloch Staat und das Trugbild Imperium aus und lehnt vehement einen staatlich verordneten Patriotismus, eine verlogene Staatskirche und die Herrschaft der Bürokratie und besitzenden Klasse ab. Bis zur Konsolidierung von Stalins Diktatur war dies die Weltanschauung eines Großteils der gebildeten russischen Gesellschaft. Wenn wir nicht zu dieser kulturellen Tradition zurückkehren, wird es uns nicht gelingen, den Putinismus zu überwinden.

## Das Finale des »Friedensstifters«

Putin hat kürzlich »hinsichtlich der Angelegenheit, dass ein Krieg gegen unser Land geführt« werde, erklärt: »Einen solchen Krieg gibt es Gott sei Dank nicht … Aber gewiss ist der Versuch, unsere Entwicklung mit verschiedensten Mitteln aufzuhalten … Eine solche Weltordnung wird Russland niemals zufriedenstellen … Aber wir haben nicht die Absicht, mit irgendjemandem zu kämpfen. Wir haben die Absicht, mit allen zusammenzuarbeiten.«

Ich glaube, dass Putin unter dem Wort »Entwicklung«, die hier jemand »mit verschiedensten Mitteln aufzuhalten« versuche, in etwa das Gleiche meint wie sein Chefideologe Surkow. Kürzlich hat der ehemalige engste Mitarbeiter Surkows (also jener Schlüsselfigur im Krieg gegen die Ukraine) Boris Rapoport über die Ansichten seines Vorgesetzten informiert: »Er war immer ein Anhänger der Doktrin, dass ›Moskau ein drittes Rom‹ sei, und wird es auch immer bleiben. Er glaubt, dass jeder Staat, der seine Einflusssphäre nicht vergrößert, früher oder später zerfällt. Und er geht davon aus, dass Expansion die natürliche Bestimmung eines gesunden Staates sei.«

Das heißt, für Putin und für Surkow bedeutet Entwicklung Expansion. Und sie sind entrüstet über die Versuche, ihr Land dabei aufzuhalten. Aber jede Expansion endet unvermeidlich in kriegerischer Auseinandersetzung. Das heißt, all diese friedfertigen Erklärungen sind nur eine Tarnung für den Expansionskurs, der zum großen Krieg führt.

Wie sehr das alles doch an die »Friedens«-Rhetorik Hitlers erinnert, der Expansion ebenfalls für die natürliche Politik eines jeden erfolgreichen Staates hielt.

Hitler hat während seiner gesamten Karriere, in der er einen aggressiven Krieg begann und führte, immerzu von Frieden gesprochen.

Am 5. September 1934: »Deutschland hat alles in seinen Kräften Stehende für die Erhaltung des Weltfriedens getan.«

Erklärung vom 16. März 1935 im *Völkischen Beobachter*: »In dieser Stunde erneuert die deutsche Regierung vor dem deutschen Volk und vor der gesamten Welt die Versicherung ihrer Entschlossenheit, niemals über die Grenzen der Bewahrung der deutschen Ehre und der Freiheit des Reiches hinauszugehen. Mit der Wiederbewaffnung Deutschlands beabsichtigt sie nicht, ein Instrument für kriegsähnliche Attacken zu schaffen, sondern im Gegenteil ausschließlich für die Verteidigung und damit für die Erhaltung des Friedens.«

21. Mai 1935: »Deutschland braucht den Frieden, und es will den Frieden! (…) Niemand von uns hat die Absieht, jemanden zu bedrohen.«

Als Hitlers aggressive Politik dann doch zur globalen Katastrophe führte, versuchte er die Verantwortung dafür von sich zu schieben. Bei einem Auftritt am 1. September 1939, nachdem der Zweite Weltkrieg bereits begonnen hatte, sagte er: »Wie immer habe ich auch hier versucht, auf dem Wege friedlicher Revisionsvorschläge eine Änderung des unerträglichen Zustandes herbeizuführen. Es ist eine Lüge, wenn in der anderen Welt behauptet wird, dass wir alle unsere Revisionen nur versuchten unter Druck durchzusetzen.«

Und selbst am 29. April 1945, kurz vor seinem Selbstmord im Bunker, diktierte er ein Vermächtnis, in dem er noch versuchte, sich als Friedensstifter darzustellen: »Es ist unwahr, dass ich oder irgendjemand anderer in Deutschland den Krieg im Jahre 1939 gewollt haben. (…) Ich habe zu viele Angebote zur Rüstungsbeschränkung und Rüstungsbegrenzung gemacht, die die Nachwelt nicht auf alle Ewigkeiten wegzuleugnen vermag, als dass die Verantwortung für den Ausbruch dieses Krieges auf mir lasten könnte. Ich habe weiter nie gewollt, dass nach dem ersten unseligen Weltkrieg ein zweiter gegen England oder gar gegen Amerika entsteht …«

Im Angesicht des Todes lügt man nicht. Vermutlich hat Hitler tatsächlich nicht begriffen, dass seine aggressive Expansionspolitik zwangsläufig mit einem großen Krieg und einer Katastrophe für sein Land enden musste. Offenbar versteht der russische Diktator das ebenfalls nicht, was höchst gefährlich für die Welt und uns alle ist.

Putin ist das erste Staatsoberhaupt Russlands, das nach Beendigung des »Großen Vaterländischen Krieges«, wie der Zweite Weltkrieg in Russland heißt, geboren wurde. Chruschtschow, Breschnew, Andropow, Tschernenko hatten den Krieg als erwachsene Menschen erlebt. Die ersten drei hatten selbst daran teilgenommen, Gorbatschow und Jelzin waren damals Kinder. Aber auch bei ihnen hatte der Krieg unauslöschliche Erinnerungen hinterlassen. Gorbatschow konnte sich sogar an die deutsche Besetzung erinnern. Für jeden von ihnen war der Krieg ein großes persönliches und familiäres Unglück, sie behielten ihn als Tragödie des Landes im Gedächtnis.

Vermutlich ist damit der Umstand verbunden, dass alle vormaligen Staatsoberhäupter der UdSSR und Russlands – bei all ihren Schwächen – auf keinen Fall einen neuen großen Krieg wollten und auf ihre Weise alles taten, um ihn abzuwenden. Laut der Erinnerung von Personen, die mit ihm zusammenarbeiteten, hielt Breschnew den Friedenserhalt für seine historische Mission und den Kernpunkt seiner Politik (das hochrangige Mitglied des Zentralkomitees der kommunistischen Partei Anatoli Tschernajew schrieb darüber in seinen Tagebüchern). Breschnew wollte auch den Krieg in Afghanistan nicht (laut Aussagen seines Assistenten Alexandrow-Agent). Die sowjetische Führung ließ sich nur in das afghanische Abenteuer ziehen, weil es aufgrund seiner fatalen Inkompetenz die Konsequenzen des Einmarsches seiner Truppen in Kabul nicht einschätzen konnte und aufrichtig hoffte, dass der Gegner, eingeschüchtert durch die sowjetische Kriegsarmada, seinen Widerstand schnell aufgeben würde (so verkalkulierten sich später auch Jelzin und Gratschow in Tschetschenien).

Für Putin und seine Umgebung, ja, und für die Mehrheit der Russen bedeutet Krieg keine persönliche tragische Erfahrung mehr, sondern Fanfarenklänge, Paraden und dazu ungebremstes Eigenlob bei den Jubiläumsfeiern am jährlichen Tag des Sieges, den 9. Mai. Solche Assoziationen locken eher, als dass sie abschrecken. Vielleicht sieht Putin seine historische Mission deshalb nicht im Erhalt des Friedens, sondern in einer Revanche für den Kalten Krieg. Also in einem erneuten Sieg um jeden Preis. Genau damit lässt sich seine abenteuerliche annexionistische Politik und die Unterstützung dieser Politik durch einen bedeutenden Teil der Bevölkerung erklären.

Die Führungen der UdSSR und Russlands nach Stalin annektierten keine fremden Territorien, sondern fürchteten im Gegenteil eine Revision des europäischen Status quo. Chruschtschow und Breschnew lehnten zum Beispiel Todor Schiwkows Bitte ab, Bulgarien in die UdSSR einzugliedern, aus Angst, gegen das Prinzip der Unantastbarkeit der Grenzen in Europa zu verstoßen. Bis zu Putins Amtszeit wären nicht nur Annexionen (wie die der Krim) unmöglich gewesen, sondern auch kleinerer Provokationen gegen die territoriale Integrität westlicher Länder – wie etwa 2015 die illegale Reise des Vizepremiers Dmitri Rogosin nach Spitzbergen.

Die Erinnerung an den vergangenen Krieg wirkte in doppelter Hinsicht auf die Politik der sowjetischen Führung: Sie half, den Frieden zu bewahren, sorgte aber auch dafür, dass sich falsche Ängste festsetzten, die den Rüstungswettlauf ermöglichten. Einerseits wollten die Machthaber keinen Krieg und strebten mit aller Kraft danach, ihn zu verhindern, andererseits fürchteten sie, dass das Land sich noch einmal unvorbereitet mit einer unerwarteten Invasion konfrontiert sehen könnte (wie es Stalins UdSSR passiert war). Derartige Ängste waren fernab der Realität, aber die überalterten sowjetischen Bonzen fürchteten allen Ernstes einen Überfall des »ideologischen Gegners« in Form der USA und der NATO. Deshalb wollten sie im Rüstungswettlauf mit den USA mithalten, ungeachtet der gewaltigen wirtschaftlichen Überlegenheit des Gegners. Als Folge ihres Versuches, ein Gewicht zu stemmen, dem sie nicht gewachsen war, verhob sich die UdSSR und ging unter.

Geradezu enthusiastisch hat Putins Führung sich in den gleichen Fehler gestürzt wie die Sowjetunion vor ihm, indem sie den zum Scheitern verurteilten Wettlauf mit dem wirtschaftlich deutlich stärkeren Westen erneuerte. Allerdings sind die Gründe für diesen Rüstungswettlauf diesmal ganz andere, deutlich gefährlichere. Die UdSSR führte eine Politik, die das Ergebnis des Zweiten Weltkriegs bewahren, nicht aber ihre Einflusszone in Europa ausdehnen sollte. Putins Russland führt dagegen eine revanchistische Angriffspolitik. Der Rüstungswettlauf dient Putin zur Expansion, zur Unterwerfung der abgespaltenen Territorien des Imperiums.

Leider ist eine derartig katastrophale Variante der Entwicklung nicht ausgeschlossen. Der neue kalte Krieg zwischen Russland und dem Westen, der 2014 begann, hat eine fundamental andere ideologische Basis als der vorhergehende. Er ist noch gefährlicher und vergrößert das Risiko eines Übergangs in eine »heiße Phase«.

Man weiß, dass dem Kalten Krieg der Antagonismus zweier sozialer Systeme zugrunde lag: des sowjetischen pseudokommunistischen Totalitarismus und der marktwirtschaftlichen Demokratien der westlichen Länder. Die Machthaber in der UdSSR waren sich des unvermeidlichen Sieges ihres kommunistischen Systems über das kapitalistische sicher, waren davon überzeugt, dass »der soziale Fortschritt nicht haltmachen würde«, die Völker der westlichen Länder unter dem Einfluss des Erfolgs des »realen Sozialismus« ihre »Ausbeuter« stürzen und mit der sowjetischen Bevölkerung in ewiger Ekstase zu einer einzigen kommunistischen Gesellschaft verschmelzen würden. Genau das meinte Chruschtschow, als er den westlichen Botschaftern sagte: »Wir werden euch begraben.« Er war geradezu naiv davon überzeugt, dass die UdSSR die USA im wirtschaftlichen Wettlauf ein- und überholen würde, die Amerikaner die Vorteile des Sozialismus begreifen und ihn bei sich errichten würden. Chruschtschow fand sich zu Konzessionen in der Kubakrise bereit, in der Überzeugung, dass es sinnlos sei, mit den Amerikanern zu kämpfen, da sie früher oder später ohnehin auch Kommunisten würden. Nach diesem fantastischen Weltbild, das die Köpfe der sowjetischen Regierungschefs beherrschte, konnte der Konflikt mit dem Westen also ausgetragen werden, ohne den Gegner zu vernichten, da er unzweifelhaft in einen Sieg des Kommunismus in den westlichen Ländern münden würde. Das ist einer der Gründe, warum aus dem Kalten Krieg nie ein realer Weltkrieg erwuchs.

Die ideologischen Wurzeln des »Zweiten kalten Kriegs« sind gefährlicher. Putins Ideologie sieht keine Möglichkeit einer Umkehrung des kapitalistischen »Bocks« in ein kommunistisches »Schaf« vor. Im

Rahmen dieses Weltbildes kann der Krieg nur mit einer fatalen Niederlage eines der Kontrahenten enden.

Der Weltanschauung der heutigen russischen Machthaber liegen keine kommunistischen Träume zugrunde, sondern eine Sammlung archaischer geopolitischer, imperialer und klerikaler Mythen. Interessanterweise waren die gleichen Mythen, in leicht variierter Auslegung, auch bei der nationalsozialistischen Elite sehr beliebt. Die russischen Machthaber formulieren sie nur vorsichtig, da sie die scharfe negative Reaktion der Weltgemeinschaft fürchten. Aber ihr propagandistisches Personal spricht das Angedeutete offen aus.

Die ideologische Weltsicht Putins und seines Umfelds basiert auf der Theorie der ewigen Konfrontation zwischen Russland und dem Westen. Zusammengefasst sieht sie in etwa so aus: Der Konflikt mit dem Westen ist schicksalhaft und unabhängig von irgendwelchen zeitlichen Umständen. Der Westen trachtete immer danach, Russland zu versklaven und es sich zu unterwerfen. Aber Russland erhob sich stets von den Knien und übte Widerstand. Dieses Schema hat sich in der Geschichte mehrfach wiederholt. Und jetzt ist wieder der Zeitpunkt gekommen, da Russland ausreichend Kraft gesammelt hat, um es seinem westlichen Feind heimzuzahlen.

Entsprechend dieser Mythologie stecken die USA hinter allen Ereignissen, die der russischen Machtelite nicht passen. Die ganze ideelle Weltsicht erinnert stark an die nationalsozialistische Theorie einer Weltverschwörung, mit dem Unterschied, dass anstelle der Juden hier die Amerikaner auftreten. Die USA werden dämonisiert, wie Hitler die Juden dämonisierte. Alles was geschieht, wird durch das Prisma der antiamerikanischen Paranoia betrachtet.

Eine weitere wichtige Komponente der neuen Ideologie des kalten Krieges ist der russisch-orthodoxe Fundamentalismus, die Idee des Widerstands gegen den moralischen Verfall, der von Westen droht. Nach dieser Theorie ist Russland basierend auf dem russisch-orthodoxen Glauben ein Bollwerk traditioneller Werte und Moral. Das »Gayropa«, »das schwule Europa«, versinkt im Laster und will Russland als letzte Bastion der christlichen Tradition vernichten.

Das Know-how der putinschen Ideologen ist der panrussische Nationalismus, die Theorie von der »Russischen Welt«. Sie unterscheidet sich vom Panslavismus und vom russischen ethnischen Nationalismus. Nach diesem relativ neuen Konzept besteht die »Russische Welt« aus jenen Gebieten, in denen man Russisch spricht. Man geht davon aus, dass die russischsprachigen Territorien die Rückkehr zu Russland anstreben, das sie unter seinen mütterlichen Schutz nimmt. Diese Theorie wurde bei der Einnahme der Krim und im Krieg im Donbass bereits umgesetzt. Aber auch im Hinblick auf Estland, Lettland, Kasachstan usw. ist sie höchst gefährlich.

Der Westen kann den Frieden nur erkaufen, und zwar zum Preis einer Kapitulation in für den Kreml ideologisch wichtigen Fragen – wie etwa der nach dem Schicksal der »Russischen Welt« –, einer Revision der Ergebnisse des vorangegangenen Kalten Kriegs und der Rückkehr der ehemaligen sowjetischen Republiken in Russlands Einflusssphäre (und einiger strategisch wichtiger ehemals prosowjetischer Länder wie Syrien). Außerdem wird vom Westen unbeschränkte Vollmacht in Sachen Faschisierung und Terror gegen die inländische Opposition verlangt. Natürlich werden sich die westlichen Staaten nicht zu derartig allumfassenden Konzessionen bereitfinden.

Russland ist weder imstande, einen »kalten« noch einen »heißen« Krieg gegen den Westen zu gewinnen. Es verfügt nicht einmal über die Ressourcen, über die die UdSSR verfügte. Seine wirtschaftlichen und militärischen Möglichkeiten sind nicht mit denen der wohlhabenden westlichen Länder zu vergleichen. Putins Politik besteht darin, mithilfe von Erpressung beim Westen Zugeständnis um Zugeständnis zu erwirken und so, wenn auch nicht de jure, so doch immerhin de facto, die Anerkennung der Ergebnisse seiner fortschreitenden Expansion zu erreichen.

Eine solche Expansion ist vor allem deshalb so gefährlich, weil der russische Präsident offenbar bislang noch nicht erkannt hat, wie schwach seine Position ist. Es ist ein schmaler Grat, der die Welt von einer Katastrophe trennt – Putin könnte die Lage falsch einschätzen und einen Schritt zu viel wagen.

## Religion des Kriegs

Die Gefahr eines neuen Krieges wird zudem durch die Tatsache verstärkt, dass der vorangegangene große Krieg praktisch das Objekt eines religiösen Kults in Russland geworden ist.

Jede Art der nichtapologetischen Einschätzung der Ereignisse im »Großen Vaterländischen Krieg« – in der russischen Abkürzung WOW – ruft bei den russischen Machthabern und bei Journalisten eine regelrechte Hysterie hervor, die den Reaktionen der Islamisten auf »Beleidigungen gegen den Propheten Mohamed« ähnelt. Die fanatischsten Anhänger dieses WOW-Kults erinnern an eben diese Islamisten, weshalb man sie auch WOWisten nennen könnte. Ihr Dogma lautet: »Wir haben die ganze Welt gerettet: die miesen Juden, die doofen Amis, die blutrünstigen Engländer und die schlauen Ukrainer (obwohl, eigentlich hätten wir sie besser nicht retten sollen, diese falschen Schlangen). Jedenfalls sind sie uns alle was schuldig. Und wer daran zweifelt, ist ein undankbarer Faschist.«

Die Anhänger dieses Kultes um den »Großen Vaterländischen Krieg« verschwenden keinen Gedanken daran, dass auch andere Völker gegen die Nationalsozialisten gekämpft haben, dass der Nationalsozialismus als historische Erscheinung zum Scheitern verurteilt war, dass, wenn Russland den Krieg verloren hätte, Deutschland trotzdem zerschlagen worden wäre, wie im Ersten Weltkrieg, als die Alliierten nach dem Frieden von Brest auch ohne die Russen auskamen, dass es den Staat, der im »Großen Vaterländischen Krieg« gewonnen hat (also die UdSSR), längst nicht mehr gibt, und dass die überwältigende Mehrheit der heutigen Russen keine Beziehung mehr zu den Ereignissen vor 70 Jahren hat. Wie auch die Dogmen anderer Religionen verlangt der Glaube an den WOW keine rationalen Beweise: »Ich glaube, weil es absurd ist.«

Wie die Islamisten versuchen auch die WOWisten ihren Kult der ganzen Welt aufzuzwingen, und wer ihre Dogmen in Zweifel zieht, der wird der Lästerung beschuldigt und wenn möglich bestraft. Teilt man Max Webers Ansicht, war der Protestantismus zu seiner Zeit die

Basis für Europas wirtschaftliche und soziale Entwicklung, denn er motivierte die Menschen zu persönlichen Erfolgen in ihrem Leben; der Kult um den »Großen Vaterländischen Krieg«, der das Gefühl der Größe zum Schnäppchenpreis vermittelt, wirkt dagegen absolut destruktiv und demotivierend auf die Russen, denn warum sollen sie sich anstrengen, da sie sowieso die Größten sind und die ganze Welt gerettet haben.

Der größte WOWist Russlands ist Putin. Und die Diener seines Kultes sind die Beamten und das propagandistische Personal.

Überhaupt ist der Kult um den »Großen Vaterländischen Krieg« eine Religion der Schnorrer, die sich mit fremden Federn schmücken. Der typische WOWist erinnert an einen nichtsnutzigen Enkel, der vor seinen Freunden die Pension seines Großvaters verprasst und sich dabei auch noch toll und reich vorkommt. Die Jünger der WOW-Religion verhalten sich gegenüber den realen Kriegsveteranen wie Marodeure, die die Leichen auf dem Kampffeld plündern. Sie sichern sich emotionale Selbstbestätigung mithilfe fremder Heldentaten, für die andere mit dem Leben bezahlten. Die Großväter kämpften und starben, und ihre Enkel bestahlen sie und eigneten sich freudig ihren Ruhm an. Die echten Veteranen haben nicht viel von diesem Kult. Sie leben schlechter als ihre ehemaligen besiegten Gegner in Deutschland, und der Staat wendet für sie unverhältnismäßig viel weniger auf als für die pompösen Spektakel im Rahmen des WOW-Kults, etwa bei den Feierlichkeiten zum 9. Mai.

Das wichtigste sakrale Symbol dieses Kultes ist das Sankt-Georgs-Band, das sich die WOWisten an Feiertagen an verschiedenen Stellen anheften, wie archaische Stämme von Touristen geschenkte Ketten.

Während die Islamisten Fanatiker sind, sind die einflussreichen WOWisten in erster Linie Gauner, die mithilfe dieses Kultes ihre Macht und ihre Privilegien zu sichern suchen. Sie verkaufen ihr WOW-Opium ans Volk, damit dieses sich weiter in seinem hurrapatriotischen Rausch wiegt und widerspruchslos sein Joch trägt. Im Grunde sind diese Leute absolute Zyniker, die an nichts glauben und immer genau den Göttern dienen, deren Kult am vorteilhaftesten ist.

Ich empfinde großen Respekt für diese gewaltige Episode des Zweiten Weltkriegs, die von den stalinschen Machthabern zur Steigerung des Kampfgeistes der Bevölkerung »Großer Vaterländischer Krieg« genannt wurde. Umso mehr, als meine Verwandten in diesem Krieg kämpften und Stalins terroristisches Regime dabei dem – zumindest in ihren Augen noch schrecklicheren – Regime Hitlers Widerstand leistete. Die Erinnerung an den Krieg zu bewahren und die Veteranen zu unterstützen ist ganz zweifellos notwendig. Wie es im *Revisor* von Nikolai Gogol heißt: »Natürlich war Alexander der Große ein Held, aber das ist kein Grund, Stühle kurz und klein zu hauen.« Wozu alle diese teuren WOW-Rituale, der fanatische »WOWismus«, die regelmäßig auftretenden aggressiven Ausfälle gegen die »WOW-Lästerer«?

Die Religion des Sieges nimmt den Charakter eines der Gesellschaft aufgezwungenen totalitären Kultes an, der einen wichtigen Bestandteil der sich formierenden chauvinistischen Staatsideologie ausmacht. Diese ganze Hysterie um den »Großen Vaterländischen Krieg« beweist nur, dass der Staat in Russland immer ideologischer wird und vom Autoritarismus in Richtung Totalitarismus driftet.

## Geschäfte, Verhandlungen und der Krieg mit den »Molchen«

In vieler Hinsicht ist die »zivilisierte Welt« selbst daran schuld, dass die Situation so gefährliche Züge angenommen hat. Ihre Politik gegenüber dem postsowjetischen Russland lässt einen an Karel Čapeks bemerkenswertes Buch *Der Krieg mit den Molchen* denken.

Darin wird die fantastische Geschichte der Beziehung zwischen Menschen und gigantischen, lernfähigen Molchen geschildert. Am Anfang benutzen die Menschen die Molche für ihre persönlichen eigennützigen Interessen, machen auf ihre Kosten Geschäfte, zwingen sie, für sie zu arbeiten. Aber später befreien sich die Molche aus dieser untergeordneten Position. Schnell übernehmen sie die menschlichen

Technologien, erklären sich dank der Unterstützung verschiedener Länder für unabhängig und beginnen die Welt nach ihren Bedürfnissen zu formen: Unter der Leitung des Großen Molches gehen sie dazu über, das Festland zu fluten, um das für sie übliche Leben unter Wasser führen zu können. Die schwache und zerstrittene menschliche Gesellschaft kann den Molchen keinen Widerstand entgegensetzen – und ist zum Untergang verurteilt.

*Der Krieg mit den Molchen* wurde immer als Pamphlet gegen Hitlers Deutschland und seine europäischen »Friedensstifter« gedeutet. Aber jetzt bekommt der Roman einen ganz neuen Sinn. Auf die aktuelle Situation rund um Putins Russland passt er noch besser.

Als der sowjetische Eiserne Vorhang fiel, lernte die Welt ein ihr unbekanntes Land kennen. Dabei handelte es sich schon nicht mehr um die ideologisierte geschlossene UdSSR, sondern um das neue »marktwirtschaftliche« Russland. Dort herrschten exotische Leute, fast noch Wilde. Auf wen man da nicht alles traf: auf ehemalige Parteifunktionäre, die zu glühenden Demokraten geworden waren, auf Geschäfte treibende Beamte, wohltätige Gangster, mafiöse Geheimdienstler, russisch-orthodoxe Kommunisten und dem KGB angehörende Bischöfe der russisch-orthodoxen Kirche, auf diebische Intellektuelle und Diebe, die sich als Intellektuelle ausgaben, auf »Kämpfer gegen die Oligarchen«, die von den Oligarchen finanziert wurden, und Oligarchen, die Horden von Schnorrern aller Art unterhielten (von Ministern und Journalisten bis hin zu einfachen Arbeiterinnen im Bereich der sexuellen Dienstleistungen). Das Einzige, was diese Leute allesamt verband, war nach den halbhungrigen sowjetischen Jahren nicht der Wunsch, sich satt zu essen, sondern sich so schnell wie möglich mit allem, was verfügbar war, bis zum Hals vollzustopfen: mit Geld, mit Macht, mit Luxus, Eigentum, käuflichem Sex. Dafür waren viele von ihnen zu allem bereit: sich gegenseitig zu ermorden, ihr Leben für einige Jahre der »großen Fresserei« zu opfern, ihr Umfeld zu verkaufen und zu verraten. So oder so galten ihnen Bestechlichkeit und Diebstahl als ihr täglich Brot.

Damals verhielt sich der Westen gegenüber der russischen Führungsschicht etwa so, wie die Menschen sich gegenüber den Molchen in Čapeks Roman verhielten. Also zutiefst utilitaristisch: Na gut, klar, das sind keine normalen zivilisierten Menschen, sondern fast noch Tiere, aber sie kontrollieren die gewaltigen Rohstoffe ihres riesigen Landes, in dem große, aberwitzige Summen zirkulieren werden, daher muss man die Augen vor all ihren Verbrechen verschließen und mit ihnen Geschäfte machen.

Die solventen russischen »Molche«, die in die zivilisierte Welt reisten, um die in der Heimat gestohlenen Gelder auszugeben, wirkten wie Wilde, denen man am besten nur mit einem parfümierten Tuch in den Nasenlöchern gegenübertrat. Aber selbst die zimperlichen Engländer versuchten das zu ignorieren. Profit ist wichtiger als ästhetisches Unwohlsein.

Die Verse Alexander Tinjakows, eines wenig bekannten Dichters vom Beginn des 20. Jahrhunderts, könnten als Hymne der »Molche« dienen: »Süßes Futter, leckeres Futter schenke doch das Schicksal mir, stets bereit zu allen Taten werde gewiss ich sein dafür.« Oder: »Aus tiefster Seele verachte ich: Gewissen, Würde, Ehre.« Oder als weitere Variante seiner Hymne, für die eher schöpferisch veranlagten Akteure unter den »Molchen«: »Jeder handelt, womit er kann: Die Prostituierte mit ihrem stattlichen Körper, und ich mit Talent und Seele.«

Die »Molche« machen einen kleinen Teil der russischen Gesellschaft aus, seine privilegierte und angefütterte Führungsschicht. Die übrige Bevölkerung des Landes sind dagegen Geiseln, genau wie es die Einwohner jenes Staates sind, der ihrer Aggression ausgeliefert ist.

Nach und nach lernten die »Molche« das Verhalten der Europäer zu imitieren, fingen an, halbwegs Englisch zu sprechen, eigneten sich äußerlichen Schliff an, aber dabei blieben sie im Wesentlichen primitive Wilde, die nach einer Menschenfressermoral agierten und herrschten: Gut ist, wenn du den Nachbarn auffrisst, und schlecht ist, wenn dich der Nachbar frisst.

Als der alte »Oberste Molch« (Jelzin) krank wurde, bestimmte er einen Nachfolger, eine kleine, aber höchst bösartige und aggressive

Gestalt in den mittleren Jahren, die bis dahin in der Wache der »Molche« gedient hatte. Das neue Oberhaupt der »Union der Molche« zeichnete sich nicht durch irgendwelche besonderen Fähigkeiten aus, dafür war es ein typischer Vertreter seiner Umgebung, sozusagen die Quintessenz all ihrer Besonderheiten und Fehler. Nachdem der »Obermolch« sich an der Spitze etabliert hatte, begann er nach und nach, alle molchischen kriminellen Praktiken immer weiter in andere Sphären auszudehnen. So befahl er etwa, seinen Feind in London mithilfe von hochradioaktivem Gift zu ermorden, und setzte damit das Leben vieler Tausender Europäer aufs Spiel.

Dann modernisierten die »Molche« für das vom Westen für Erdöl und Gas erhaltene Geld ihre Armee und ihre Geheimdienste. Sie spürten ihre Stärke und begannen die Welt nach ihren Vorstellungen zu verändern, der internationalen Politik ihre Spielregeln und Beziehungsmuster einzupflanzen. Als Experimentierfeld diente ihnen dazu die Ukraine, deren Einwohner sie stets als abtrünnige »Molche« wahrgenommen hatten, die sich als Menschen ausgaben.

So begann der heute herrschende »Krieg mit den Molchen«. Europa versucht ihn aufzuhalten, sich vom Aggressor freizukaufen (wie in Čapeks Roman). Dafür organisiert es endlose und sinnlose Verhandlungen, während die »Molche« die Europäer einfach anlügen und weiter ihre Ziele verfolgen. Ein Beispiel dafür ist jene ungeheuerliche Episode, bei der aufs Gröbste gegen die frisch verhandelten Vereinbarungen von Minsk II verstoßen wurde und es daraufhin zur Tragödie von Debalzewe kam. Die »Molche« leben nach »Begriffen«, die sich von den Regeln der zivilisierten Menschen unterscheiden. Für die Akteure der »Union der Wohlhabenden Molche Russlands« bedeuten Worte, Verträge, Vereinbarungen nichts und werden nur gebraucht, um die Wachsamkeit des Konkurrenten einzuschläfern, um ihm dann, bei der nächsten Gelegenheit, einen Stoß in den Rücken zu verpassen. Jede Lüge, Provokation, jeder Mord ist in den Augen der »Molche« gerechtfertigt, wenn ihnen dadurch ein Vorteil entsteht. So agierten sie viele Jahre lang in ihrem Land. Und jetzt haben sie diese Lebensprinzipien aufs internationale Parkett getragen.

Die Europäer erwiesen sich als vollkommen unvorbereitet auf diesen »Kampf ohne Regeln«. Sie versuchen mit gemeinhin bekannten Gaunern ein ehrliches Spiel zu treiben. Und als Folge wischen sie sich nur belämmert die Spucke der »Molche« aus dem Gesicht.

Die »Molche« kann man nicht mehr aufhalten. Sie haben in Russland schon alles gefressen, was es zu fressen gab, und jetzt sind sie in den operativen Raum vorgedrungen, um die verhasste »Trockenheit« zu zerstören, also die europäische Rechtskultur, die ihrer Expansion im Wege steht und sie zwingt, ihre eigene Minderwertigkeit zu spüren. Sie wollen der Welt keine andere Wahl lassen, als ihre Regeln anzuerkennen, ihr Recht, immer neue Gebiete in ein mafiöses sumpfiges Dickicht zu verwandeln, in dem die Speichellecker des »Großen Molches« leben.

## Putins »Ganoven« und die europäischen *frajer*

Die Bücher Warlam Schalamows können helfen zu verstehen, was in Russland heute vor sich geht. Schalamow war viele Jahre Lagerhäftling und schrieb: »Der Mensch hat sich als viel schlechter erwiesen, als die russischen Humanisten des 19. und 20. Jahrhunderts von ihm dachten. Und auch nicht nur die russischen, warum das immer verhehlen? (…) Die Verhältnisse? Aber die Verhältnisse können sich wiederholen, wenn die kriminelle Infektion eine Gesellschaft erfasst, in der die moralische Temperatur in eine günstige Routine, auf den optimalen Zustand gebracht ist. Und sie wird vom Weltenbrand erfasst worden sein innerhalb von 24 Stunden.«

Die Vorhersagen des genialen Schriftstellers erfüllen sich vor unseren Augen: die »Ganoven«-Krankheit, die von Putins Behörden verbreitet wird, hat die russische Gesellschaft erfasst und strebt danach, nach Europa vorzudringen.

Lesen wir Schalamow weiter: »Alle Menschen auf der Welt teilen sich, nach der Philosophie der Ganoven, in zwei Gruppen. Die eine

Gruppe sind die ›Menschen‹, die ›Gauner‹, die ›Verbrecherwelt‹ (…) Die anderen sind die *frajer* (…). Lüge, Betrug, die Provokation des *frajers*, sogar eines Menschen, der dem Ganoven das Leben gerettet hat – all das ist nicht nur in Ordnung, sondern auch ein besonderes Ruhmesblatt der Ganovenwelt, ihr Gesetz. (…) Die Verlogenheit der Ganoven kennt keine Grenzen, denn gegenüber den *frajern* (und *frajer* sind die ganze Welt außer den Ganoven) existiert kein anderes Gesetz als das Gesetz des Betrugs, mit allen Mitteln: Schmeichelei, Verleumdung, Versprechungen …

Der *frajer* ist nur dazu geschaffen, dass man ihn betrügt; (…) Eine märchenhafte Zahl von Chefs aller Art, von angestellten und nichtangestellten Erziehern, von Milizionären und Untersuchungsführern sind dem schlichten ›Ehrenwort der Diebe‹ auf den Leim gegangen. Wahrscheinlich ist jeder, zu dessen Arbeitsverpflichtungen der tägliche Umgang mit den Gaunern gehörte, immer wieder auf diesen Köder hereingefallen. Ist zweimal und dreimal hereingefallen, weil er einfach nicht verstehen konnte, dass die Moral der Ganovenwelt eine andere Moral ist (…).«

Im Russland nach der Perestroika teilte sich die Bevölkerung ziemlich schnell in die »Gauner«-Herren des Landes und die rechtlosen, unterdrückten *frajer*-Opfer. Die Herren waren die Oligarchen, hohe Beamte und Geheimdienstmitarbeiter, der kriminellen Welt nahestehende Geschäftsleute, Gangster, die mit der Geschäftswelt zusammenarbeiteten usw. *Frajer* sind alle anderen. Im Zuge der Privatisierung unterstellten die Gauner die »Pipelines« der Gas- und Ölwirtschaft ihrer Kontrolle und beuteten die Ressourcen des Landes zu ihrem persönlichen Gewinn aus. Den *frajern* blieb nichts weiter übrig, als dumpf vor sich hinzumurren und sich mit billigem Wodka volllaufen zu lassen (sein niedriger Preis ist das Einzige, was die Gauner ihnen ließen).

Zu einem bestimmten Zeitpunkt beschlossen die Gauner, die innerhalb der Bevölkerung eine verschwindende Minderheit ausmachten, ihre Macht zu festigen. Dafür mussten sie es so einrichten, dass die *frajer* ihre Herrschaft nicht nur erduldeten, sondern sich mit Enthusiasmus um sie scharten. Mit materiellen Gaben ließ sich dieses Vorhaben nicht umsetzen, außerdem wollten die Gauner nichts von ihrem Wohlstand abgeben. Sehr viel wirkungsvoller war eine äußere Expansion. Es galt, ein Opfer zu finden, dem gegenüber die russischen *frajer* sich ihrerseits als Gauner fühlen konnten, als vollwertige Bandenmitglieder, die unter der Führung ihres Paten den gemeinsamen Feind erniedrigten.

Dieses Opfer war die Ukraine. Nach dem Überfall auf sie erfasste die »Ganoven«-Krankheit, vor der Schalamow gewarnt hatte, augenblicklich die gesamte russische Gesellschaft. Freudig empfanden sich die Erniedrigten nicht mehr als Opfer, sondern als Sieger, besser gesagt, als Peiniger anderer, also, aus der Sicht einer kriminellen Ethik, als vollwertige Menschen und Gauner. Die ganze Putin-Zone verschmolz in Ekstase, als sie ihren postsowjetischen Pritschennachbarn vergewaltigte. Aber das Wichtigste begriffen die dummen russischen *frajer* nicht: Trotz allem waren und blieben sie die Geleimten, die wieder einmal von den herrschenden Gaunern betrogen und bestohlen worden waren.

Putin ist ein Mann des Geheimdiensts, steht der kriminellen Welt nahe und hat sich ihre Bräuche angeeignet. (Schon in Petersburg unter dem Bürgermeister Anatoli Sobtschak stand er in enger Verbindung zu den örtlichen »Dieben im Gesetz«, wovon erst kürzlich ein Zeuge dieser Ereignisse Interessantes berichtete; nämlich der Generaldirektor der Informations- und Analyseagentur für journalistische Recherchen Dmitri Sapolski.) Es ist kein Zufall, dass Russlands Außenpolitik sich heute auf dieselben kriminellen Methoden gründet wie die Innenpolitik: auf Lüge, Gewalt, Einschüchterung, Provokation.

## Die neue »heiße« Front im neuen kalten Krieg

Als Putin zum ersten Mal über eine mögliche Beteiligung der russischen Luftwaffe im Krieg gegen den sogenannten IS sprach, hatten viele Menschen das Gefühl, das sei eine absolut gewinnbringende Idee. Ja, dann würde der Westen dem russischen Präsidenten demütig dafür danken, dass er die Zivilisation vor der islamistischen Bedrohung rettete. Und noch überraschender war, dass sogar etliche westliche Staatsoberhäupter auf Russlands Hilfe bei der Lösung der Probleme in Syrien hofften.

Das Scheitern der syrischen Friedensgespräche in Genf sowie die Besetzung und Bombardierung Aleppos haben die Hoffnungen darauf, dass Putins Einmischung konstruktiv sein könnte, endgültig begraben. Mit der Armada der russischen Luftwaffe im Rücken hat Assad neuen Mut geschöpft und ist zum Angriff übergegangen. Aber nicht auf den sogenannten IS, sondern auf die mit den radikalen Islamisten nicht verbundene syrische Opposition. Die russische militärische Operation hat wieder zu einer erneuten Zuspitzung der Lage in Syrien und zu neuen Flüchtlingsströmen geführt.

Nach seiner Aggression auf die Ukraine wäre es naiv gewesen, von Putins Führung eine andere Politik zu erwarten. Das gibt es nicht, dass ein Regime in der einen Konfliktsituation als Aggressor auftritt und in einer anderen als Friedensstifter. Wenn in einem Land Kräfte herrschen, die auf äußere Expansion ausgerichtet sind, werden sie jeden Konflikt zur Umsetzung ihrer aggressiven Vorhaben nutzen. Nicht zufällig haben die Operationen in der Ukraine und in Syrien stilistisch viel gemeinsam. Die obersten Gebote der russischen Offiziellen lauten: die offensichtlichen, aber unangenehmen Fakten zu leugnen, Verbrechen nicht zuzugeben, selbst wenn man, wie es so schön heißt, mit rauchendem Colt erwischt wurde, die Schuld auf die Amerikaner abzuschieben (wie kürzlich bei der Bombardierung eines Krankenhauses in Aleppo). Ebenso unverändert verfolgt Putin die Taktik der Lösung seiner eigenen militärischen Aufgaben unter dem Deckmantel »einer Beteiligung am Friedensprozess«.

Man muss nur die massive russische Informationskampagne im Zusammenhang mit der Flüchtlingskrise beobachten, um sich darüber klar zu werden, dass es Putin kaum darum geht, in Syrien Frieden zu schaffen und Europa bei diesem Problem zu helfen. Im Gegenteil, aus diversen Gründen gilt sein Interesse nicht der Beendigung, sondern vielmehr der Zuspitzung des syrischen Kriegs, nicht der Zerschlagung des IS, sondern seiner Bewahrung. Neue Flüchtlingsströme untergraben ganz objektiv die Position von Putins Gegnern in der Europäischen Union, darunter die von Angela Merkel. Nur eine Globalisierung des Konflikts und seine Ausweitung auf andere Länder im Nahen Osten könnten den Fall des Ölpreises aufhalten, woran Russland äußerst gelegen ist. Die Terrorakte der Islamisten lenken die Aufmerksamkeit der Welt von Russlands Aggression in der Ukraine ab. Das alles zusammen könnte die Position des Westens als wichtigsten Gegner von Putins Russland im neuen kalten Krieg spürbar schwächen.

Die offiziell verkündeten und die tatsächlichen Ziele der russischen Einmischung in Syrien unterscheiden sich radikal voneinander. Wie das Vorgehen der russischen Militärs bewiesen hat, strebt Putin vor allem danach, Assads Regime zu stützen, nicht aber den sogenannten IS zu vernichten. Es gibt keine unversöhnlichen ideologischen Widersprüche zwischen beiden. Der Putinismus und die Terrormiliz IS sind beide reaktionäre Projekte, die für die Rückkehr archaischer, klerikaler Werte eintreten. Beides sind Versuche, dem von »Westen vorrückenden Verfall« entgegenzuwirken, faktisch also der Demokratie, Toleranz und Freiheit. Es ist kein Zufall, dass Putin seinen eigenen kleinen IS in Form von Kadyrows Regime in Tschetschenien unterhält.

Russland und der IS haben einen gemeinsamen Hauptfeind – die USA. Der IS ist in Putins Weltbild vor allem der »Feind meines Feindes«.

Als die russische Führung ihr Militär nach Syrien schickte, hoffte sie, sich dem Westen als Retter verkaufen zu können und unter dieser Maske die Aufhebung der Sanktionen zu erreichen. Daraus wurde nichts. Putin hat die Beziehungen zu den westlichen Ländern nur verschlechtert. Und den neuen kalten Krieg zugespitzt.

Hinter der Nebelwand eines erfundenen »Feldzugs gegen den IS« begehen die russischen Machthaber nicht nur Kriegsverbrechen, die bereits verurteilt wurden, etwa von Amnesty International, vielmehr würden sie ihre militärische Präsenz im Nahen Osten gern radikal verstärken, die dortige Situation noch weiter hochschaukeln, eine starke schiitisch-alawitische Koalition (Assad, Hisbollah, Iran) bilden und bewaffnen, diese gegen die sunnitische Welt hetzen und den Krieg im Nahen Osten global machen. Nur ein solcher Krieg kann die russische Wirtschaft vor dem Zusammenbruch retten, den ihr der lang andauernde Ölpreisverfall beschert. Vorerst sind das alles noch geopolitische Fantasien der »Träumer im Kreml«. Die einzige Aufgabe, die bislang mit der syrischen Intervention gelöst wurde, liegt im Bereich der Innenpolitik. Wie Meinungsumfragen zeigen, hat die hurrapatriotische Hysterie, die mit dem Beginn dieses Krieges einhergeht, die Popularität des amtierenden Präsidenten auf ein neues Rekordhoch getrieben.

Die Intervention in Syrien ist Teil der putinschen Strategie einer Revanche für den Kalten Krieg. Diese Strategie sieht die Erneuerung von Russlands Status als Supermacht vor, die auf Augenhöhe mit den USA um den Einfluss in der Welt kämpft. Nach der lokalen »heißen« Front im Donbass hat Putin in Syrien nun faktisch eine weitere Front im neuen kalten Krieg eröffnet. Weder Verhandlungen noch Waffenstillstand werden ihn aufhalten. Nur ein sich in einer Krisensituation zuspitzendes Defizit wirtschaftlicher Ressourcen wird Putin zwingen können, sich von seiner Politik der militärischen Abenteuer zu verabschieden.

## Europa hat die Chance, den Krieg aufzuhalten

Die größte Schwäche von Putins System, seine Achillesferse, ist der Widerspruch zwischen einer aggressiven revanchistischen Außenpolitik und einer in die internationalen Märkte verflochtenen, von diesen abhängigen Wirtschaft.

Putins Munition kann nicht mit seinen Ambitionen mithalten – wie man in Russland sagt. Er hat keinen ausreichend starken wirtschaftlichen Rückhalt, um eine lang anhaltende expansionistische Politik zu führen. Der Einbruch des Rubels Ende 2014 hat gezeigt, dass die russischen Machthaber sich in imperiale Abenteuer stürzen, sich auf internationalem Parkett dreist und unverschämt benehmen, obwohl sie nur über eine schwache, verwundbare Wirtschaft verfügen, die von der Weltkonjunktur und dem Wohlwollen des westlichen Kapitals abhängig ist. Putins Russland ist ein Papierdrachen, der im Winde wirtschaftlichen Wirrwarrs flattert. Sein Wirtschaftsmodell wurde in vielen Aspekten von liberalen Ökonomen geschaffen und ist absolut nicht fähig zur Konfrontation mit seinen westlichen Partnern und dazu höchst anfällig für deren Druck. Die internationale Sperrpolitik, die Absage der großen internationalen wirtschaftlichen Akteure an eine Zusammenarbeit mit Russland, führt unvermeidlich zum starken Einbruch des Rubelkurses und zu fallenden Aktienkursen russischer Unternehmen, zur Kapitalflucht, einem Investitionsrückgang und schließlich zu einer schweren Krise. Die ökonomische Verwundbarkeit seines Systems ist das Einzige, was Putin aufhält. Wenn die nicht wäre, hätte er längst Truppen nicht nur nach Charkow und Odessa geschickt, sondern auch nach Kiew.

Nicht umsonst empfehlen die radikalen Chauvinisten Putin schon seit Langem, den Weg einer möglichst autarken Mobilisierungswirtschaft einzuschlagen. Sie wissen, dass die von ihnen angestrebte Revanche ohne ein solches Wirtschaftsmodell zum Scheitern verurteilt ist. Putin seinerseits scheint das noch nicht ganz begriffen zu haben. Er will das Unvereinbare miteinander verbinden: seine imperiale Revanche und eine international abhängige Marktwirtschaft, die die Realisierung seiner eitlen außenpolitischen Pläne deutlich einschränkt.

Die Wirtschaftssanktionen gegen Putins Regime sind bislang noch lokal begrenzt, trotzdem haben sie schon einen gewissen Effekt erzielt und dafür gesorgt, dass die russische Wirtschaft in eine Krise geriet und der Rubel abgewertet wurde. All das hat Russland zu gewissen Konzessionen gezwungen. Und als Folge davon wurden die aktiven Kriegshandlungen in der Ukraine fürs Erste eingestellt.

Am effektivsten könnten personelle Sanktionen gegen die Vertreter der russischen Behörden sein. Bisher haben derartige Sanktionen nicht einmal die Schärfe eines Mückenstichs, sondern sind eher vergleichbar mit dem Summen einer Mücke, die versucht, die über ihr erhobene

Hand aufzuhalten. Die jetzigen Sanktionen demonstrieren nur, dass der Westen keine Ahnung hat, wie das korrupte System der Macht in Russland konstruiert ist. Etwa dass die russischen Beamten im Geschäft nicht unmittelbar agieren, sondern mithilfe ihrer Verwandten und Partner. Was hat es für einen Sinn, gegen die Vorsitzende des Föderationsrats Matwijenko Sanktionen zu verhängen, wenn man sie nicht auch gegen ihren milliardenschweren Sohn verhängt? Überhaupt sind es vor allem die Kinder aus Putins gesamtem Umfeld – also auch die der Silowiki und »Kriegstreiber« unter seinen Beamten –, die dick im Geschäft sind und sich dabei den Einfluss und die Macht ihrer Eltern zunutze machen: der Sekretär des Sicherheitsrats Nikolai Partuschew, der Generalstaatsanwalt Juri Tschaika, die Direktoren des Inlandsnachrichtendiensts (FSB), Alexander Bortnikow, und des Auslandsnachrichtendienstes (SWR), Michail Fradkow, der Vizepremier der russischen Regierung mit Zuständigkeit für den militärisch-industriellen Komplex, Dmitiri Rogosin, der Chef des Föderalen Dienstes für Bewachung (des russischen Präsidenten und der Regierung), Jewgeni Murow usw. Damit die Sanktionen wirken, müssten sie also vor allem deren Kinder treffen.

Die gehobene russische Bürokratie und die mit ihr verflochtene Wirtschaft sind eine kriminelle Organisation, deren Beteiligte die kollektive Verantwortung für alle Vorgänge an der Macht tragen. Wenn man von dieser Tatsache ausgeht, dann sollten die Sanktionen gleichzeitig gegen alle hohen russischen Beamten (der Klasse A) sowie deren nahe Verwandte und Geschäftspartner verhängt sowie auf die russischen Großunternehmer ausgedehnt werden (die ersten 20 auf der *Forbes*-Liste), denn sie alle stehen der russischen politischen Führung auf die eine oder andere Weise nahe; außerdem auf russische staatliche Unternehmen und auf Unternehmen mit staatlicher Beteiligung. Alle Arten von Aktiva der aufgezählten Personen bzw. Organisationen sollten eingefroren werden, darunter Konten, Eigentum in den USA und in der EU, der Schweiz, Liechtenstein und an Offshorefinanzplätzen.

Solche Sanktionen würden die herrschende russische Elite spalten, sie in Panik versetzen und daran hindern, Putins gefährliche Pläne zu realisieren. Nur derartige Sanktionen sind in der Lage, Putins Umfeld zu zwingen, ihre Angst vor ihrem Patron zu überwinden und den russischen Präsidenten aus dem Kreml zu jagen. Das wäre die einfachste Methode, die Kriegsgefahr auszuräumen, die der Welt von den heutigen russischen Machthabern droht, und gleichzeitig das russische Volk von seinem Diktator und seiner Rechtlosigkeit zu befreien. Natürlich würde eine solche Entscheidung auch den Ländern, die die Sanktionen verhängen, gewissen wirtschaftlichen Schaden zufügen. Aber der Frieden ist wichtiger als der Profit.

# 6. Deutschland und Putin

*»Im Namen aller Molche schlägt der Oberste Molch Ihnen die Zusammenarbeit vor. Gemeinsam mit uns werden Sie Ihre Welt zerstören.«*

Karel Čapek

Deutschland ist für Russland ein besonderes Land, so wie Russland für die Deutschen. Lange Zeit nach dem Zweiten Weltkrieg war das Wort »Deutscher« in Russland praktisch ein Schimpfwort, ein Synonym für »Faschist, »Angreifer«. Ich habe unter anderem ein ungeheuerliches Detail im Gedächtnis bewahrt. Mein Vater konnte sich gut an den Krieg erinnern und bedauerte es zutiefst, dass die Amerikaner die Atombombe nicht vor der Kapitulation Deutschlands erfunden und sie nicht »auf die Deutschen« abgeworfen hatten. Auf diese Weise hätten die Deutschen für die Schrecken des Kriegs und des Holocaust geradestehen müssen, waren doch der Großvater meines Vaters und viele seiner Verwandten bei dem Massaker von Babi Jar in Kiew ermordet worden.

Später begriff ich, dass die heutigen Deutschen nicht an den Verbrechen der Nationalsozialisten schuld sind (auch wenn sie den anständigen Wunsch hegen, für diese Verbrechen Reue zu bekunden). Ja, und auch die überwältigende Mehrheit der Deutschen zu Hitlers Zeiten (mit Ausnahme der nationalsozialistischen Führungsfiguren und der Mitglieder der Strafkommandos) war eher Mitläufer denn Verbrecher. Zunächst, noch als Jugendlicher, spürte ich das instinktiv. Und später, als ich mich verstärkt mit Geschichte und Soziologie beschäftigte, begann ich anhand vieler Beispiele zu begreifen, dass die Völker vieler Länder meistens nur ein gehorsames Instrument in den

Händen ihrer kriminellen Eliten sind. Die Deutschen der 1930er- und frühen 1940er-Jahre waren da keine Ausnahme, an ihre Stelle hätte praktisch jedes andere Volk treten können. So war es nicht nur mit Hitler-Deutschland, sondern auch mit Stalins UdSSR. Und so ist es auch mit Putins Russland, um das es in diesem Buch geht.

Aber Hass hält nicht ewig. Schon die erste Nachkriegsgeneration, zu der meine Mutter gehörte, befreite sich von den feindlichen Gefühlen gegenüber den Deutschen, wie sie mein Vater empfunden hatte. Im Gegenteil, in den spätsowjetischen Jahren galt Westdeutschland zumindest innerhalb der Intelligenzija als Beispiel eines erfolgreichen und freien Landes. Damals stellten die ersten russlandweiten Umfragen bezüglich des Verhältnisses der Menschen zu anderen Ländern fest, dass Deutschland im Großen und Ganzen positiv wahrgenommen wurde und die Russen es sich als wirtschaftlichen und politischen Partner wünschten. Tatsächlich fingen die Russen mit der Zeit an, die Deutschen zu mögen, sogar mehr als die Deutschen die Russen (möglicherweise als Folge der Unterstützung, die die BRD Russland damals in den Hungerjahren zu Beginn der Perestroika zukommen ließ, vor allem aber aufgrund der kulturellen und temperamentsbedingten Unterschiede der beiden Nationen). Laut Umfragen des Instituts für Demoskopie Allensbach im Jahr 2009 gab jeder vierte Deutsche auf die Frage »Mögen Sie die Russen?« eine positive Antwort, aber ungefähr ein Drittel gab zu, dass sie keine besonders herzlichen Gefühle gegenüber den Russen hegen. Die Sympathie der Russen zu den Deutschen überwog deutlich ihre Antipathie: 45 Prozent der Russen erklärten, dass sie die Deutschen mögen, und nur 27 Prozent empfanden keine besondere Sympathie für sie. Diese Umfragen zeigten, dass die Einwohner beider Länder damals an eine erfolgreiche Entwicklung ihrer Zusammenarbeit glaubten. Die Perspektive der deutsch-russischen Beziehungen schätzten 55 Prozent der Deutschen und 78 Prozent der Russen als »gut« oder »sehr gut« ein.

Die Russen verhalten sich zu Deutschland in erster Linie wie zu einem Teil des Westens, und dieses Verhältnis verändert sich analog zu einer veränderten Wahrnehmung anderer westlicher Länder. Man denke allein an den November 1991, als 80 Prozent der Befragten angaben, ein positives Verhältnis zu den USA zu haben und nur 6 Prozent ein schlechtes. Seither ist die Stimmung radikal umgeschlagen. Anfang 2015 hatten 81 Prozent der Russen ein negatives Verhältnis zu den USA und nur 13 Prozent ein gutes. Nach dem gleichen Muster veränderte sich auch die Wahrnehmung der anderen westlichen Länder*.

Seit der Perestroika hat das Verhältnis der Russen zum Westen verschiedene Etappen durchlaufen. Ende der 1980er-, Anfang der 1990er-Jahre: Verliebtheit; Mitte der 1990er-Jahre: Erkaltung; in den 2000er-Jahren: Stabilisierung; Anfang der 2010er-Jahre bis 2014: Abneigung; seit 2014: Feindschaft.

Ich glaube, die Erkaltung gegenüber dem Westen in den 1990er-Jahren hatte etwas mit der Enttäuschung der Russen über den Verlauf der demokratischen Reformen und über Jelzins Politik zu tun. Denn während der Perestroika glaubten viele, man müsse nur die Kommunistische Partei von der Macht vertreiben, damit Menschen in Russland so reich und frei leben können wie im Westen (Deutschland, die USA usw.) Die russische Wirklichkeit der 1990er-Jahre war extrem weit entfernt von einer »lichten Zukunft«. Als das Leben »wie im Westen« sich als Trugbild herausstellte, ging auch sein früherer Zauber verloren.

Trotzdem hatte diese Erkaltung nichts Absolutes. Die Mehrheit der Befragten gab während der 2000er-Jahre weiter an, ein gutes Verhältnis zu den westlichen Ländern zu haben. Der Anteil jener, die den USA positiv gegenüberstanden, schwankte in den Jahren 2000 bis 2005 zwischen 50 und 70 Prozent, nur sehr selten und für kurze Dauer sanken die Umfragewerte unter 50 Prozent. Der Europäischen Union und Deutschland standen zu dieser Zeit noch mehr Befragte positiv gegenüber: zwischen 70 und 80 Prozent.

Die staatliche Propaganda gegen den Westen, die nach dem militärischen Konflikt mit Georgien im Jahr 2008 einsetzte und sich während

* Soweit nicht anders angegeben, führe ich im Folgenden dazu die Umfragen des Lewada-Zentrums an.

der Massenproteste 2011 und 2012 besonders verstärkte, führte dazu, dass sich bei den Umfragen immer weniger Menschen entschlossen, ihre Sympathie für die westlichen Länder zuzugeben. Im Fernsehen wird den Menschen eingeredet, dass der Westen der ewige Feind Russlands sei, die Amerikaner Russlands Stabilität sabotierten und die schon in Kürze zu erwartende wirtschaftliche Blüte zu verhindern suchten, wenn sie die »Volksverräter« zu ihren Empfängen in die Botschaft einladen und mit Plätzchen bewirten. Man hat die Menschen davon überzeugt, dass die westlichen Länder auf alle mögliche Art und Weise versuchen, sie zu versklaven und ihnen die natürlichen Ressourcen des Landes und ihre richtige sexuelle Einstellung zu nehmen; und dass nur Feinde Russlands den Westen unterstützen können. Leider muss man sagen, dass diese Propaganda (wie zu erwarten) höchst effektiv ist. Die Geschichte hat schon viele Male bewiesen, auch in unserem Land, dass die überwältigende Mehrheit der Menschen nicht in der Lage ist, totaler Propaganda zu widerstehen. Es ist leichter für sie, das anzunehmen, was der Staat ihnen einflüstert, was man für die Meinung der Mehrheit hält, als sich dem Informationsdruck zu widersetzen und sich dadurch in die unangenehme und nicht ungefährliche Lage eines Abtrünnigen zu bringen.

Ein endgültiger und radikaler Umschwung fand im Jahr 2014 statt, nach Einsetzen der aggressiven Handlungen gegen die Ukraine und einer massiven Gehirnwäsche der Fernsehzuschauer. Das betraf auch die Beziehungen der Russen zu Deutschland.

Nach amerikanischen Studien des Unternehmens Pew Research Center hat sich die Zahl der russischen Einwohner mit einem positiven Verhältnis zu Deutschland um 43 Prozent von 78 Prozent auf 35 Prozent verringert. Im November 2013 bezeichneten 60 Prozent der Russen die BRD als Freund oder Partner, und im Dezember 2014 vertraten nur noch 26 Prozent der Befragten eine solche Meinung (Umfrage: DW-Trend).

Nicht nur die Beziehungen zu einzelnen Ländern verschlechterten sich, sondern auch zum westlichen Lebensstil insgesamt. Im Jahr 2008 hatten dazu 46 Prozent ein positives Verhältnis und im Jahr 2015 nur noch 30 Prozent. Jedoch hält die Mehrheit der Befragten trotz allem nicht den Westen für den Hauptgegner, und schon gar nicht die BRD, sondern die USA und ihren Präsidenten. Dieses Land und Barack Obama persönlich werden von 37 Prozent der durch den staatlichen soziologischen Dienst Befragten als größter Feind der russischen Kultur und Werte eingeschätzt.

Die Verschlechterung des Verhältnisses zum Westen und zu Deutschland geht einher mit einer zunehmenden Popularität des Glaubens an eine westliche Verschwörung gegen Russland (mehr als die Hälfte der Befragten glauben daran), an eine westliche Weltherrschaft (daran glauben 45 Prozent der durch den staatlichen Dienst Befragten) und andere konspirative Schauermärchen, die das russische Fernsehen propagiert.

Es fällt auf, dass der Umschwung in den Beziehungen zum Westen erst stattfand, nachdem jede Art der öffentlichen Meinung faktisch bereits durch Angst und massive Propaganda zerstört worden war. Wie stark das demonstrative Verhalten der Befragten bei den Studien von der Propaganda abhängt, lässt sich an der monatlichen Dynamik der Beziehungen zu den USA und der EU ablesen. Die schlechtesten Werte ergaben sich auf dem Höhepunkt der antiwestlichen Propagandakampagne (Ende 2014 bis Anfang 2015). Sobald diese Kampagne ein wenig einschlief (etwa Mitte 2015), begannen die Beziehungen sich wieder zu verbessern.

Was in Russland nach der Annexion der Krim und zu Beginn der hurrapatriotischen Gehirnwäsche stattfand, könnte man mit den Worten jener bereits zitierten Zeugin des Aufstiegs der Nationalsozialisten an die Macht, Dora Nass, beschreiben: »Das Land war an Größenwahn erkrankt.« Im Jahr 2015 waren nach Angaben des Pew Research Center 63 Prozent der Russen stolz auf ihr Land. Das ist der höchste Stand seit Beginn der Studien dort, und er wuchs nach der Annexion der Krim und dem Beginn der Aggressionen gegen die Ukraine um mehr als das Doppelte. Größenwahn hat das Land erfasst und drängt es zu aggressiven Handlungen: Mehr als die Hälfte der Russen (61 Prozent) glaubt, dass »einzelne Teile der Nachbarländer Russland gehören«.

Und dazu passt auch, dass etwa sieben von zehn Russen – genau wie Putin – den Zerfall der Sowjetunion bedauern.

Die Deformation der öffentlichen Meinung, wie sie sich in Russland ereignet hat, ist ein Spiegelbild der chauvinistischen revanchistischen Propaganda, die nationalen Hochmut und ein negatives Verhältnis zu anderen Ländern einpflanzt. Deutschland wird im neuen Weltbild, das man den Russen aufdrängt, als Staat dargestellt, der zusammen mit den USA und dem Westen versucht, die »angeborene russische Größe« zu verhindern, und daher als Feind zu betrachten ist.

Die Deutschen ihrerseits haben ihre Position gegenüber Russland nach Beginn der neuen aggressiven russischen Politik ebenfalls verändert.

78 Prozent der Einwohner Deutschlands befanden die Beziehungen zu Russland im Jahr 2015 als schlecht oder sehr schlecht (laut einer gemeinsamen Studie der Warschauer ISP und der Berliner Bertelsmann Stiftung). Als sehr gut bezeichnet nur ein Prozent der Deutschen die Beziehungen.

Die Annexion der Krim und die sich anschließenden blutigen Ereignisse im Donbass öffneten der Mehrheit der Einwohner Deutschlands die Augen über die Natur von Putins Regime und darüber, was für eine Bedrohung es für die Welt bedeutet. Die Deutschen haben aufgehört, Russland als erstrangigen Partner zu betrachten, und fürchten es inzwischen offen. Nach Angaben des Instituts für Demoskopie Allensbach vom 16. April 2014 halten 55 Prozent der Deutschen Russland für ein gefährliches Land, 41 Prozent sind überzeugt, dass Russland für Deutschland eine Kriegsgefahr darstellt (Bertelsmann Stiftung 2015). Bis zur Übernahme der Krim vertrat lediglich eine unbedeutende Minderheit der Deutschen diese Auffassung.

Heute sehen nur 10 Prozent der Deutschen einen verlässlichen Partner in Russland. 76 Prozent der Befragten gaben an, dass die Beziehungen zwischen den beiden Ländern gestört sind. Auch das Verhältnis zu Putin hat sich radikal verändert. Vor zehn Jahren hatten nur 17 Prozent der Deutschen ein kritisches Verhältnis zu Putin, vor drei Jahren waren es 48 Prozent und heute sind es 65 Prozent (Institut für Demoskopie, Allensbach).

Die Deutschen begreifen, dass man gegen die neue Gefahr kämpfen muss, aber nicht mit militärischen Mitteln, sondern mit Sanktionen. Nach Ergebnissen einer gemeinsamen Untersuchung des amerikanischen Pew Research Center und der Bertelsmann Stiftung, die am 11. Mai 2015 veröffentlicht wurde, heißen 44 Prozent der Deutschen die Sanktionen der EU gegen Russland gut und 26 Prozent halten sie sogar für zu nachgiebig.

Die Deutschen haben auch von der Situation in Russland selbst eine mehr oder weniger angemessene Vorstellung. Im März 2015 führte Deutschland Trend im Auftrag der ARD eine repräsentative Umfrage durch, die zeigte, dass 83 Prozent der Deutschen glauben, dass die Behörden in Russland immer öfter gegen die grundlegenden demokratischen Rechte verstoßen. 76 Prozent sind davon überzeugt, dass Russland die Menschenrechte nicht ausreichend beachtet. 69 Prozent sind der Meinung, dass der staatliche Sicherheitsapparat in Russland zu viel Einfluss hat, 59 Prozent geben eine ungesunde soziale Spaltung der Gesellschaft an und 58 Prozent unterstreichen die Aussage, dass es in Russland bis heute keine garantierte Rechtssicherheit gibt.

Die Deutschen schätzen richtig ein, von wo die »Bedrohung für die Welt ausgeht«: acht von zehn Deutschen beurteilen Wladimir Putins Rolle in der Entwicklung des Ukraine-Konflikts und in der allgemeinen geopolitischen Lage kritisch.

## Müssen die Deutschen Putin fürchten?

Als Putin die Krim an sich riss und wenig später der Krieg im Donbass ausbrach, erschraken viele meiner deutschen Bekannten. »Wir dürfen nicht gegen Putin kämpfen, um die Ukraine zu verteidigen«, rief unsere höchst schockierte Nachbarin aus, eine Rentnerin, die meine Töchter vergöttert. Die Menschen in Europa haben sich längst an ein relativ stabiles und sicheres Leben gewöhnt. Und da tauchte plötzlich, für sie völlig unerwartet, wie aus dem Nichts die Gefahr eines neuen

Krieges auf. Wahrscheinlich ist jede Art von Konzession besser als Blutvergießen. Das Problem besteht darin, dass in der Geschichte jeder Versuch, einen Aggressor friedlich zu stimmen, stets damit endete, dass dieser noch dreister wurde und sich schließlich die Konfrontation mit ihm doch nicht vermeiden ließ. Aber hätte man gleich dagegengehalten, hätte die Gegenwehr weniger Aufwand erfordert und weniger Opfer gekostet.

Die deutsche Staatsmacht wollte der Wirklichkeit lange nicht in die Augen blicken. Man tat so, als ob es in Russland nach wie vor ein angemessenes zivilisiertes Regime gebe, mit dem man verhandeln und zusammenarbeiten kann. Deshalb hat Deutschland die bedrohlichen Signale aus meinem Land nicht ausreichend ernst genommen. Es versuchte zu ignorieren, dass sich in Russland ein autoritäres Regime etabliert hat, dass es politische Häftlinge gibt, dass die Bürokratie völlig korrupt ist und die Vertreter von Geheimdiensten, Polizei und Militär wie auch die Einrichtungen selbst reihenweise gegen die Bürgerrechte verstoßen. Die deutsche Regierung versuchte, die Beziehungen zu Russland nicht von der Vergiftung Litwinenkos, der Ermordung Politkowskajas, den massenhaften Folterungen und Entführungen in Tschetschenien und der Bombardierung georgischer Städte stören zu lassen. Sie versuchte zu ignorieren, dass sie es bei ihrem russischen Partner nicht mit zivilisierten demokratischen Politikern zu tun hatte, sondern mit korrupten Beamten, Auftraggebern von Killern und Personen, die gewohnheitsmäßig gegen Menschenrechte und die Normen des Völkerrechts verstoßen.

Putins Regime hoffte nicht ohne Grund darauf, dass Deutschland sich in der EU und in der G7 für seine Interessen starkmachen würde. Deutschland ist für Putin als großer wirtschaftlicher Partner der Staatsbetriebe vom Typ Gazprom wichtig. Nicht umsonst befindet sich in Deutschland die von Putin am stärksten finanzierte politische Lobby Europas. Außerdem versuchen Vertreter des Kremls die öffentliche Meinung in Deutschland zu beeinflussen und deutsche Journalisten, Beamte und Politiker zu kaufen. Daneben ist Deutschland ein Ort der Kapitalanlage und Geldwäsche der kriminellen russischen Politiker.

Im Jahr 2014 übersah Deutschland, wie auch andere westliche Länder, Russlands Plan einer seit Beendigung des Zweiten Weltkriegs beispiellosen territorialen Eroberung in Europa. Es entstand der Eindruck, dass die deutsche Regierung zunächst vollkommen entmutigt war und schlicht und ergreifend nicht wusste, wie sie mit Putin umgehen sollte. Offenkundig waren die Deutschen einfach nicht darauf vorbereitet, dass ihr langjähriger russischer Partner so gefährlich und unberechenbar war. Angela Merkel gab eine ziemlich scharfe Erklärung ab, um sich kurz darauf freundlich mit Putin zu unterhalten. Es sah aus, als würde es dabei bleiben. Eine derartige Inkonsequenz wertet der russische Präsident offenbar als Zeichen der Schwäche. Und nur deshalb erlaubte er es sich, die Krim zu annektieren und seine Expansion auf den Donbass auszudehnen.

Dann wurde die malaysische Boeing abgeschossen. Nach dem Friedensabkommen von Minsk vergaß Putin unverzüglich seine Verpflichtungen und bescherte den Ukrainern ein demonstratives Blutbad in Debalzewe. Wenig später wurde unweit der Kremlmauern Boris Nemzow ermordet. All das hat zwar die Einstellung deutscher Politiker gegenüber dem Regime im Kreml etwas verändert und Angela Merkels Rhetorik und Politik nach und nach verschärft. Nichtsdestotrotz scheint die deutsche Gesellschaft selbst jetzt noch nicht das ganze Ausmaß der Gefahr erfasst zu haben, die von Putins Regime ausgeht. Solange das der Fall ist, sind weitere gefährliche Fehler in der deutschen Ostpolitik unvermeidlich.

Ein solcher Fehler wäre etwa die Einbeziehung Putins in die Anti-Terror-Koalition gegen den sogenannten IS, was seit den Terroranschlägen in Paris diskutiert wird. Denn man kann den Terrorismus nicht mithilfe anderer internationaler Terroristen besiegen. Die Verbrechen von Putins Terroristen in der Ukraine sind genau so schrecklich wie die islamistischen in Paris. Man stelle sich vor, dass bärtige Kämpfer über Marseille abspringen und es erobern, dann dort im Angesicht ihrer Maschinengewehrläufe ein Referendum durchführen und die Stadt dank der Stimmen der vielköpfigen islamischen Gemeinde dem sogenannten IS angliedern. Als Nächstes erobern die

Einheiten der Terrormiliz weitere französische Departements, bewaffnen die islamische Bevölkerung und beginnen einen Krieg mit der französischen Armee.

Eine schreckliche Vorstellung, oder? Aber genau das haben Putins Terroristen in der Ukraine veranstaltet.

Deutschland hat sich bislang noch nicht endgültig für eine Politik entschieden, die Putin zügelt. Aber offenbar ist selbst der jetzt verfolgte, nicht sonderlich konsequente Kurs vielen noch zu harsch.

Mancher Deutsche meint, er kämpft gegen den Krieg, wenn er Putin verteidigt. Tatsächlich vergrößert er damit nur das Risiko eines Krieges. Im Dezember 2014 erschien ein Aufruf deutscher Politiker: »Wieder Krieg in Europa? Nicht in unserem Namen!« Dieser Aufruf ist typisch für die Rhetorik jener Deutschen, die Putin verteidigen, und setzt auf ein offensichtliches Missverständnis. Aus dem Text lässt sich schließen, dass nicht der Aggressor mit Krieg droht, sondern der, der sich ihm in den Weg stellt; nicht seine autoritären und kriegerischen Machthaber schließen Russland aus Europa aus, sondern jene, die sich dem widersetzen. Die Autoren des Appells schreiben über die Notwendigkeit einer neuen Entspannung zwischen Russland und dem Westen, analog dem Entspannungsprozess, wie es ihn in den 1970er-Jahren schon einmal gab. Aber mit Putins Russland ist im Gegensatz zur UdSSR keine Entspannung möglich. Denn die Sowjetunion war damals deutlich weniger ambitioniert als das heutige Russland. Die »Alten« im Politbüro wollten vor allem den damaligen Status quo bewahren, der auf den Vereinbarungen der Jalta-Konferenz über die Einteilung der Einflusszonen in Europa basierte (dafür nahmen sie an der Konferenz von Helsinki teil und steuerten eine allgemeine Entspannungspolitik an). Putin aber braucht Expansion, er greift an.

Als die sowjetischen Gerontokraten aus schierer Dummheit den Status quo doch verletzten und in Afghanistan einmarschierten, bedeutete dies das Ende der Entspannung. Der Westen ergriff harte Gegenmaßnahmen, was ein wesentlicher Auslöser für Gorbatschows späteren Rückzug war. Der Krieg gegen die Ukraine, die Annexion der Krim, die Intervention in Syrien sind weit gefährlichere Ereignisse als das sowjetische Abenteuer in Afghanistan. Putin hat in Europa unmittelbar an den Grenzen der NATO einen bewaffneten Konflikt begonnen. Als Folge davon wurde erstmals seit dem Zweiten Weltkrieg ein unabhängiger europäischer Staat angegriffen und teilweise annektiert. Putin hat nicht nur nicht vor, sich zurückzuziehen, sondern dehnt seine Expansion jetzt in den Nahen Osten aus. In einer solchen Situation ist Entspannung nicht möglich, stattdessen muss eine Politik der Eindämmung gegenüber dem Aggressor verfolgt werden.

Als ich nach Deutschland übersiedelte, war ich überrascht von der wohlwollenden Haltung der Mehrheit der Deutschen gegenüber einer Familie von Emigranten aus Russland, die zu diesem Zeitpunkt praktisch kein Deutsch sprachen. Meiner Beobachtung nach hat die Tatsache, dass die Deutschen Putins Regime inzwischen deutlich kritischer beurteilen, keine starken Auswirkungen auf ihr Verhältnis zu Russland und seiner Bevölkerung. Allerdings trennen nicht alle deutschen Sympathisanten Russlands das Land von der dort etablierten Diktatur. Es gibt einige Gruppierungen, die die russische Expansion rechtfertigen und Putin so helfen, »ihre eigene Welt zu zerstören«. Das sind erstens die betrogenen Linken, zweitens die ultrarechten ideologischen Gesinnungsgenossen Putins, drittens die Pragmatiker unter den Geschäftsleuten, die bereit sind, für ihren kurzfristigen Gewinn Putins Expansionskurs zu unterstützen, und viertens mit Geld angeheuerte »Advokaten« des Kremls. Im Folgenden charakterisiere ich diese Gruppen genauer. Die seltsamste und widersprüchlichste darunter sind zweifellos die Linken.

Es ist klar, warum die Neofaschisten vom Typ Marine Le Pen, der ungarischen »Jobbik«-Partei oder Pegida Putin unterstützen. Aber wie können Linke das tun? Etwa Gysi und Wagenknecht aus der Partei Die Linke? Wissen sie wirklich nicht, dass in Russland all das herrscht, wogegen deutsche Linke in Deutschland kämpfen, und dazu noch in ungeheurem Ausmaß: soziale Ungleichheit und Verletzung des Arbeitsrechts, Korruption und Willkür der Polizei, eine von Industrieunternehmen verseuchte Umwelt und die rücksichtslose Eroberung freier städtischer Flächen; Rassismus und Homophobie, Sexismus und Klerikalismus, eine imperialistische Außenpolitik und Militarismus.

Die Armen in Russland werden immer ärmer, die Reichen immer reicher, die soziale Kluft wächst – die Zahl der Milliardäre hat sich um das Dreißigfache vergrößert seit dem Beginn von Putins erster Amtszeit als Präsident. Gleichzeitig findet in den letzten Jahren eine absolute Verarmung der Mehrheit der Bevölkerung statt. Nicht nur die realen Löhne fallen, sondern sogar die nominellen Löhne. Unter Putin werden Gewerkschaftsaktivisten in Strafverfahren und unter dem Vorwand ausgedachter Vergehen zu Haftstrafen verurteilt, und die offiziöse Presse begann die von den staatlichen Gewerkschaften unabhängigen berufsständischen Organisationen mit extremistischen Vereinigungen gleichzusetzen. Soziale Dienste werden abgeschafft. Die Kommerzialisierung von Bildung und Medizin schreitet galoppierend voran, es findet eine Zerstörung der sozialen Infrastruktur statt – das öffentliche Transportwesen wird teurer, ständig steigen die Kosten in der kommunalen Wohnungswirtschaft, während sich ihre Qualität gleichzeitig verschlechtert.

Der Staat kultiviert gezielt fremdenfeindliche Stimmung. Die obskurantistisch-religiöse Reaktion, die unter Jelzin begonnen hatte, erlebte unter Putin eine stürmische Entwicklung: Die Kirche ist faktisch Teil des Großunternehmertums und des politischen Establishments geworden. Aggressive radikal-nationalistische Organisationen bekommen staatliche Finanzierung und nützen praktisch unverhohlen Vertreter der Staatsmacht für ihre Interessen.

Es ist ein verrücktes Missverständnis, dass etliche Linke Putin verteidigen, und erklärbar nur mit einer vollständigen politischen Blindheit, besser gesagt dem Unwillen, das Offensichtliche zuzugeben. In Russland sind viele Linke politischen Repressionen ausgesetzt, sitzen im Gefängnis. Es wäre gut, wenn die deutschen Linken einmal bei diesen Menschen nachfragen würden, wie sie die Politik des putinschen Systems beurteilen, etwa bei dem bekannten Antifaschisten Gaskarow, der schon seit drei Jahren wegen seiner Teilnahme an Massenprotesten inhaftiert ist. Oder bei meinem alten Bekannten, dem

Anarchist Ilja Romanow, der kürzlich wegen einiger Kommentare im Internet und einem Feuerwerkskörper, der in seinem Ärmel explodierte, zu neun Jahren Haft verurteilt wurde. Oder sie fragen bei den Mitstreitern des antifaschistischen Anwalts Markelow und der linken Journalistin Baburinaja nach, die beide von ultranationalistischen Terroristen mit Verbindungen zu Vertretern der russischen Staatsmacht ermordet wurden. Und sie sollten jene Mutter eines fünfmonatigen tadschikischen Mädchens befragen, das starb, kurz nachdem die Polizei das Kind der Emigrantenfamilie vor ihrer Deportierung aus Russland weggenommen hatte.

Viele Linke suchen Putins Freundschaft, nach dem Motto: Der Feind meines Feindes ist mein Freund. Putin ist der Feind der USA und der EU, also ist er ein Freund der Linken. Allerdings sind die EU und sogar die USA trotz all ihrer erheblichen Fehler sehr viel linker, sozialer und demokratischer als Putins Russland. Der Unterschied zwischen Russland und den westlichen Ländern ist der Unterschied zwischen Faschismus und bürgerlicher Demokratie. In den 1930er- und 1940er-Jahren unterstützten die Linken die bürgerlich-demokratischen Regierungen im Kampf gegen den Faschismus. Jetzt gibt es keinen Grund, anders zu handeln. Es wäre absolut natürlich für die Linken, zur Verteidigung der bürgerlich-demokratischen Ukraine gegen Putins Regime einzutreten.

Einige Linke rechtfertigen die Aggression Russlands gegenüber der Ukraine damit, dass das Land in die EU eintreten will. Das ist doch mehr als merkwürdig. Linke müssten die Vereinigung von Nationalstaaten in einem gemeinsamen Europa doch eigentlich als völlig natürlichen fortschrittlichen Prozess verstehen. Trotzki unterstützte schon Anfang des 20. Jahrhunderts die Idee der Vereinigten Staaten von Europa (also nach heutigen Begriffen der EU). »Wenn es den kapitalistischen Völkern Europas gelänge, sich zu einem imperialistischen Verbund zusammenzuschließen, würde das im Vergleich zur jetzigen Situation selbstverständlich einen Schritt nach vorne bedeuten (…) Das Proletariat müsste in diesem Fall nicht die Zerstörung des ›autonomen‹ Nationalstaates erkämpfen, sondern die Umwandlung des imperialistischen Verbunds in eine republikanische europäische Föderation.«

Den Umfrageergebnissen nach zu urteilen, ist die Zahl der Menschen im Osten Deutschlands, die Putins Politik gutheißen, wesentlich größer als im Westen. Das liegt daran, dass die »linken« Deutschen, die der DDR nachtrauern, auf Putins Russland jene Sympathie übertragen, die sie einst der UdSSR entgegengebracht haben. Aber das heutige Russland hat mit der UdSSR wenig gemeinsam. Russland ist ein absolut bürgerlicher Staat, mit einer hohen Kapitalkonzentration bei einigen Dutzend superreichen Familien, die eng mit der Staatsmacht verbunden sind. Von der UdSSR hat es nur das autoritäre politische System, die allgegenwärtige Propaganda und den Terror gegen Andersdenkende übernommen. Wenn die nostalgisch gestimmten Bewohner der östlichen Bundesländer das Wort Russland hören, wäre es weit passender, nicht an die UdSSR, sondern etwa an Francos Spanien zu denken. Denn damit hat das putinsche System viel mehr gemeinsam. Zum Beispiel die enge wirtschaftliche und personelle Verbindung zwischen Großunternehmern und dem gehobenen Beamtentum. Nicht umsonst schreibt man dem Caudillo Franco die bekannte informelle Devise der russischen Staatsmacht zu: »Den Freunden alles, den übrigen das Gesetz.« Diese Formel beschreibt sehr treffend die Beziehungen zwischen Staat und Industrie, sowohl in Francos Spanien als auch in Putins Russland.

Alles in allem ist die Verteidigung Putins durch die Linke einfach absurd. Mit den Rechten dagegen sieht es anders aus. Sie halten Putin nicht ohne Grund für einen ideellen Gesinnungsgenossen. Putin hat viele Anhänger in der AfD, bei Pegida, bei den Euroskeptikern, Nationalisten, Kämpfern gegen die Einwanderung und bei Antiliberalen. Allerdings täten all diese Personen, die so gerne über die deutschen nationalen Interessen reden, gut daran, sich klarzumachen, dass Putins Regime derzeit für genau diese Interessen die weltweit größte Bedrohung darstellt.

Auf die Ultrarechten zielt die neue, besser gesagt, wiederbelebte russische Taktik aus der Zeit der Kommunistischen Internationale ab, die zur Paralysierung des »westlichen Feindes« seine ideologische Durchdringung vorsieht. Damit arbeiten die putinschen ideologischen Agenten, etwa der ehemalige Chef der russischen Eisenbahn und der russisch-orthodoxe Oligarch Jakunin, der dem Faschismus nahestehende »Philosoph«, Geopolitiker und Neo-Eurasier Dugin, die ehemalige Abgeordnete der nationalistischen Partei Rodina (Vaterland) und Politologin Narotschnizkaja, der Kleriker, Sponsor des Terrors im Donbass und Großunternehmer Malofejew. Das heutige russische Regime strebt danach, seine Einflusssphäre so weit wie möglich nach Westen auszudehnen. Das wahre Ziel der Putinisten in Deutschland ist es, die Deutschen von den USA loszueisen und sie von einer anderen Atommacht abhängig zu machen, von Russland. Genau darauf arbeiten Putins rechte Freunde hin, wenn sie angeblich für eine nationale Unabhängigkeit Deutschlands eintreten, in Wirklichkeit aber versuchen, das putinsche Regime dabei zu unterstützen, Deutschland seinen Willen aufzuzwingen.

Es gibt noch eine Gruppe von Putin-Helfern in Deutschland, nämlich die »pragmatischen« Unternehmer. Lenin scherzte seinerzeit über die europäische Bourgeoisie: »Sie verkaufen uns den Strick, an dem wir sie aufknüpfen werden.« Der Eindruck drängt sich auf, dass sich seither wenig geändert hat. Viele Vertreter der westlichen politischen und unternehmerischen Elite sind bereit, Putin den Strick zu verkaufen, an dem er Demokratie und Frieden in Europa aufknüpfen wird. Wenn sie sich gegen Sanktionen starkmachen, glauben sie, dass sie damit vor allem die deutschen Geschäfte mit Russland schützen. Tatsächlich aber helfen sie dem Regime Putin, sich über Wasser zu halten, seine Expansionen weiterzuverfolgen und den zerbrechlichen Frieden in Europa zu bedrohen. In der Zeit der Wiederaufrüstung Mitte der 1930er-Jahre kooperierte Hitler-Deutschland (genau wie jetzt Putins Russland) aktiv mit dem internationalen Kapital. Erst nach Ausbruch des Zweiten Weltkriegs begriffen viele westliche Bankiers und Geschäftsleute, dass sie die internationale Katastrophe beschleunigt hatten. Hoffentlich werden die heutigen deutschen Unternehmer-Lobbyisten Putins nicht ebenfalls eines Tages bereuen, dass sie seinem Regime geholfen haben, zu überleben und zu er starken.

Und schließlich gibt es die vermutlich aktivste Gruppe – die Söldner Putins, die in von Moskau finanzierten Projekten zur Beeinflussung der deutschen öffentlichen Meinung arbeiten. Vor einigen Jahren kam über Facebook ein alter Bekannter auf mich zu, ein PR-Spezialist, mit dem ich in der Staatsduma der Russsischen Föderation zusammengearbeitet hatte. Er schlug ein Treffen in Berlin vor, wohin er, wie sich herausstellte, regelmäßig geschäftlich reiste. Bei unserem Treffen berichtete er mir von seinen Erfolgen: »Weißt du, wo jetzt die größten russischen PR-Budgets hinwandern? Du denkst wahrscheinlich, nach Moskau, wie früher, an die staatlichen Fernsehsender? Nein, du wirst es nicht glauben, sie wandern hierher, nach Europa.« Er erzählte mir, dass er jetzt für Auftraggeber aus dem Kreml arbeitete, Veröffentlichungen in der deutschen Presse organisierte, mit Politikern und Organisationen in Sachen »Russland-verstehen« zusammenarbeitete. »Ich verfüge über Gelder, von denen wir in der Duma nicht mal träumen konnten. Und natürlich verdiene ich auch nicht schlecht. Ich baue ein Haus in der Nähe von Moskau und habe eine Wohnnung in Wien gekauft.« So ging das immer weiter.

Wie ich damals erfuhr, waren nicht nur große Unternehmen wie die amerikanische Agentur Ketchun und ihre europäische Tochter Gplus mit der Bearbeitung der europäischen und deutschen öffentlichen Meinung und ganz konkret ihrer Leader beschäftigt, sondern auch viele kleine Firmen und Vermittler. Auf der Seite der russischen »unabhängigen« Netzagentur Anna-News, die den Krieg im Donbass informationell begleitete und Nachrichten in deutschen Medien positionierte, war bis vor Kurzem eine Liste von deutschen Sprechern veröffentlicht, mit denen die Agentur zusammenarbeitet. All diese Personen loben die russische Politik ganz aktiv in der Blogosphäre, den Medien und in den sozialen Netzwerken. Darunter befinden sich die Journalisten Mark Bartalmai (Besitzer einer Reihe von Internet-Seiten), Evelin Pietza, Stefan Hofbauer, Yasmine Pazio, der Politiker der prorussischen Partei BüSo Kai Uwe Ducke, der Wissenschaftler Steffen Roski, der Filmproduzent Ralph Niemeier, der politische Aktivist Wolfgang Kamp und andere. Nachdem die Aktivitäten dieser Personen von ukrainischen Journalisten untersucht worden waren, bewerteten diese die Liste von Anna-News als eine der Gruppen russischer Agenten, deren Aufgabe die Einflussnahme auf die deutsche öffentliche Meinung ist. In dieser Untersuchung wird auch auf die engen Kontakte einiger der Mitglieder der Liste mit der Zeitschrift *COMPACT* hingewiesen (darunter vor allem mit ihrem Chefredakteur Jürgen Elsässer, der Putin bei russischen Propagandaaktionen in Deutschland geradezu unanständig in den Himmel lobt), wie auch mit den Internetmedien Nuoviso TV, Quer-Denken TV, Klagemauer TV und anderen.

Die russischen Interessen in Deutschland werden in enger Zusammenarbeit mit der direkten Putin-Agentur von einer politischen Partei, der BüSo (Bürgerrechtsbewegung Solidarität), sowie von der antiamerikanischen Netzbewegung PEgAdA (Patriotische Europäer gegen die Amerikanisierung des Abendlandes) und der Friedensbewegung 2014 bedient. Die BüSo wurde schon vor verhältnismäßig langer Zeit, im Jahr 1992, gegründet und erfuhr viele Jahre praktisch keine Unterstützung in der Bevölkerung. An der Parteispitze sitzt die extravagante Helga Zepp, die Frau und Gesinnungsgenossin des nicht minder extravaganten amerikanischen Politikers und Philosophen Lyndon LaRouche, der seinerzeit wegen Betrugs zu einer Haftstrafe von 15 Jahren verurteilt wurde. Diese Partei wurde in Deutschland praktisch nicht wahrgenommen, bis sie vor einigen Jahren plötzlich über Geld für Wahl- und Werbekampagnen verfügte, die unter prorussischer Devise geführt wurden. Ich glaube nicht, dass es ein Zufall ist, dass diese Kampagnen mit der deutlich gesteigerten Propagandaaktivität des Kremls in Deutschland zusammenfielen. Ich habe selbst gesehen, wie deutsche Passanten sich über die politischen Parolen der Partei lustig machten, die nichts weniger als eine »neue Achse: Berlin–Moskau–Peking« vorsahen. Es ist kein Wunder, dass die Wahlergebnisse der BüSo auch bei den letzten Wahlen vernichtend waren. Aber nach allem, was ich in den Straßen deutscher Städte so sehe, geht ihnen das Geld zur

Agitation vorerst nicht aus. Die Partei bietet sogar, offenbar extra für potenzielle Sponsoren, eine russischsprachige Version ihrer Seite im Netz an.

Um zu veranschaulichen, was die putinschen Propagandisten den Deutschen einzutrichtern versuchen, führe ich als Beispiel im Folgenden die Thesen der Konferenz »Frieden mit Russland: Für ein souveränes Europa« an. Diese Konferenz wurde im November 2014 von dem russischen Institut für Demokratie und Zusammenarbeit (die Leiterin seines französischen Ablegers, Natalija Narotschnizkaja, ist uns bereits bekannt) gemeinsam mit der Zeitschrift *COMPACT* organisiert.

- Deutschland ist in allen Belangen ein von den USA besetztes Land
- das Ziel der USA ist ein Krieg zwischen Russland und der EU, um ihre beiden wichtigsten Konkurrenten auszuschalten und die amerikanische Hegemonie zu bewahren
- Deutschland und Russland sind die beiden Hauptverbündeten auf dem europäischen Kontinent, dem Geiste nach wie auch geopolitisch
- die wichtigste Gemeinsamkeit und Kooperation zwischen Deutschland–Europa und Russland–Eurasien besteht im Christentum
- der liberale Westen mit den USA an der Spitze will die traditionelle europäische Kultur und das Christentum als ihre Basis zerstören
- mehr als die Hälfte aller Deutschen unterstützt Putins Politik oder zumindest Russland selbst, was in diametralem Gegensatz zu dem steht, was die offiziellen »deutschen« (also Washington untergeordneten) Medien verbreiten
- deshalb ist es von höchster Priorität, dass Deutschland die volle Souveränität gegenüber dem amerikanischen Unterdrücker erreicht
- an zweiter Stelle steht die Gründung eines »Großen Europa«, eines kontinentalen Bündnisses (gemeinsamer Raum) zwischen der EU und der Eurasischen Union mit Deutschland und Russland als gleichberechtigte Zentren der entsprechenden integrativen Unionen sowie der

Aufbau einer mit vielen Zentren versehenen Welt ohne Neokolonialismus und Unterdrückung irgendwelcher Völker

- an dritter Stelle steht die absolute Unterstützung der Wiedervereinigung der Krim mit Russland und der Schaffung eines Staates Neurussland

Diese Thesen weisen große Nähe zu den Ideen der BüSo, von PEgAdA und der Friedensbewegung 2014 auf.

Übrigens war Deutschland auf dieser Konferenz nicht nur durch den unangenehmen Putinisten Jürgen Elsässer vertreten, sondern auch durch so scheinbar respektable Politiker wie Egon Bahr, den ehemaligen Bundestagsabgeordneten und Staatssekretär im Verteidigungsministerium Willi Wimmer, den ehemaligen Minister für Forschung und Technik Andreas von Bülow und den Rechtsprofessor Karl Albrecht Schachtschneider.

## »Russland verstehen«

Viele Menschen, die heute im Fahrwasser der Strömung »Russland verstehen« oder »Putin verstehen« schreiben, setzen dabei buchstäblich die von Moskau geschaffenen PR-Strategien um. Aber neben jenen, die Putin aus finanziellen Gründen lieben, gibt es auch andere, die tatsächlich der Meinung sind, dass man Putin verstehen, ihm verzeihen und eine gemeinsame Sprache mit ihm finden sollte. Zweifellos ist es ohne ein Verständnis der wahren Hintergründe der putinschen Politik unmöglich, ein richtiges Verhaltensmuster gegenüber seinem Regime zu wählen. Aber leider erinnern sogar die aufrichtigsten Vertreter von »Putin verstehen« an einen schlechten Anwalt, der dazu aufruft, einem Räuber zu verzeihen, denn er habe ein schweres Erbe und hohe Schulden. Ein solches »Verständnis« wird nur zu neuen Verbrechen führen. Es ist für die, die den Raub rechtfertigen, gefährlich und letztlich auch für den Räuber selbst, der sich straffrei wähnt. Das alles gab es schon mal in Europa in den 1930er-Jahren. Wenn sich ein Mensch gefährlich aggressiv verhält, ist es für sein Umfeld unerlässlich zu wissen, wie es ihm bei kleinstmöglichem Risiko für die eigene Gesundheit und die des Aggressors Einhalt gebietet. Wichtig ist kein rechtfertigendes Pseudoverständnis, sondern eine scharfe Analyse der Risiken, die das putinsche Regime für Deutschland, Europa und die Welt bedeutet.

In den letzten Jahren wird in Russland gern ein Aphorismus des aus dem 19. Jahrhundert stammenden Dichters und Diplomaten F. Tjutschew zitiert: »Verstehen kann man Russland nicht, und auch nicht messen mit Verstand. Es hat sein eigenes Gesicht. Nur glauben kann man an das Land.«

Dieses Zitat hätte in Russland nicht solche Popularität erlangt, wenn es nicht den Irrationalismus der russischen Staatsmacht wiedergeben würde, der hier zu Glanz und Prinzip erhoben wurde. Putin ist der Vertreter dieser reichen historischen Tradition. Seine Handlungen lassen sich nach den Maßstäben der vertrauten deutschen rationalen Logik weder verstehen noch vorhersagen, sondern nur durch seine Triebe, Komplexe und Mythen, die ihn beherrschen.

Viele Vertreter von »Russland verstehen« versichern, dass die russische Politik darauf beruhe, eine Opposition gegen die USA zu bilden. Das ist ein typischer Versuch, das Irrationale zu rationalisieren. Meinen politischen Ansichten nach bin ich ein nichtautoritärer Linker und sicher kein großer Verehrer des amerikanischen Systems und seiner Politik. Vieles an den USA macht mich ärgerlich, angefangen von der amerikanischen Bürgerreligion des Patriotismus, mit der Verehrung von Fahne, Hymne und Konstitution bis hin zum Kult des materiellen Erfolges, dem sogenannten amerikanischen Traum. Auch in der Außenpolitik begehen die Vereinigten Staaten meiner Meinung nach viele Fehler. Trotzdem spielen die heutigen USA international gesehen nicht eine derart destruktive Rolle wie Putins Russland. Sie erobern nicht das Territorium ihrer Nachbarn und führen keine Kriege gegen sie (was es in der amerikanischen Vergangenheit durchaus gab, aber schon lange her ist). In den USA herrscht sicher keine ideale Demokratie, aber anders als Russland ist dieses Land keine Diktatur. Daher ist die amerikanische Politik weit besser kalkulierbar und gegen willkürliche Entscheidungen seiner Führung gefeit. Die russische Hegemonie ist eine schlechte Alternative zum Einfluss Amerikas in der Welt. Es ist die Wahl des größten Übels und höchst gefährlich für die, die sie treffen.

Die Superidee vom Kampf mit den Vereinigten Staaten entbehrt für Russland jedes vernünftigen Grundes. Einer der wichtigsten Auslöser für den Zusammenbruch der UdSSR war die gewaltige Belastung der Wirtschaft, die durch die sinnlose Opposition zu den USA und den Rüstungswettlauf mit ihnen ausgelöst wurde. Auch für das heutige Russland wird ein Tauziehen mit den Vereinigten Staaten letztlich zum selben traurigen Ende führen. Trotzdem beginnt Putin wieder einen kalten Krieg mit den USA. Die Gründe dafür liegen außerhalb jeder rationalen Erklärung. Wenn man diese Situation mit der für Putin geläufigen Sprache der Leningrader Hinterhöfe beschreiben wollte, könnte man sagen, er will imponierender sein als Obama, einflussreicher, stärker und mit mehr Autorität in der Welt als jeder andere Präsident der USA ausgestattet sein. Der russische »Hof«, wo er herrscht, soll den benachbarten amerikanischen »Hof« demütigen und alle anderen »Höfe« sollen wissen, wer stärker ist.

Auf einem der Flyer der proputinschen Jugendorganisationen ist Putin zusammen mit Peter I., dem Großen, und Katharina II. in einer Reihe mit Russlands großen Herrschern abgebildet. Unter einem stilisierten Porträt von ihm steht geschrieben: »Putin, der Wiederaufbauer«. Putin will tatsächlich ein Russland mit dem Status einer Supermacht wiederauferstehen lassen; er selbst strebt eine Rolle in der Welt an, die nicht kleiner, sondern, wenn möglich, größer ist als die des Präsidenten der USA.

Es ist wichtig, das putinsche System zu verstehen. Aber es muss ein angemessenes Verständnis der Gefahr um der Sicherheit willen sein, und kein verlogenes, nachsichtiges Pseudoverständnis, das Verbrechen rechtfertigt. Zurzeit wird der Schuldenkrise in Griechenland ebenso viel Aufmerksamkeit zuteil wie den Beziehungen zu Russland. Auch bei Ersterer gibt es Anhänger harter Maßnahmen und solche, die einen

Kompromiss mit den Griechen suchen. Aber im Fall der griechischen Schuldenkrise geht es letztlich nur um finanzielle Verluste. Die Krise, die die russische Aggression in der Ukraine ausgelöst hat, führt zu weit ernsteren Konsequenzen, denn hier reden wir über Menschenleben. Unverständnis für die Verhältnisse in Griechenland könnte dazu führen, dass die Deutschen Geld verlieren, aber ein falsches Verständnis der Situation in Russland wird man mit Menschenleben bezahlen, und das, wie ich fürchte, nicht nur in der Ukraine.

Genau genommen stellt Putins Regime sogar ein ernsteres globales Problem dar als der sogenannte Islamische Staat. Zum Glück haben die Islamisten keine Atomwaffen. Putin dagegen verfügt über einen ausreichenden Vorrat, um alles Leben auf dem Planeten zu vernichten. Die Islamisten drohen der Welt mit Terror, Putin aber mit einem katastrophalen Krieg.

## Der falsche »Deutsche im Kreml«

Deutschland ist für Putin zweifellos der wichtigste ausländische Staat, und das nicht nur als außenpolitischer Partner, sondern als Land, das für seine persönliche Entwicklung eine bedeutende Rolle gespielt hat. Die Vereinigten Staaten sind für ihn weniger ein Partner als der wichtigste strategische Gegner (ganz wie es seine »Alma Mater«, der KGB, sah). Auch die Beziehungen zu China, in dem Putin eine Alternative zum Westen sieht, sind für ihn sehr wichtig. Aber er kennt dieses Land nicht gut genug und wird unwillkürlich die traditionellen russischen Ängste vor der Expansion des mächtigen und überbevölkerten Nachbarn empfinden. Natürlich ist ihm Deutschland näher. Putin ist bis zu einem gewissen Grad germanophil, nur allzu gern demonstriert er seine Affinität zu Deutschland und kokettiert mit seinen nicht gerade perfekten Deutschkenntnissen. Aber gleichzeitig ist Deutschland für ihn Teil der westlichen Welt, die er als größten historischen Widersacher Russlands sieht.

Deutschland ist das Land, das Putin in persönlicher wie in beruflicher Hinsicht stark geprägt hat. Sein Dienst in der sowjetischen Nachrichtendienstleitung in Dresden eröffnete ihm eine neue Welt, in der die Menschen ihre Arbeit ernst nahmen, Anweisungen befolgten und versuchten, pünktlich zu Verabredungen zu kommen. Er begriff, was deutscher Arbeitseifer, Verbindlichkeit und Genauigkeit waren. Er wurde nicht zum Deutschen, seine eigene Unpünktlichkeit ist allgemein bekannt. Die Versuche, Putin als »Deutschen im Kreml« zu präsentieren (so heißt der Titel des Buches von dem bekannten deutschen »Putinophilen« Alexander Rahr), sind lächerlich. Deutsche Politiker kommen im Gegensatz zu Putin nicht zu spät zu ihren Terminen mit dem Papst und der englischen Königin, brechen auf Kundgebungen nach der Wahl nicht in Tränen aus, vergiften ihre Kritiker nicht mit radioaktivem Plutonium, verstecken ihre eigenen Kinder, Geliebten und Frauen nicht vor der Öffentlichkeit und leben nicht wie ein fernöstlicher Nabob, indem sie regelmäßig ihre vielen pompösen, hofartigen Residenzen wechseln.

Ohne selbst ein Deutscher zu werden, lernte Putin die Menschen seines Landes mit deutschen Augen zu sehen. Er stellte an ihnen einen Hang zur Schlampigkeit und eine fehlende praktische Neigung fest und glaubt, dass sie eine harte autoritäre Hand ohne Gefühlsduselei und demokratische »Albernheiten« brauchen.

Während er versucht, auf deutsche Weise instrumentell-vernünftig zu agieren, ist Putin in Wahrheit auf absolut russische Weise zielgerichtet-irrational; die Ziele seiner Politik werden in vieler Hinsicht durch seine Triebe, Mythen und Komplexe bestimmt. Ja, und er hat sie, die deutsche instrumentelle Vernunft, auf rein russische Weise zum Äußersten entwickelt. Denn für ihn sind alle effektiven Methoden zur Lösung von Aufgaben annehmbar, unabhängig vom Grad ihrer Vereinbarkeit mit den allgemeinen Moralvorstellungen. Dabei ist er davon überzeugt, dass die Politiker in allen Ländern so agieren (vielleicht hat hierbei die Bekanntschaft mit den Methoden der Parteielite in der DDR und der Stasi eine gewisse Rolle gespielt). Genau darauf zielt ein beliebter Witz über Putin ab, dass er »nach dem Tod von Mahatma

Gandhi niemanden mehr zum Reden habe«. Deshalb schämt er sich nicht, ständig zu lügen, und gibt das sogar hin und wieder zu. Wie die blutige Intervention Russlands im Donbass zeigte, ist Putin auch der Tod vieler Tausender Menschen kein zu hoher Preis für die Lösung seiner strategischen Aufgaben.

Während seiner Zeit in Dresden lernte Putin Deutschlands schwache und starke Seiten kennen. Ihm wurde klar, dass es schwer sein würde, die Deutschen nach ihren eigenen Regeln zu schlagen, andererseits waren sie äußerst geradlinig und rechtschaffen. Weshalb sie keine Chance hatten, in einem betrügerischen Falschspiel zu bestehen. Deshalb hält er seine deutschen Partner permanent und gewissenlos zum Narren, unterschreibt Vereinbarungen mit ihnen, gegen die er postwendend verstößt (wie es mehrmals im Zusammenhang mit dem Minsker Abkommen passiert ist). Dann verspricht er wieder, die Absprachen einzuhalten, um sie wenig später erneut völlig ungeniert zu brechen.

Putin bietet auf internationaler Ebene das ganze Arsenal von Geheimdienstagenten auf, das er sich bereits während seiner Zeit beim KGB aneignete: Lüge, Erpressung, Drohung, Bestechung, Terror.

Deutschland wird früher oder später anerkennen müssen, dass Putin kein auf Irrwege geratenes Staatsoberhaupt ist, mit dem man sich einigen kann, sondern ein Kriegsverbrecher, der zu isolieren und zu verurteilen ist.

## Wie Putin versucht, Deutschland zu verändern

In letzter Zeit tauchen in den deutschen Medien regelmäßig Berichte auf, wie der Kreml über seine Zusammenarbeit mit den Ultrarechten und seine Informationskampagnen gegen die deutsche Regierung versucht, die innenpolitische Situation in Deutschland zu beeinflussen. In der Regel geht man davon aus, dass Putin auf diese Weise eine Aufweichung der deutschen Position in strittigen Fragen und die Aufhebung der Sanktionen anstrebt. Ich fürchte jedoch, dass sein Ziel weit ehrgeiziger ist. Bei dem russischen informationell-lobbyistischen Vorstoß geht es um nicht weniger als um eine Veränderung der deutschen Gesellschaft. Es geht darum, ihre liberalen Grundlagen zu zerstören, sie gegen die europäische Integration und das nordatlantische Bündnis aufzuhetzen und sie schließlich und endlich nach seinem Vorbild umzuformen. Nur dann wird sich Putins Traum von einer strategischen Partnerschaft mit Deutschland umsetzen lassen.

Die wichtigsten Instrumente der russischen Einflussnahme auf die Deutschen sind eine fremdenfeindliche Propaganda, schmutzige Informationstechnologien und der »Export« von Korruption. Indem seine Anhänger die Elite bestechen, auf jede denkbare Weise den rechtsextremen politischen Diskurs unterstützen, »schwarze« PR-Methoden anwenden, versucht Putin auf die deutsche Gesellschaft einzuwirken und die isolationistischen und fremdenfeindlichen Tendenzen in ihr zu stärken.

Viele Rechtsextreme sehen in Putins Russland ein Beispiel für ihr eigenes Land. Ausländische Migranten haben in russischen Städten nicht die geringste soziale Unterstützung. Viele verrichten schwere körperliche Arbeit und führen das Leben eines Halbsklaven, wohnen in Wirtschaftsräumen und in Kellern in unglaublicher Enge und Bedrängtheit. Auf den Straßen werden sie einerseits von Skinhead-Banden gejagt, andererseits von der Polizei, die immerzu schier unglaubliche Mengen von Aufenthaltsgenehmigungen für das Land, die jeweilige Stadt usw. sehen will.

Gleichgeschlechtliche Ehen sind in Russland nicht zugelassen, und »Propaganda für Homosexualität« ist strafbar. Der Staat versucht den Einfluss anderer Kulturen zu verhindern, insbesondere der amerikanischen. Auf alle mögliche Weise werden archaische national-religiöse Werte propagiert. Das Land nimmt nicht am europäischen Integrationsprozess teil, kontrolliert seine Grenzen scharf und hat seine eigene Nationalwährung, wenn auch mit fallendem Kurs.

Dieses Russland ist der Wunschtraum der deutschen Rechtsextremen. Und vermutlich würden sie Deutschland nur zu gern an dieses in ihren Augen »gesegnete« Vorbild annähern. Allerdings vergessen die Rechten dabei, dass auch die gebürtigen Russen ständig mit Korruption, Rechtlosigkeit, fehlenden sozialen Garantien und polizeilicher Willkür konfrontiert werden. Russland ist vor allem ein Klassen- und Polizeistaat, in dem nicht nur der kleine kaukasische Händler und der tadschikische Hausmeister, sondern auch der arme russische Bürger vollkommen rechtlos und der Willkür der kadyrowschen Polizeibeamten oder der östlichen Oligarchen ausgesetzt sind.

Aber die Rechtsextremen sehen das alles nicht und wären glücklich, Deutschland nach dem Masterplan des Kremls umzubauen. Besonders deutlich wurde das Bündnis des Kremls mit den Rechtsextremen im Zusammenhang mit der Flüchtlingskrise. Zu diesem Zweck stürzten sich die russischen Medien und die Rechten in Deutschland von zwei Seiten gleichermaßen wütend auf Angela Merkels Politik. Moskau versucht diese Krise zu nutzen, um sich von seinem stärksten europäischen Widersacher zu befreien.

Vor noch nicht allzu langer Zeit waren die Leader der europäischen Länder Putins Freunde: »Freund Berlusconi«, »Freund Schröder«, »Freund Sarkozy«. Merkel hat von Anfang an gezeigt, dass sie sich mit einem ehemaligen Mann des Geheimdienstes nicht anfreunden wird. Sie ist das einzige westeuropäische Regierungsoberhaupt, das in einem kommunistischen Regime aufwuchs und dadurch in ihrer Persönlichkeit geprägt wurde. Deshalb weiß sie genau, mit wem sie es bei ihrem russischen Partner zu tun hat und was von ihm zu erwarten ist. Vermutlich ist Merkel deshalb heute die Schlüsselfigur in der europäischen Containment-Politik gegenüber Putins Russland. Ihre Position ist das Unterpfand dafür, dass die Sanktionen erst dann aufgehoben werden, wenn die russische Aggression gegen die Ukraine endet.

In den letzten Jahren schuf der Kreml in Europa, vor allem in Deutschland, eine mächtige politische informationelle Lobby. Jetzt nutzt er die Situation der Flüchtlingskrise, um die Europäer zu spalten. Das erste Ziel dieser Politik ist der Abgang Angela Merkels. Unter Verwendung der schon aus den Schauprozessen in den 1930er-Jahren bekannten Methode der Amalgamisiserung – der Verschmelzung eines wahren Kerns mit allen möglichen üblen Verleumdungen – überlagern die russischen Propagandisten und ihre deutschen Partner reale Probleme mit verschiedenen Panik schürenden Gerüchten und erfundenen Schauermärchen, um so eine Massenhysterie auszulösen (wie es beispielsweise mit der vorgetäuschten Vergewaltigung eines russischsprachigen Mädchens in Berlin der Fall war).

Eine besondere Rolle als »Detonator massenhafter Unzufriedenheit« kommt dabei offenbar den russischsprachigen Einwohnern in Deutschland zu. Nicht umsonst waren auf ihren letzten Konferenzen, neben Anschuldigungen gegen Flüchtlinge und die Polizei, gerade die Rufe nach Merkels Rücktritt besonders populär.

In Russland hat die russische Propaganda die Begriffe »Liberalismus« und »Toleranz« schon seit Langem praktisch zu Schimpfwörtern gemacht. Sowohl die Staatsmacht als auch breite Bevölkerungsschichten sind, wenn man den Umfragen glauben darf, von Fremdenfeindlichkeit infiziert und verhalten sich Migranten und Vertretern sexueller Minderheiten gegenüber ablehnend. Gleichermaßen versucht der Kreml auf die öffentliche Meinung in Deutschland einzuwirken, indem er Hass gegen die Flüchtlinge sät und eine Abkehr von der Eurointegration und den Isolationismus propagiert. Aber Merkels Abgang ist für den Kreml nur ein vorläufiges Ziel, die eigentliche Aufgabe besteht in einem allgemeinen Rechtsruck Deutschlands, hin zu Putins Russland.

# 7. Russland nach Putin

*»Russland wird frei sein, Russland muss frei sein!«*

Eine der zentralen Losungen
auf den Demonstrationen
gegen Putin

Ich kann nur in meine Heimat zurückkehren, wenn in Russland radikale demokratische Veränderungen stattgefunden haben werden. Und ich glaube daran, dass sie unumgänglich sind. In den letzten Jahren ist zu spüren, dass sich das Regime mit Konflikten und Krieg ein Gewicht aufgeladen hat, dem es nicht gewachsen ist, weshalb ein Zusammenbruch nicht mehr in weiter Ferne liegt. Allerdings muss in Russland noch viel geschehen, damit die Veränderungen Wirklichkeit werden. So etwa wird zunächst eine starke politische Alternative zu Putin benötigt.

Wann wird die heute herrschende Gruppierung abtreten und wie sieht Russlands Schicksal nach Putin aus? Um auf diese Frage mögliche Antworten zu finden, muss man zunächst die Wechselbeziehungen der sozialen Kräfte im Land betrachten.

Die Bevölkerung Russlands teilt sich schon seit Langem in jene, die »auf den Öl- und Gaspipelines sitzen«, und alle übrigen Menschen. Das ist das Kernstück des russischen sozialwirtschaftlichen Systems. Die sozialen Interessen der wenigen, die extrem hohe Einkünfte aus der Ausbeutung der natürlichen Rohstoffe des Landes erzielen, und der Mehrheit der Bevölkerung stehen sich diametral gegenüber. »Die auf den Pipelines hocken« möchten dieses Recht für sich und ihre Nachfolger zementieren. Die übrigen Bewohner des Landes wollen dagegen die Einnahmen aus dem Rohstoffreichtum des Landes dem allgemeinen Vermögen zuführen.

Allerdings verfügen derzeit nur die Kräfte in Russland, die es schon »auf die Pipelines« geschafft haben, über ausreichend finanzielle Mittel, um tatsächlich auf die Lage im Land Einfluss zu nehmen. Dabei handelt es sich um die gehobene Bürokratie (vor allem die sogenannten Silowiki) und die private Finanzoligarchie. Die erste Gruppe besteht hauptsächlich aus Freunden und Bekannten Putins und kontrolliert die Unternehmen mit großer oder vollständiger staatlicher Beteiligung (Gazprom, AO RSCHD, Rosneft, Transneft, Sberbank, WTB und andere) wie auch private Unternehmen im Umfeld der Staatsstrukturen (etwa die von Timtschenko oder den Gebrüdern Rotenberg). Die zweite Gruppe kennt man von der *Forbes*-Liste der Milliardäre. Dabei handelt es sich hauptsächlich um Personen, die ihr Vermögen noch unter Jelzin gemacht haben. Sie besitzen Kontroll-Aktienpakete privater Unternehmen (Lukoil, Rusal, Nornikel, Sewerstal, AFK-Sistema, EWRAS, NLMK, MMK, Alfa-Gruppe usw.) und Minoritätspakete eben bei Gazprom sowie anderen Rohstoff- oder Energieunternehmen.

Wenn man eine historische Parallele zum feudalen Russland ziehen will, so erinnert die Finanzoligarchie an die fürstlichen Großgrundbesitzer, für die Ländereien und die dort lebenden Menschen ihr vollständiges, vererbbares Eigentum waren, während die Führung der Staatsunternehmen eher Ähnlichkeiten zum Dienstadel aufweist, der vom Herrscher persönlich und nur für die Zeit, die er im Staatsdienst verbrachte, bestallt wurde.

Die einen wie die anderen sind äußerlich loyal gegenüber Putin. Die staatlichen Oligarchen sind ihm je nach Amt direkt untergeordnet. Die Eigentümer der Großunternehmen versuchen Konflikten mit dem Präsidenten aus dem Weg zu gehen und »seinen Wünschen entgegenzukommen«, mit den Silowiki zusammenzuarbeiten. Diese beiden Gruppen sind natürlich nicht monolithisch, innerhalb einer jeden existieren verschiedene, unterschiedlich große Clans. Aber daneben besitzen sie gemeinsame Interessen. Die Bürokratie will die Geschäftswelt kontrollieren und die Finanzoligarchie den Staat (wie unter Jelzin). Der Bürokratie gelingt das, der Oligarchie zurzeit nicht.

Bisher musste Letztere von ihren politischen Ambitionen Abstand nehmen.

Während Putins Regierungszeit verstärkte sich das staatlich-bürokratische Kapital gravierend. Unter Jelzin halfen die Beamten den Oligarchen für ein Bestechungsgeld, das Eigentum vererbbar zu machen und den Staat zu melken. Putins Vertraute wollten über eigenen Besitz verfügen und wurden zum »Dienstadel«. Das führte zu radikalen Veränderungen in den Wechselbeziehungen der beiden Gruppen, denen Russland gehört. Heute hängt die Finanzoligarchie vollständig von der Bürokratie ab (vor allem von den Silowiki) und fürchtet, dass ihr Imperium zerstört werden könnte (wie es Beresowski, Gusinski und Chodorkowski erging).

Putin steht als »Zar« offiziell über diesem Gegensatz von »Dienstadel« und »Erbadel«. Er verteidigt die Oligarchen sogar gegenüber seinen Mitarbeitern in Geheimdienst, Polizei und Militär sowie den Beamten. Aber faktisch gilt seine ganze Sympathie dem staatlich-bürokratischen Kapital, das von seinen treuen Gefolgsleuten vom Typ Juri Milner, Igor Setschin, Boris und Arkadi Rotenberg und Juri Kawaltschuk geführt wird. Deshalb gestattet er es den Silowiki nach und nach, den bürokratischen Druck auf die alten Oligarchen zu verstärken und damit allgemein auf die gesamte Privatwirtschaft des Landes.

Heute vertreten alle Dumaparteien, sowohl die regierende Partei Einiges Russland wie auch die pseudooppositionellen Parteien (KPRF, LDPR, SR) die Interessen der Bürokratie und der Staatsunternehmen. Die Finanzoligarchie ist in der Duma mit keiner eigenen Fraktion vertreten. Früher verteidigte das Bündnis Rechter Kräfte deren Belange, aber diese Partei wurde vor langer Zeit zerstört. Und alle Versuche, eine neue einflussreiche politische Kraft im Interesse der privaten Großunternehmer zu schaffen, wie sie der Milliardär Prochorow immer wieder unternimmt, scheiterten bislang. Daher verfügt die Gruppe mit extrem hohem wirtschaftlichem Status faktisch über keine Möglichkeit der politischen Einflussnahme und steht sogar ohne einen grundlegenden Schutz gegenüber dem Staat da. Diese Situation ist ein Beispiel für Statusinkonsistenz, die, wie man aus der soziologischen

Theorie weiß, in jedem politischen System eine Gefahr für die innere Stabilität darstellt.

Ist es also im heutigen Russland realistisch, dass die in ihren Rechten beschnittene Finanzoligarchie sich aus dem Gehorsam gegenüber Putin befreit und damit eine Spaltung der Elite eintritt? Ich glaube nicht. Zum einen fürchten die Oligarchen nicht nur eine weitere Stärkung Putins, sondern auch seinen Abgang, der von gewaltigen sozialen Erschütterungen begleitet sein könnte. Denn sie begreifen durchaus, dass ein Scheitern des Systems für sie mit dem Verlust der unter seiner Protektion erworbenen Gewinne einhergehen könnte. Und was noch wichtiger ist, die gesamte Wirtschaftselite Russlands hat Angst vor Putin und seinen Silowiki, ist daher demoralisiert und nicht fähig zu irgendeiner Form von Gegenwehr oder Verschwörung. In Putins Russland sind weder Reformen von oben möglich noch eine Palastrevolution innerhalb der Elite.

In der Geschichte war die Spaltung einer Elite immer die Folge einer erfolgreichen Befreiungsbewegung. Die Finanzoligarchie kann sich nur dann gegen Putin wenden, wenn sie spürt, dass seine Macht schwindet und er ihr nicht mehr ganz so gefährlich ist wie zuvor. Und das kann nur in einer Situation des politischen Chaos stattfinden, wenn es zu massenhaften Aktionen gegen die Regierung kommt.

Ein weiterer Akteur, an den viele ihre Hoffnung auf demokratische Reformen knüpfen, ist die Intelligenzija und ihre neue Ikone, die sogenannte kreative Klasse. Im Hinblick auf Putin ist sie die oppositionellste soziale Kraft im Land. Sie bildet mit etwa 150 000 bis 250 000 aktiven Mitgliedern die Basis der demokratischen Bewegung. Und so hoch war auch in etwa die Gesamtzahl aller Teilnehmer an Aktionen der Opposition in den letzten Jahren. Die Mehrheit von ihnen sind Moskauer, junge Büroangestellte und nicht ganz so junge, noch von der Perestroika geprägte liberale Intellektuelle. Die Schwäche dieser Opposition ist ihre Abgehobenheit vom »Volk«, von der sozialen Unterschicht.

Die russische Intelligenzija hielt es traditionell für ihre Aufgabe, das Volk aufzuklären. Aber heute beklagen viele oppositionell eingestellte

Russen, dass die »einfachen Leute« Putin unterstützen, und halten sie für unreflektierte patriotische Einfaltspinsel (wörtlich: Wattejackenträger – russisch: *watnik* – was auch als Synonym für hurrapatriotische Dumpfbacke verwendet wird), genau wie die Intelligenzija im 19. Jahrhundert die Bauern als konservative »Hinterwäldler« bzw. wörtlich als »Bastschuhträger« bezeichnete.

Die Verachtung für die soziale Unterschicht widerspricht nicht nur der aufklärerischen Tradition der russischen Intelligenzija, sondern führt in eine Sackgasse. Radikale demokratische Veränderungen fanden stets als Ergebnis eines Bündnisses von Intelligenzija mit dem »einfachem Volk« statt. So war es immer in der Geschichte. Die Armen und Hungernden waren gemeinsam mit den radikalen Intellektuellen die treibende Kraft aller Revolutionen.

Vorerst noch manipuliert die putinsche Staatsmacht die Unterschicht geschickt mithilfe der Fernsehpropaganda. Im Donbass war sie das Bauernopfer. Die Situation dort bewies, was für eine zerstörerische Kraft dieser Bevölkerungsteil entwickeln kann, wenn die Staatsmacht seine Energien lenkt. Dort brachte man die »einfachen Leute« anhand von Lügen dazu, sich zur Befriedigung von Putins Ambitionen ins Kugelfeuer zu begeben. Andererseits setzt – wie alle soziologischen Erhebungen immer wieder gezeigt haben – die Mehrheit der Russen in allgemeinen Lebensfragen völlig andere, absolut rationale Prioritäten. Da geht es um Wohlstand, Sicherheit, Frieden, Gerechtigkeit und Freiheit. Putins Regime kann ihnen nichts dergleichen bieten. Im Gegenteil, all diese Vorstellungen entsprechen den Zielen der demokratischen antiputinschen Opposition.

Die demokratische Bewegung hat nur eine Chance auf Erfolg, wenn sie sich dem »Volk zuwendet«, also den Interessen der nichtprivilegierten Mehrheit der Einwohner des Landes, die bei den Reformen in den 1990er-Jahren die großen Verlierer waren und unter Putin nicht dazugewonnen haben.

Die Perspektiven für zukünftige Veränderungen werden auch begreifbarer, wenn man Russlands Vergangenheit betrachtet. Bald feiert die russische Revolution, die den Zarismus besiegte, ihren hundertsten

Geburtstag. Einige Politologen prophezeien zu diesem Jubiläum eine neue Revolution in Russland. Nawalny, Kasparow und andere Anführer der Opposition sprechen von einer bevorstehenden friedlichen und demokratischen Revolution.

Nach der Februarrevolution 1917 versuchten die neuen Machthaber die traditionellen liberalen Vorstellungen von Demokratie und Menschenrechten umzusetzen. Aber trotz ihrer Bemühungen um politische Gleichberechtigung existierte in der Bevölkerung ein nicht weniger starkes Bedürfnis nach sozialer Gleichheit und gerechter Verteilung der Vermögensverhältnisse, nach einem Schutz der Arbeiter gegen die Willkür der Besitzenden. Die Bolschewiken standen an der Spitze der Bewegung, die für die Umsetzung dieser Forderungen eintrat, was ihr letztlich im Oktober 1917 den Sieg eintrug.

Ohne hier auf Einzelheiten einzugehen, kann man wohl feststellen, dass die Kommunisten im weiteren Verlauf weder das im Februar 1917 geäußerte Verlangen nach Demokratie noch das Hauptziel der Oktoberrevolution, das Bedürfnis nach sozialer Gerechtigkeit, befriedigen konnten. Und genau das war der Grund für die vierte russische Revolution im Jahr 1991. Die nach heutigen Maßstäben geradezu lächerlichen Privilegien der kommunistischen Nomenklatura riefen allgemeine Missbilligung hervor (eigene Kantinen, Sonderzuteilungen, Datschen usw.). »Volk und Partei sind eins, nur das Futter ist verschieden« – lautete eine der beliebtesten Losungen auf den Kundgebungen damals. Ich weiß noch, wie ich Ende der 1980er-Jahre bei einer der ersten – wie die Machthaber es nannten – »antisowjetischen« Demonstrationen in Nischni Nowgorod teilnahm; seinerzeit hieß die wichtigste Parole: »Die Macht den Sowjets, das Land den Bauern, die Fabriken den Arbeitern«. Die Menschen begrüßten die Perestroika, weil sie ehrlich glaubten, dass mit ihr endlich nicht nur ihre demokratischen, sondern auch ihre sozialen Ideale realisiert würden.

Wie man weiß, wurden ihre Hoffnungen bitter enttäuscht. Die soziale Ungleichheit ist um ein Beträchtliches gestiegen, und die ersehnte Demokratie mit Mehrparteiensystem verwandelte sich alsbald in einen armseligen Abklatsch davon. Diese Situation macht eine zukünftige russische Revolution unter den Vorzeichen demokratischer und sozialer Anforderungen unvermeidlich.

Ihr erster missglückter Versuch, ein Fehlstart sozusagen, fand mit einer Serie gewaltiger Massenproteste Ende 2011 und Anfang 2012 statt. Das Symbol der Protestbewegung war ein weißes Band, weshalb sie in Russland als »Weiß-Band-Revolution« bekannt ist. Der wichtigste Grund für ihr Scheitern besteht darin, dass die von ihr vorgetragenen Forderungen in erster Linie die politische Liberalisierung betrafen, nicht aber die für die Mehrheit der Bevölkerung lebenswichtigen sozial-ökonomischen Fragen. Deshalb erhielt diese »Beinahe«-Revolution keine breite Unterstützung vom Volk.

Die Mehrheit der Russen wurde enteignet und hat keinen Anteil an den Einnahmen aus der Ausbeutung der außerordentlich reichen Rohstoffvorkommen des Landes. Wenn die Bauern 1861 bei der Abschaffung der Leibeigenschaft in Russland nur die persönliche Freiheit, nicht aber auch Land erhalten hätten, wären sie faktisch Sklaven der Landbesitzer geblieben. Zu Beginn der 1990er-Jahre gewährte man den Bürgern formell politische Rechte. Aber in wirtschaftlicher Hinsicht gingen die Menschen leer aus; da die Privatisierung nach kriminellen Mustern ablief, etwa mit Pfandauktionen, erhielten sie nichts davon. Die kriminelle und bürokratische Oligarchie etablierte ihre Kontrolle über die Produktionsressourcen und die Rohstoffvorkommen.

Die wichtigste Forderung der Teilnehmer der Oktoberrevolution von 1917 (und der vorangegangenen im Jahr 1905) war die Landreform. Heute ist das grundlegende soziale Problem dem von damals nicht unähnlich und besteht darin, dass die Menschen keinerlei Anteil am gewaltigen Reichtum ihres Landes haben. Sie sind enteignet. Die Besitzer und Direktoren der Monsterkonzerne und die mit ihnen verbundenen Beamten schleusen jährlich viele Milliarden Dollar aus dem Land, die sie aus dem Verkauf von Rohstoffen einnehmen. Und dabei hat die Mehrheit der Bevölkerung von der Ressourcenausbeutung keinerlei Vorteil.

Es gibt verschiedene Ideen, wie man die Menschen an den Gewinnen, die durch den Verkauf der natürlichen Ressourcen des Landes erzielt werden, teilhaben lassen könnte – so, wie es etwa in bemerkenswerter Weise in Norwegen oder in Alaska umgesetzt worden ist oder an anderen Orten der Welt. Das Wichtigste ist, eine Perspektive anzubieten, bei der die Bevölkerung erkennt: Wenn die Machthaber abgelöst werden, erhält sie ihren Teil vom gemeinsamen Kuchen. Rund um diese Forderung könnte sich eine neue demokratische Bewegung bilden, die in der Lage wäre, das putinsche Regime abzusetzen.

Die »orangenen Revolutionen« in der Ukraine und in Georgien in den 2000er-Jahren scheiterten aus dem einen Grund, weil es ihnen nicht gelang, die von der Oligarchie dominierten sozialwirtschaftlichen Systeme abzulösen. Die Finanzoligarchie behielt ihr Eigentum und die Ressourcen. So konnte sie die Politiker-»Revolutionäre« zermürben; die einen wurden gekauft, die anderen entfernt. Am Ende hatte sich im Grunde nichts verändert. Saakaschwili wurde dank der Anstrengungen des Oligarchen Iwanischwili und seiner Kollegen aus Georgien verjagt. In der Ukraine verhalfen die Oligarchen ihrer alten Marionette Janukowitsch an die Macht, und nachdem dieser gescheitert war, behindern sie jetzt aktiv die demokratischen Reformen.

Wenn nach der Entfernung Putins und seines Clans von der Macht das heutige System erhalten bleibt, das ein Ergebnis der Privatisierung und des daran anschließenden Übergangs des Kapitals an die Bürokratie ist, so wird sich am Leben der überwältigenden Mehrheit der Russen nichts Grundlegendes ändern. Die Oligarchie wird die neuen »revolutionären« Machthaber ebenso unvermeidlich einspannen und korrumpieren, wie es zu seiner Zeit das Umfeld Jelzins, Juschtschenkos und anderer tat.

## Politische Internetrevolution in Russland

Das Internet wird möglicherweise eine entscheidende Rolle bei der Vorbereitung von Veränderungen in Russland spielen. Im 15. Jahrhundert ermöglichte die Erfindung der Druckerpresse und des Buchdrucks die

Ausbreitung des Protestantismus und damit des, wenn man Max Weber glauben mag, Kapitalismus mit seiner protestantischen Ethik. Die Entwicklung des Internets zeitigt Veränderungen von vergleichbarer Bedeutung. Das Wichtigste, was dieser Prozess bereits hervorgebracht hat, ist die Bildung einer dialogorientierten, demokratischen Informationskultur, die jene bisherige elitäre und monologische Organisationsform des Informationsraums ablöst.

In der Vergangenheit waren die Eliten die einzigen Subjekte der Information, und die Masse war ausschließlich Objekt der informationellen Einwirkung. In der traditionellen Gesellschaft predigten die Pfarrer von der Kanzel, und die Beamten verkündeten die königlichen Dekrete. Die Untergebenen aber lauschten lediglich dem, was Kirche und Staat ihnen übermittelte. Auch im 20. Jahrhundert blieb das Publikum in der Rolle des passiven Konsumenten von Informationen der Medien.

Jetzt hat sich das völlig verändert. Mit der Ausbreitung des Internets haben die Massen eine Stimme bekommen. In den sozialen Netzwerken findet permanent ein offener Dialog statt. Jeder kann seine Meinung äußern und sogar zum beliebten Blogger werden, wenn er seiner Umwelt etwas zu sagen hat. Eine solche Situation verändert zweifellos die Gesellschaft in demokratischen Ländern. Aber sie provoziert besonders stark Veränderungen in unfreien, autoritären Staaten, die unter den Bedingungen eines freien Informationsaustausches einfach nicht existieren könnten. In solchen Gesellschaften wird das Internet zur wichtigsten Alternative zu jeder Art offizieller Information.

Putins Russland war eines der schreiendsten Beispiele einer solchen Situation. Hier war das Internet der letzte Zufluchtsort der Freiheit, ein virtueller Abguss der zerstörten Zivilgesellschaft.

Sobald die russische Internetcommunity entsprechend groß war, verwandelte sich das Netz für die Bürger in eine grundlegende Quelle zur Beschaffung unabhängiger Informationen und für die Opposition zum wichtigsten Werkzeug im politischen Kampf. In Russland begann eine politische Internetrevolution heranzureifen, die vergleichbar war mit den Umwälzungen, die in Tunesien, in Ägypten und in einigen anderen autoritären Staaten stattfanden. Für gewöhnlich durchlaufen solche Revolutionen mehrere Etappen: Formierung eines Internetmilieus für den freien Austausch politischer Informationen; Auftreten unabhängiger Anführer (Kontereliten); Einrichtung alternativer Zentren der Einflussnahme im Netz; Organisation realer politischer Kampagnen, also Massenaktionen, Wahlen, revolutionäre Veranstaltungen mithilfe dieser Zentren. Die erste russische Internetrevolution zu Beginn des 21. Jahrhunderts durchlief alle diese Etappen, um dann zu scheitern.

Kaum einer registrierte zu Beginn der 2000er-Jahre ein, wie es damals schien, wenig bedeutsames Ereignis: Einige beliebte russische Internetakteure begannen Blogs auf einer kleinen amerikanischen Website namens LiveJournal zu führen, wo sich bis dahin vor allem englischsprachige Teenager getummelt hatten. Etliche Jahre später hatte sich die Website zum wichtigsten Ort einer freien russischen politischen Diskussion entwickelt. Ein großer Teil der nur irgendwie bedeutenden politischen Akteure von den Anführern der unabhängigen Opposition bis zum damaligen Präsidenten Medwedew begannen Blogs auf LiveJournal zu schreiben.

Die politische Internetrevolution in Russland begann genau dort, im LiveJournal, mit einer Kampagne gegen Korruption und Unterschlagung von Staatsgeldern. Sie weist Parallelen zur Tätigkeit der Muckraker – also wörtlich »Mistkratzer« – auf, wie man zu Beginn des 20. Jahrhunderts jene Reporter und Publizisten nannte, deren investigativer Journalismus in Sachen Vetternwirtschaft, Filz und Korruption tief greifende Veränderung im amerikanischen politischen Leben bewirkte, darunter auch die Ära des Progressivismus. In Russland hat hundert Jahre später eine ähnliche Bewegung begonnen. Die Korruption hier war nicht geringer, aber um die Meinungs- und Pressefreiheit war es sehr viel schlechter bestellt als in den USA. Die Enthüllungen der russischen »Muckraker« waren nur dank des Internets möglich. Kaum einer hätte gedacht, dass der kleine Jurist, der bescheidene Funktionär der Partei Jabloko (russisch für »Apfel«), Alexej Nawalny, einige

Jahre später der erste Mann der russischen Opposition sein würde. Er begann damit, auf seinem Blog Enthüllungen über Korruption in großen, mit dem Staat verflochtenen Unternehmen und Banken zu veröffentlichen. Dann organisierte er Projekte, die im Internet die Zusammenarbeit im Kampf gegen bürokratische Willkür koordinierten.

Parallel dazu entwickelten sich weitere gegen Korruption gerichtete Initiativen der Opposition. Boris Nemzow veröffentlichte Berichte, die Machtmissbrauch in Putins Umfeld enthüllten. Das Internetprojekt Dissert.net entlarvte Beamte, die sich ihre Dissertationen erkauft hatten. Besonders erfolgreich wurde eine Kampagne von Internetaktivisten, die sich gegen die Nutzung von Spezialsignalen in Autos der russischen Elite richtete, die sich damit über die Verkehrsregeln hinwegsetzen konnten.

Die Materialien gegen die Korruption bereiteten den Boden für den Übergang des Protestes aus der virtuellen Welt in die reale. Der Machtmissbrauch während der Wahlen empörte die Menschen ganz besonders. Der Tropfen, der das Fass schließlich zum Überlaufen brachte, waren die Fälschungen bei der Wahl zur Staatsduma im Jahr 2011. Damals wurden in den sozialen Netzen Videoaufzeichnungen gezeigt, Scans von Dokumenten und Hinweise von Beobachtern, die zahlreiche grobe Fälschungen der Abstimmungsergebnisse bewiesen. Beliebte oppositionelle Blogger begannen im Netz zu Aktionen des zivilen Ungehorsams aufzurufen. Daraufhin gingen die Menschen auf die Straße. Putins Behörden waren demoralisiert und überrumpelt. Man begann, Demonstrationen gegen die Regierung zu gestatten. Zehntausende von Menschen nahmen daran teil. Es sah aus, als ob das Regime wankte.

Bald setzte sich für die gewaltige Serie oppositioneller Aktionen in Moskau, die alle mithilfe des Internets organisiert worden waren, die Bezeichnung Revolution mit dem »Weißen Band« durch, nach dem Symbol der Bewegung, das ihre Mitglieder demonstrativ an der Kleidung trugen. Damals löste im Netz Facebook LiveJournal als Schnittstelle, wo die Protestierenden ihre Aktionen absprachen, ab. Hier wurde agitiert, die Sprecher für die Kundgebungen wurden gewählt, Losungen und Strategien der Bewegung diskutiert.

Anders als andere autoritäre Länder, etwa China und der Iran, entschieden sich die russischen Behörden gegen die totale Beschränkung des Internets. Man beschloss, der Internetrevolution eine Internetmanipulation entgegenzusetzen. Kürzlich entdeckten Hacker, die in den E-Mail-Briefkasten eines Mitarbeiters der Präsidialadministration eingebrochen waren, die Spur von Firmen, die die Tätigkeit einer ganzen Armee bezahlter Internettrolle koordinierten. Diese Trolle hatten die Aufgabe, für Putin zu agitieren und die Opposition zu stigmatisieren. Das Know-how bestand darin, das politische Netz mit einer Vielzahl von Trollen zu fluten und es dabei so zu verschmutzen, dass die Menschen aufhörten, dem Netz als Informationsquelle zu vertrauen.

Dieser Trick der russischen Machthaber lief jedoch ins Leere. Und das konnte auch gar nicht anders sein, widersprach er doch dem auf Dialog basierten Wesen der Internetkultur. Im Zeitalter des postmodernen Fernsehens dachte man, dass sich niemand mehr für die Wahrheit interessiert; das Fernsehbild war wichtiger als die Realität, die Verpackung wichtiger als der Inhalt, das Image wichtiger als der Mensch. Die Schaffung eines weltweiten Netzes hat diese Situation von Grund auf verändert. Das Internet gab den Menschen die Möglichkeit der Wahl. Und postwendend zeigte sich, dass Menschen, die ihre Information selbst wählen können, sich nicht manipulieren lassen. Sie brauchen keine schönen Märchen, sondern objektive und wahrheitsgetreue Information über die Realität. Genau diese suchen sie nämlich vor allem im Internet. Es ist kein Wunder, dass die vorgetäuschten Internetwesen, Kreaturen der russischen Machthaber, keine ernsthafte Konkurrenz für die »Muckraker« darstellten, deren Popularität weiter wuchs.

Nachdem derartige Manipulationen nicht gewirkt hatten, blockierten die Behörden den Zugang zu einer Reihe oppositioneller Internetressourcen. Aber auch diese Methode erwies sich als höchst unwirksam. Die Nutzer lernten, wie man die Blockade leicht umgehen konnte. Wie die Redaktion der Seite »kasparow.ru« des bekannten Oppositionellen und ehemaligen Schachweltmeisters Garri Kasparow mitteilte, diente die Blockade stattdessen als ausgezeichnete Reklame für die Seite. Die Besuchszahlen verdoppelten sich unmittelbar nach Ergreifen der Maßnahme.

Folglich führte die Opposition all die vergangenen Jahre mithilfe des Internets ihren Kampf gegen die Machthaber. Die oppositionelle Minderheit, die ihre Informationen vor allem aus dem Netz bezog, wurde immer zahlreicher. Das Regime Putin verlor langsam, aber sicher die Unterstützung der Bevölkerung. Und da griff der Diktator zum ultimativen Mittel, um seine Popularität wiederherzustellen. Er zettelte einen »kleinen siegreichen Krieg« an. Als Folge der Eroberung der Krim und des Kriegs im Donbass erlitt die Opposition eine empfindliche Niederlage im Kampf um den Verstand der Bürger. Reflexartig wurden längst in den Tiefen der Vergangenheit vergraben geglaubte imperiale Stereotypen des russischen Kollektivbewusstseins reanimiert. Nicht allzu vielen Menschen gelang es, sich der allgegenwärtigen patriotischen Hysterie im Land zu entziehen. Die »Heimkehr« der Krim, die Erneuerung des Imperiums, der sowjetische Revanchismus erwiesen sich für die meisten Internetnutzer wichtiger als Korruption und Machtmissbrauch. Zum ersten Mal versagte eine über Jahre gültige Gesetzmäßigkeit: Je aktiver sich eine Community an der Internetkommunikation beteiligt, desto geringer ausgeprägt ist bei ihr die Unterstützung für die Politik der Machthaber. Jetzt gibt es in der aktivsten Internetcommunity (junge Leute und Bewohner der beiden Metropolen) mehr radikale Anhänger des putinschen neoimperialen Kurses als durchschnittlich im ganzen Land.

Allerdings sind die kriegerisch-patriotischen Manipulationen des Regimes trotz ihres zeitweisen Erfolgs zum Scheitern verurteilt. Durch den Krieg mit dem ukrainischen Nachbarn und dem damit verbundenen Konflikt mit der westlichen Welt sowie die Intervention in Syrien droht Russland eine Vielzahl langfristiger Probleme, die sich unvermeidlich und auf zerstörerische Weise auf das alltägliche Leben der Russen auswirken werden bzw. bereits auswirken. Die russischen Internetnutzer werden sich wieder ans Internet wenden, um herauszufinden, wer die Schuld trägt an ihren neuen Nöten. Und dann wird es möglicherweise zu einer zweiten, dieses Mal aber erfolgreichen politischen Internetrevolution in Russland kommen.

## Putins Katastrophenspirale

Schon vor einigen Jahren warnten die Anführer der russischen Opposition vor dem unvermeidlichen Konflikt zwischen »Fernsehen und Kühlschrank«, also zweier einander entgegengesetzter Vektoren der Einflussnahme auf das russische Bewusstsein: auf der einen Seite die staatliche Propaganda, auf der anderen Seite der sinkende Lebensstandard. Mit Beginn der aktuellen wirtschaftlichen Krise wurde dieser Konflikt Wirklichkeit. Nach Informationen der Soziologen hat die Mehrheit der Russen bemerkt, dass der Wohlstand der Bevölkerung gesunken ist, und rund die Hälfte der Bürger spürt das am eigenen Leib. Nichtsdestotrotz leugnet das Fernsehen diese Tatsache bislang erfolgreich. Ungeachtet der radikalen Verschlechterung des sozialen Wohlbefindens der Russen, ist Putins Popularität unverändert hoch.

Das liegt daran, dass es den Machthabern gelungen ist, die Verantwortung für die Krise gewissen feindlichen äußeren Kräften zuzuschieben. Wie die Untersuchungen des Instituts für Soziologie der Russischen Akademie der Wissenschaften zeigten, glauben drei Viertel aller Russen, dass die größten Gefahren für ihr Land vom Ausland ausgehen (noch vor etwa sechs Jahren dachten weniger als ein Drittel so). Das Bild des äußeren Feindes, der uns nicht »in Ruhe leben lässt«, ist die wichtigste Verteidigungslinie der Machthaber im Kreml.

Aber es gibt Anhaltspunkte dafür, dass sich die Lage gegenwärtig ändert. Zum einen hat die Vertrauenswürdigkeit des Fernsehens im vergangenen Jahr gelitten, obwohl es nach wie vor die wichtigste Nachrichtenquelle für die überwältigende Mehrheit der Russen bleibt.

Zweitens sinkt auch der Lebensstandard weiter, was die Loyalität der Russen gegenüber der Machtelite stark schwächen könnte. Patriotismus ist schön und gut, aber das Hemd auf der Haut ist einem – wie es so schön heißt – in der Regel näher. Die große Mehrheit der Befragten ist selbst zum Preis einer Erstarkung der russischen Position auf internationaler Ebene nicht bereit, dafür materielle Abstriche zu machen – also etwa der Anhebung des Rentenalters, Steuererhöhungen, dem Einfrieren der Löhne und Renten zuzustimmen. Und dabei sind die jungen, sozial aktiven Mitbürger am wenigsten geneigt, ihren Wohlstand »hohen patriotischen Zielen« zu opfern.

Vermutlich wird sich diese Tendenz weiter fortsetzen. Der Kursverfall des Ölpreises und seine aggressive Außenpolitik lassen Russland keine Chance, seine wirtschaftliche Lage zu verbessern. Der Schwanz kann nicht ewig mit dem Hund wedeln. Früher oder später wird die Realität über ihr verzerrtes Abbild auf den Fernsehbildschirmen siegen.

Im Streit zwischen dem Fernsehen und der Wirklichkeit eines leeren Kühlschranks wird sich immer häufiger ein dritter Mitspieler einmischen: der Gummiknüppel. In dem Maß, wie die Wirksamkeit der Manipulationen nachlässt, wird die direkte und gewalttätige Unterdrückung von Protestaktionen an Bedeutung zunehmen. Ende 2015 wurden neue repressive Gesetze verabschiedet. So hat ein Mitarbeiter des FSB unter bestimmten Umständen jetzt sogar das Recht, auf Frauen und Kinder zu schießen. Die Liste der politischen Gefangenen verlängert sich wöchentlich um weitere Namen: von Demonstranten, Bloggern, oppositionellen Aktivisten. Wenn sich die wirtschaftliche Lage verschlechtert, werden sich die Repressionen verschärfen. In den Augen der Machthaber gelten die Mittelklasse und die städtische Unterschicht als problematische Bevölkerungsgruppen. Die Armen sind auch jetzt schon weniger loyal gegenüber dem regierenden System (90 Prozent der materiell gut situierten Bürger vertrauen dem Präsidenten, aber nur 55 Prozent jener, die schlecht abgesichert sind). Diese Zahl wird weiter steigen. Denn die Krise trifft die Unterschicht am härtesten. Die Armen können in den Bereichen Versorgung, Wohnen und Medikamente nicht einmal ihre Grundbedürfnisse befriedigen. In einer solchen Lage wird der Kühlschrank deutlich wichtiger als der Fernseher, der nur mit schönen Lügen gefüllt ist.

Die Mittelschicht verlor im Jahr 2015 viel, hielt sich aber dank ihrer Ersparnisse aus den fetten Öljahren einigermaßen über Wasser. Ein zweites Krisenjahr könnte – wie der Ökonom Wladislaw Schukowski kürzlich schrieb – die Mittelschicht »ans Messer liefern«.

In der nächsten Zeit wird sich all das möglicherweise noch nicht in ernst zu nehmenden Massenprotesten äußern. Wahrscheinlich sind vielmehr Protestaktionen der verschiedenen sozialen, berufsständischen und regionalen Gruppen, etwa der Fernfahrer, Grubenarbeiter oder der »kreativen Klasse« in Moskau.

Das beste Mittel, um einer massenhaften Unzufriedenheit prophylaktisch entgegenzuwirken, besteht darin, diese Unzufriedenheit auf ein äußeres Objekt zu lenken, auf einen Feind im Ausland. Noch vor Kurzem war die Ukraine ein derart großer Feind, jetzt übernimmt die Türkei diese Rolle. Die konfrontative Politik der putinschen Führung in den letzten Jahren zieht immer neue Länder in den Strudel der Auseinandersetzung mit Russland. Wobei jeder außenpolitische Konflikt augenblicklich instrumentalisiert wird, um auf die russische öffentliche Meinung einzuwirken.

Der Staat beauftragt die Medien, die Bevölkerung mit Hass gegen einen weiteren »blutrünstigen Gegner« zu infizieren.

Vor nicht allzu langer Zeit unterhielten Russland und die Türkei noch absolut freundschaftliche Beziehungen. Türkisches Business war in vielen Schlüsselsektoren der russischen Wirtschaft wie im Bausektor und der Automobilbranche vertreten. Die verhältnismäßig günstigen türkischen Waren wurden in der Bevölkerung gut nachgefragt. Ein großes gemeinsames Projekt in der Gaswirtschaft war in Planung. Die Türkei hatte bei der russischen Mittelschicht den Status des beliebtesten Urlaubsziels.

Und dann löst sich das alles in Staub auf, buchstäblich innerhalb von wenigen Wochen und als Folge der russischen Sanktionen gegen die Türkei, die Putin als Antwort auf den Abschuss eines russischen Militärflugzeugs durch die Türken im türkischen Luftraum verhängt hatte. In einer Situation, in der die russische Wirtschaft ohnehin schon unter den Beschränkungen durch die Sanktionen der westlichen Länder leidet, war es offensichtlich völlig absurd, sich von einem so wichtigen außenpolitischen Partner abzuwenden. Der Zusammenbruch der russisch-türkischen Kooperation trug den Russen vermutlich nicht weniger, sondern möglicherweise eher mehr Probleme ein als den Türken.

Wozu war dieses seltsame wirtschaftliche Eigentor nötig? Natürlich gibt es dafür auch irrationale Gründe: der imperiale Dünkel der russischen Führung.

Aber das ist nicht das Wichtigste. Das »türkische Gambit« Putins ist Teil seiner kalkulierten Politik, im eigenen Land die Atmosphäre einer besetzten Festung zu schaffen. Man könnte diese Politik auch Putins »Katastrophenspirale« nennen: Um die Wählerschaft von den wachsenden materiellen Problemen im Land abzulenken, sind die Machthaber gezwungen, immer neue außenpolitische Abenteuer zu unternehmen, die wiederum zu einer Verschlechterung der wirtschaftlichen Lage führen, was seinerseits neue militärisch-patriotische Ablenkungsmanöver verlangt.

Die russische Führung ist zur Geisel dieser Gesetzmäßigkeit geworden. Wenn sie diese unterbricht, verliert sie die Unterstützung der Bevölkerung und wird mit der massenhaften Unzufriedenheit der Menschen konfrontiert werden, die nach Beendigung des patriotischen Hurrageschreis endlich wieder zur Besinnung kommen. Deshalb muss die Führung immer neue Abenteuer unternehmen.

Dabei ist es nicht sicher, dass die Türken das Feindobjekt bleiben. Vielleicht söhnt sich die russische Regierung damit aus, dass es ihr nicht gelingt, die Türkei in die Knie zu zwingen. Jeder kann ihr neuer Feind werden. Eine einzige Tat auf internationaler Ebene, die der putinschen Regierung nicht passt, und schon kann jedes beliebige Land zum von den Medien »patentierten« Feind Russlands werden. Wenn man die aktuelle Propaganda betrachtet, heißen die potenziellen Kandidaten Polen, die baltischen Staaten und überhaupt jeder Bündnispartner der USA, die ja überhaupt das größte Übel der Erde im Weltbild Putins sind (schließlich wollten die Türken, nach Putins Worten, ja eigentlich nur die »Amerikaner lecken«). Das Volk forderte schon im antiken Rom »Brot und Spiele« von der Macht. Als den Regierenden das Brot ausging, kauften sie den Plebs mit neuen Spielen. Die

Wirtschaftslage ist in Russland derzeit angespannt. Da man nicht für den materiellen Wohlstand der Menschen sorgen kann, ist es nötig, immer wieder »Gladiatorenkämpfe« mit neuen »Feinden« zu veranstalten.

Putins »TV-Kolosseum« ist immer voller erhitzter Gemüter. Mal werden heldenhafte Traktorfahrer und Grubenarbeiter gezeigt, wie sie die gemeinen »Drecksukrainer« vermöbeln, mal russische Pilotenhelden, die feige Islamisten bombardieren. Zwar herrscht regelmäßig Verwirrung, wenn sich die »örtlichen« Traktorfahrer als burjatische Panzerfahrer herausstellen und die Islamisten als friedliche Einwohner, aber die überreizten Fans nehmen es mit solchen Kleinigkeiten nicht so genau. Die Politik der russischen Staatsmacht erinnert an die Tätigkeit von Taschendieben. Während der Staat die Taschen seiner Bürger von überflüssigem Kleingeld befreit, lenken die staatlichen Medien deren Aufmerksamkeit mit gefühlsduseligen Reportagen auf den nächsten »kleinen siegreichen Krieg«. Aber solche Manipulationen wirken nur kurze Zeit. Das Publikum ständig in Anspannung zu halten, seine Aufmerksamkeit von den wesentlichen Problemen abzulenken, ist schwer und kostspielig. Neben der Polizeiknute, die man benötigt, um sich der Loyalität der zusehends verarmenden Bevölkerung zu versichern, bedarf es noch eines ideologischen Zuckerbrots, das die Menschen motiviert, sich mit den temporären Problemen um einer zukünftigen Blüte willen auszusöhnen. Die UdSSR hatte eine solche Idee. Die Menschen waren bereit, im Hier und Jetzt Armut zu ertragen, weil sie auf die Glückseligkeit in der zukünftigen kommunistischen »Gartenstadt« setzten. Nicht lange nachdem dieser Glaube starb, war auch die UdSSR am Ende.

Putin hat kein attraktives Projekt von einem »besseren Leben« in petto, kein positives Zukunftsbild. Die Erhabenheit der Macht und andere hurrapatriotische Demagogie scheint den Menschen, den Umfragen zufolge, nicht allzu viel zu bedeuten. Sie wünschen sich vor allem ein gutes und stabiles Leben für ihre Familien.

Putins Regime kann sich der breiten Unterstützung durch die Bevölkerung weder mit rationalen noch mit ideologischen Argumenten versichern. Die einzige Möglichkeit, sich zu halten, besteht in immer neuen »militärischen Triumphen«. Die propagandistischen Ressourcen der Annexion der Krim sind bereits erschöpft. Auch von der syrisch-türkischen patriotischen Zuspitzung wird das Publikum bald genug haben. In diesem Spiel muss der Einsatz, die Dosis des propagandistischen Rauschgifts permanent erhöht werden. Aber für eine neue militärische Show hat Russland einfach nicht mehr die wirtschaftlichen Mittel. Mit der Zeit könnte Putin sich in der Rolle des Zauberers präsentieren und versuchen, den längst entflohenen Hasen unter dem Hut hervorzuziehen. Das Publikum, das von ihm Siege und Wunder erwartet, wird ihn zunächst verblüfft ansehen und ihn dann auspfeifen. Einen solchen Reinfall fürchtet Putin mehr als alles andere. Deshalb ist die russische Staatsmacht dazu verdammt, komme was wolle, auch in Zukunft den Weg eines Aggressors einzuschlagen, bis sie endlich eine schwere militärische Niederlage einstecken oder einen wirtschaftlichen Kollaps erleiden wird. Erst dann wird die Spirale der Aggression, die zur Katastrophe führt, durchbrochen werden: Putin verliert das Charisma des Siegers, die Eliten entzweien sich, und die Bevölkerung befreit sich von der hypnotischen Wirkung der Propaganda.

## Die demokratische Alternative

Viele Europäer sind davon überzeugt, dass es keine Alternative zu Putin und seinem System gibt, dass genau dieses System und genau dieser Präsident für Russland die organischste Lösung sind. Paradoxerweise überschneiden sich hier die Position von »Russophobie« und »Putino-(Russo-)philie«.

Aber ganz so einfach ist es nicht. Tatsächlich hat sich das putinsche Regime aus einer der strategischen Linien der russischen Geschichte entwickelt, denn in den vergangenen Jahrhunderten existierten in Russland zwei einander entgegengesetzte historische Traditionen: die imperial-autoritäre und die demokratische. Das imperiale Projekt, das sich stets auf eine mächtige staatliche Bürokratie stützte – auf die zaristische (Autokratie), die sowjetische (Stalinismus) und die putinsche (aktuelles Russland) –, stand und steht einer einerseits liberalen (häufig passiven) Intelligenzija und andererseits den elementar anarchistisch gestimmten breiten Massen, der sozialen Unterschicht, gegenüber. Diese zweite, demokratische Tradition hat ebenfalls tiefe historische Wurzeln in Russland, wo sich die Intelligenzija traditionell in Opposition zu Diktatur und Rechtlosigkeit befindet und die breiten Massen (»Bauern und Arbeiter«) jede Art von Macht und Obrigkeit hassen.

Jedes erneute Scheitern der nächsten Entwicklungsstufe der imperialen Expansion endet immer mit der Aktivierung der demokratischen antiautoritären Stimmungen in der Gesellschaft (wie es auch nach der Niederlage im Krimkrieg und im Russisch-Japanischen Krieg sowie nach der Erfolglosigkeit im Ersten Weltkrieg und im Kalten Krieg der Fall war). Zwischen der liberalen Intelligenzija und der anarchistisch gestimmten Unterschicht entsteht ein Bündnis, das zweimal in der russischen Geschichte den Untergang einer Diktatur provozierte, im Februar 1917 und im August 1991.

Wenn das Bündnis zerfällt, führt das wiederum zur erneuten Ausbildung eines autoritären Regimes. Kurze demokratische Phasen enden für gewöhnlich mit der Erniedrigung der liberalen Intelligenzija, die den Rückhalt der Bevölkerung verloren hat, und mit der Wiedererrichtung der Herrschaft der Bürokratie. So war es nach 1917, als die Bolschewiken die demokratischen Traditionen der russischen Befreiungsbewegung ablehnten und sich in autoritäre bürokratische Imperialisten verwandelten. So geschah es nach Gorbatschows Perestroika, als sich unter Jelzin die Herrschaft der Oligarchen etablierte, die später von der Diktatur Putins abgelöst wurde.

Allerdings ist diese Diktatur nicht so stabil, wie es auf den ersten Blick aussieht. Sogar im Verlauf der Umfragen äußern die Menschen indirekt tiefes Unbehagen über die Situation im Land. In den Regionen herrscht eine ausgesprochen negative Stimmung gegenüber

Moskau, außerdem regionaler »Patriotismus« und Hass auf die Moskauer föderale Bürokratie. Noch auffälliger ist der Wunsch der Menschen nach sozialer Gerechtigkeit, der Hass auf die Beamten und Oligarchen. Ein bedeutender Teil der Bevölkerung orientiert sich an linken, sozialen Werten, die die Machthaber offen vernachlässigen.

Den Menschen gefällt es nicht, dass ihre Rechte als Arbeitnehmer nicht geschützt werden, die Renten niedrig und die Sozialleistungen minimal sind, dass die Kluft zwischen dem Lebensstandard der großen Bevölkerungsmehrheit und den Superreichen gewaltig ist. Ferner ist die Einstellung gegenüber der Polizei höchst negativ. Vor einigen Jahren stilisierte man einige junge Leute, die im Fernen Osten einen Polizisten getötet hatten, in den sozialen Netzwerken regelrecht zu Helden und nannte sie »Primorsker Partisanen«.

In den letzten Jahren wuchs nicht nur die Unzufriedenheit der Bevölkerung, sondern es kam auch zu einer politischen Aktivierung der Intelligenzija und zur Konsolidierung der liberalen Gegeneliten. Wie bereits beschrieben, entwickelte sich die demokratische oppositionelle Bewegung, bekannt aus der Revolution mit dem »weißen Band«, zunächst gut. In dieser Lage beschlossen die erschrockenen Machthaber, diesen für sie so gefährlichen politischen Trend mithilfe des Kriegs in der Ukraine und der Annexion der Krim zu brechen. Die patriotische Hysterie überlagerte für eine gewisse Zeit die oppositionelle Stimmung.

So war es schon einige Male in Russlands Geschichte. Aber zum Unglück für die Staatsmacht entzündete sich nach den ersten militärischen Missgeschicken der Hass der Bevölkerung auf sie stets mit neuer Kraft.

Der zum Scheitern verurteilte Versuch, das imperiale Projekt zu reanimieren, kann zum Sieg der demokratischen Tradition führen, wie das schon einige Male in der Geschichte passiert ist. Aber ein solcher Sieg wird nur von Dauer sein, wenn es der liberalen Elite gelingt, ein Programm zu formulieren, das ihr den Rückhalt der sozial abgespaltenen Bevölkerungsmehrheit garantiert. Dazu muss das Bild eines zukünftigen postputinschen Russlands nicht nur den Hoffnungen der liberalen Intelligenzija entsprechen, sondern auch denen der »einfachen« Russen, die nach sozialer Gerechtigkeit streben und die brutale, korrupte Polizei, die käuflichen Bürokraten und die verfressenen Oligarchen hassen.

# Und ich glaube trotzdem – statt eines Nachworts

Ich glaube an die Vernunft meines Volkes, glaube daran, dass die von der Propaganda verursachte Vernebelung des Verstands bei vielen meiner Mitbürger vorübergeht. Ich glaube daran, dass mein Land unausweichlich ein friedlicher, europäischer, demokratischer Staat wird. Ich sehe, dass die Menschen in Russland sich nicht grundlegend von meinen deutschen Bekannten unterscheiden. Sie alle gehören einer europäischen Kultur an. Und ich glaube an den Sieg der Kultur über Gewalt und Lüge der neuen Barbaren im Kreml.

Auf der Grundlage meiner Arbeit als Meinungsforscher und Politikberater mit Vertretern der politischen Elite bin ich zu der Schlussfolgerung gekommen, dass nur ein demokratisches politisches System in Russland stabil und von Dauer sein kann. Alle anderen Varianten führen in die Sackgasse. Weder ein autoritäres noch das oligarchische Regime können unter den modernen Gegebenheiten lange in meinem Land herrschen.

Entgegen eines populären Irrglaubens besteht die größte Schwäche des Putinismus im Fehlen eines starken Rückhalts in der Bevölkerung. Ich weiß noch, wie zu Beginn der 1990er-Jahre bei den »Informellen«, die sich zum Diskutieren der politischen Ereignisse am Stand des Nachrichtenmagazins *Moskowskije Nowosti* auf dem Moskauer Puschkinplatz und auf dem Neuen Arbat versammelten, immer wieder seltsame Figuren auftauchten, die mit lächerlichen Fälschungen herumwedelten – etwa mit dem von einem nationalistischen Schriftsteller selbst verfassten sogenannten Dallas-Plan. Ihre Absicht war es, das Publikum mit der ewigen westlichen Verschwörung gegen Russland (oder der europäischen Variante) zu erschrecken. Damals wirkten diese Leute auf uns wie durchgeknallte Randfiguren der Gesellschaft. Heute sind derartige »Ideologen« hochwillkommene Gäste in den staatlichen Fernsehsendern. Die abgedrehten Ideen sind zum ideologischen Mainstream des Kremls geworden. Aber wie fest haben sie sich wirklich in den Köpfen der Russen verankert?

In den 1960er- und 1970er-Jahren fand in der UdSSR ungeachtet der staatlich deklarierten moralisch-politischen Einheit des russischen Volkes ein harter Kampf zwischen der sogenannten russischen Partei (also den nationalkonservativen Russen) und den demokratischen Westlern statt. Dieser Konflikt entfaltete sich in der Kultur, in der Kunst, im Komsomol (der kommunistischen Jugendbewegung) und sogar im ideologischen Apparat. Wegen eines scharfen Artikels gegen die »Russisten« etwa verlor der zukünftige Ideologe der Perestroika, Alexander Jakowlew, seinen Posten im Zentralkomitee der Kommunistischen Partei der UdSSR und wurde als Botschafter ins Ehrenexil nach Kanada geschickt.

Während Gorbatschows Reformen gelangten die »Russisten« unter dem Etikett »national-patriotische Bewegung« in die öffentliche Politik und widersetzten sich den demokratischen Veränderungen. Jedoch scheiterten alle ihre Versuche, mit den Demokraten zu konkurrieren, und bei den ersten freien Wahlen in Russland erlebten sie ein totales Fiasko. Die Kandidaten des Demokratischen Russlands gewannen überlegen gegenüber den National-Patrioten. Genau aus diesem Grund wurde Jelzin Russlands neues Staatsoberhaupt, und genau deshalb war das Los der UdSSR schon vorherbestimmt. Zur Zeit des August-Putsches 1991 stand die Mehrheit der »Patrioten« auf der Seite des Staatskomitees für den Ausnahmezustand. Der berühmte »Brief ans Volk«, der von einigen ihrer Leader unterschrieben wurde, wurde damals als ideologisches Programm der Putschisten bewertet.

Nachdem die national-patriotische Bewegung 1991 verloren hatte, kämpfte sie die gesamten 1990er-Jahre hindurch erfolglos gegen die jelzinsche Führung Russlands und die sie unterstützenden Demokraten. Zu dieser Zeit nannte man die Anhänger dieser Bewegung »Rot-Braune« wegen der Verbindung von Stalinismus, russisch-orthodoxem Fundamentalismus und aggressivem Nationalismus.

Man kann sagen, dass der Rückhalt der National-Patrioten in der Gesellschaft nie sonderlich groß war. 1999 war für gerade mal 16 Prozent* der Russen Patriotismus ein wichtiger Aspekt bei der Frage, für welche Partei oder Politik sie sich bei den Wahlen entscheiden würden. Wenn die »Patrioten« weder in der linken kommunistischen Maske (der Kommunistischen Partei der Russischen Föderation) noch im Clownskostüm Schirinowskis – der nicht so sehr in seiner Eigenschaft als Patriot, sondern vielmehr als kruder Wahl-Rowdy gewählt wurde – bei den Wahlen antraten, erlitten sie meistens Misserfolge. Man erinnere sich nur an die erfolglose Teilnahme eines der Anführer der »Patrioten«, des ehemaligen Weltmeisters im Gewichtheben, Juri Wlasow, bei den Präsidentschaftswahlen 1996.

Bis zum Einsetzen der massiven antiwestlichen Propaganda unterstützte die relative Mehrheit der Russen ein westliches Modell der Entwicklung in liberaler oder sozialdemokratischer Weise (letzteres war den Umfragen nach das beliebteste Modell). 1997 wählten trotz der massenhaften Unzufriedenheit mit den Ergebnissen der liberalen Reformen 47,1 Prozent der Befragten als Modell für Russlands künftige Entwicklung einen »nach dem Vorbild der westlichen Länder marktwirtschaftlichen Staat mit demokratischen Strukturen, der die Menschenrechte respektiert« und nur 17,7 Prozent »einen Staat mit vollkommen eigenem Aufbau und einem eigenen Entwicklungsweg«. Im Jahr 1994 stimmten 71 Prozent der Befragten der Aussage zu: »Schluss mit der Abschottung; Russland sollte sich so schnell wie möglich an die internationale Wirtschaft, Politik, Kultur anschließen« (WZIOM).

Die Ideen von einer militärischen Revanche, die heute so modern sind, waren damals völlig unpopulär, stattdessen bauten die Menschen auf eine wirtschaftliche Renaissance. 1998 waren 76,3 Prozent der Befragten der Meinung, dass Russland sein wirtschaftliches Niveau steigern sollte, um sein Ansehen in der Welt zu festigen, und nur 10,6 Prozent hielten zu diesem Ziel eine »Stärkung der militärischen Macht« für notwendig.

* Daten nach FOM – Fond für öffentliche Meinung

Mitte der 2000er-Jahre orientierten sich zweimal weniger Menschen (16,7 Prozent) an patriotischen Werten als an linken oder sogar an liberalen.

Putin kam nicht als einer der »Patrioten« an die Macht, sondern als Nachfolger des von diesen so verhassten Jelzin. Aber er übernahm schrittweise ihre in der Gesellschaft nicht sonderlich populären Ideen und machte sie zur Grundlage seiner Staatsideologie. Auf diese Weise nahmen die National-Patrioten faktisch Revanche für ihre Niederlagen in den 1990er-Jahren. Allerdings gelang ihnen das nicht, weil sie die Sympathien der Bevölkerung errungen hatten, sondern weil sie die Machthaber unterstützten. Seit Beginn der 2010er-Jahre wird praktisch ihr gesamtes Gedankengut hartnäckig durch die staatliche Propagandamaschinerie verbreitet, fast wie die Kartoffel unter Katharina II. Aber trotz der gewaltigen Anstrengungen der Staatsmacht, bleibt der Einfluss der »patriotischen« Ideologie im russischen Bewusstsein recht oberflächlich.

In Umfragen bezeichnet sich die Mehrheit der Befragten zwar als Patrioten und reagiert positiv auf das Wort »Patriotismus«, setzt es aber ans Ende einer Liste der für sie wichtigsten Begriffe, in der auch »Familie« (65 Prozent), »Sicherheit« (46 Prozent), »Wohlstand« (38 Prozent), »Frieden« (34 Prozent) und »Gerechtigkeit« (30 Prozent) auftauchen. Zum Vergleich: »Patriotismus« 7 Prozent, »Macht« 5 Prozent und »Religion« 4 Prozent*. Das heißt, greifbare rationale Ziele sind für die Menschen auch unter Putin weit wichtiger als offizielle ideologische Prioritäten.

So ist die hurrapatriotische Hysterie, die infolge des neuen ideologischen Kurses der Regierung einsetzte, nur eine äußerliche Deformation des gesellschaftlichen Bewusstseins, die nicht die tieferen Schichten der sozialen Psyche berührt. Putins Propaganda garantierte ihm die Loyalität der Menschen hinsichtlich des neuen Kurses und der staatlichen Ideologie, aber sie machte sie nicht zu Fanatikern. Der Putinismus ist nur eine neue Fassade über dem alten Wertegerüst der

* Daten nach FOM aus dem Jahre 2013.

Gesellschaft, das sich an zutiefst privaten, nichtideologischen Zielen orientiert. Diese Tünche kann im Fall von politischen Veränderungen ebenso schnell abbröckeln, wie sie aufgetragen wurde.

Man muss feststellen, dass der Schlüsselbegriff für die russischen National-Patrioten, das Herzstück ihrer Mythologie, immer der »rassistische Antisemitismus« war. Die Juden wurden gewohnheitsmäßig beschuldigt, dass sie Russland vom richtigen nationalen Weg abbringen, es westlichen Interessen unterwerfen würden. Gerade in den Juden sahen die National-Patrioten die wichtigsten Träger allen Übels auf der Welt, betrachteten sie als Volksverräter, Schuldige am Zerfall des Russischen Imperiums und der UdSSR sowie der Versklavung und Diskriminierung von Russen. Ohne Antisemitismus bricht ihr ganzes ausgedachtes, mythenartiges Konstrukt in sich zusammen, das ansonsten geradezu schülerhaft von Putins Agitprop in sein Arsenal aufgenommen wurde. Aber Putin ist kein Antisemit, er hat oft mit Juden zusammengearbeitet, darunter auch mit einigen von ihnen als Geschäftspartnern. Trotzdem war ihm die Politik immer wichtiger als die eigenen Vorlieben. Ohne einen mehr oder weniger ausgeprägten Antisemitismus ist seine neue Ideologie nicht lebensfähig. Es ist unmöglich, in sie den Großteil der Ideen der National-Patrioten einfließen zu lassen und dabei den zentralen Mythos auszuschließen. Ob Putin will oder nicht, er wird nach und nach den Antisemitismus in sein Waffenarsenal aufnehmen müssen. Es ist kein Zufall, dass schon jetzt antisemitische Töne von seinen glühendsten Anhängern zu vernehmen sind, etwa in den skandalösen Veröffentlichungen der Journalistin Uljana Skoibeda, die ihr Bedauern darüber äußerte, dass die Nationalsozialisten aus der Haut der Vorfahren der heutigen russisch-jüdischen Liberalen keine Lampenschirme gemacht hätten, denn dann hätte man der Ansicht der Autorin nach »weniger Probleme«.

Das Einpflanzen der nationalpatriotischen Ideologie in den Putinismus war eine regelrechte Vergewaltigung des kollektiven gesellschaftlichen Bewusstseins. Diese Ideologie ist nicht nur nicht verwurzelt im Volk, sondern widerspricht der Lebensart und den sozialen Richtpunkten der herrschenden Elite, die sich als hurrapatriotisch ausgeben muss, obwohl sie wirklich absolut konsumorientiert und an die westlichen Lebensstandards angepasst ist. Dafür gibt es weit handfestere Beweise als die Ergebnisse soziologischer Umfragen. Die Mehrheit der »Patrioten« an der Macht hat ihr Eigentum und ihre Geschäfte im »verdammten« Westen, wo auch ihre Kinder zur Schule gehen, wo sie sich medizinisch versorgen lassen und wo sie sich von dem »unversöhnlichen Kampf« mit ihm erholen.

Ja, und auch Putin selbst ist nur ein aufgesetzter National-Patriot und nationaler Leader. Am ehesten ist er der Vorsteher der Bürokratie, dem es nicht gelungen ist, sich von dem sozialen Milieu loszueisen, das ihn an die Macht gebracht hat, von der korrupten und prinzipienlosen herrschenden Elite.

Putins Karriere als Diktator begann vor gar nicht allzu langer Zeit, aber schon jetzt kann man davon ausgehen, dass sie aller Wahrscheinlichkeit schlecht enden wird. Erfolgreich nennt man Diktatoren, die lange herrschen und im eigenen Bett sterben. Solche Autokraten gibt es immer und überall. Von den antiken Tyrannen bis zu den Generalsekretären und Caudillos versuchten alle, sich als Beschützer des Volkes gegen Willkür der »Starken und Reichen« auszugeben. Sie terrorisierten nicht nur ihre persönlichen Feinde, nicht nur die einfachen Leute, sondern auch die herrschende privilegierte Oberschicht der Gesellschaft, darunter auch ihr eigenes Umfeld. Indem sie mit der vom einfachen Volk verhassten Erb- oder Parteiaristokratie abrechneten, verwirklichten sie des Volkes geheimen Wunsch nach Gerechtigkeit. Und das Volk war bereit, Entbehrungen und Mühsal zu ertragen, die ihm der ambitionierte Herrscher auferlegte, im Tausch gegen die Befriedigung über einen »rollenden Bojarenkopf«. Der durchschnittliche Bürger einer solchen Diktatur würde etwa äußern: »… ja, Väterchen-Zar (Führer, Caudillo, usw.) ist streng, aber gerecht und verschont niemanden, nicht mal seine engsten Bojaren.« Denn so sichert man die Stabilität in der Diktatur, die Loyalität der Bevölkerung.

Putin ist da anders. Er mauschelt offen mit den korrupten Beamten und Oligarchen in seinem Umfeld und lässt ihnen unrechtmäßige Bereicherung durchgehen. Selbst wenn aus irgendeinem Grund eine

Untersuchung ihrer Vergehen ansteht, bleiben sie in der Regel unbehelligt und erhalten einen neuen Posten an der Macht oder im staatsnahen Business – wie es etwa dem ehemaligen Verteidigungsminister Serdjukow erging. Putin ist ein »Beinahe-Stalin«, ein brutaler Tyrann gegenüber seinen Feinden, aber ein guter Onkel gegenüber seinen Mitstreitern, deren Frauen, Kindern und Geliebten. Die Gesellschaft konnte sich viele Male davon überzeugen, dass er sich schützend vor seine »Bojaren« stellt und sie nicht im Stich lässt, auch wenn sie im ganzen Land verhasst sind.

Das System wird sich nicht lange auf totale Lüge und Fälschung stützen können, wenn sogar die herrschenden »Patrioten« keine echten sind und der Autokrat selbst falsch spielt und seine Rolle nicht so erfüllt, wie es das Volk von ihm erwartet. Da können bereits die ersten großen Misserfolge destabilisierend wirken.

Es gibt verschiedene Szenarien für die Entwicklung der Ereignisse in den nächsten Jahren. Eines davon ist absolut katastrophal. Während ich dieses Buch schrieb, hatten, wie bereits erwähnt, türkische Streitkräfte einen russischen Kampfjet abgeschossen, der den Luftraum der Türkei verletzt hatte. Dies ist ein neuer höchst gefährlicher Vorfall, den Putins militärische Abenteuerlust verursacht hat. Jedes beliebige Vorkommnis dieser Art kann zu einer Kette tragischer Ereignisse und zu einer Katastrophe führen. Leider ist das eine durchaus realistische Perspektive.

Aber trotzdem hoffe ich, dass es gelingen wird, das Schlimmste zu verhindern. Denn sogar Putin, da bin ich mir sicher, will keinen großen Krieg. Er handelt nur deshalb so dreist und unüberlegt, weil ihm die Welt alles durchgehen lässt. Sobald der russische Diktator auf harten Widerstand stößt, könnte er Angst um sein Leben und seine Macht bekommen. Dann besteht Hoffnung, dass er seine Aggressionen einstellt, am Rande des Abgrunds innehält und sich von einem »frühen Mussolini« in einen »späten Breschnew« verwandelt. In diesem Fall würde es nicht zur Katastrophe kommen. Aber dafür käme es im Land zur Stagnation, zum Diktat der Bürokratie in allen Lebensbereichen, zu einer zunehmenden Verarmung der Bevölkerung, zu weiteren

Repressionen und einem sich dahinschleppenden kalten Krieg mit dem Westen. Von einer solchen Entwicklung profitierten nur Bürokratie und Silowiki (und auch das nur auf kurze Sicht). Sie bedeutet möglicherweise auch einen sich zuspitzenden Konflikt der Machthaber mit der Intelligenzija, dem Unternehmertum und der Mehrheit der Bevölkerung. Putins Popularität wird nachlassen, wenn er sie nicht länger durch neue militärische Triumphe befeuern kann, und die politische und wirtschaftliche Krise wird sich verstärken, bis sie das System in den Kollaps treibt.

Es gibt noch eine andere Möglichkeit. Sein Gesundheitszustand oder andere schwerwiegende Umstände zwingen Putin schließlich doch zu einem Rücktritt, ehe es zum politischen Zusammenbruch kommt. Sein Nachfolger übernähme dann ein schweres Erbe und hätte eine schwache Machtposition. Denn er wird nicht den Bonus der fetten Jahre mit hohen Ölpreisen bekommen, wie ihn Putin erhielt, der so einen regelrechten Personenkult um seine Präsidentschaft schaffen und wirkungsvoll Propaganda für seine Politik machen konnte. Der Nachfolger wird seine Arbeit unter den Bedingungen außenpolitischer Isolation, wirtschaftlicher Krise und der für ein Rohstoffland ungünstigen internationalen wirtschaftlichen Konjunktur aufnehmen müssen. Außerdem wird er die Scherben von Putins militärischen Abenteuern aufräumen müssen. In einer solchen geschwächten Situation muss der Nachfolger sich zwangsläufig auf eine der großen politischen Kräfte stützen: entweder auf die Oligarchen oder auf die Silowiki.

Das gefährlichste Zukunftsszenarium für Russland besteht in der letzteren Variante: Silowiki an der Macht. In diesem Fall wird sich die Politik im Land möglicherweise unter dem Einfluss der Ideen der russischen »Dschihadisten« vom Typ Dugin und Prochanow entwickeln, die schon längst als inoffizielle Ideologen der Silowiki figurieren. Es ist sinnlos, ein solches Szenarium in allen Einzelheiten auszumalen. Oder wie es ein besonders eloquenter Vertreter der postsowjetischen Bürokratie auszudrücken pflegte: »Wir werden schlecht leben, aber dafür kurz.« Aber selbst wenn die Silowiki die »dschihadistische« Ideologie nicht annehmen, werden sie doch in jedem Fall im Rahmen ihrer gewohnten sozialen Praktiken und Ideen herrschen. Das heißt, sie werden versuchen, Putins revanchistischen Kurs fortzusetzen, und sich dabei auf Gewalt und Lüge stützen. So hat man es ihnen beigebracht, anders kennen sie es nicht. Falls sie wirklich an die Macht kommen, ist – übrigens genau wie bei einer Fortdauer der putinschen Regierungszeit – ein Zusammenbruch des Systems in absehbarer Zeit höchst wahrscheinlich, da es der Bürde der für das Land titanischen, ehrgeizigen außenpolitischen Ziele, militärischen Abenteuer und der damit verbundenen sozialen und wirtschaftlichen Probleme einfach nicht gewachsen ist.

Wenn der Nachfolger sich auf die Oligarchen stützt, wird es gelingen, eine militärische Katastrophe zu verhindern. Die Oligarchen würden aller Wahrscheinlichkeit nach Putins aggressive Außenpolitik beenden. Denn die Großwirtschaft leidet unter den Sanktionen und ist auf internationale Zusammenarbeit angewiesen.

Aber aus innenpolitischer Sicht wird ein Wiedererstarken der Oligarchie der Mehrheit der Bevölkerung kaum etwas bringen. Stattdessen verbleibt sie in ihrer Lage der politischen Recht- und sozialen Schutzlosigkeit. Auch der Wirtschaft wird es wenig nützen, da sie vermutlich im Wesentlichen weiter der Kontrolle der Bürokraten und Silowiki unterstehen wird. (Damit kehren wir zu der Situation der 1990er-Jahre zurück, als die Silowiki noch nicht auf Augenhöhe mit den Oligarchen konkurrieren konnten, dafür aber allen Unternehmen, die nicht in Oligarchenhand waren, gegen Schutzgeld Sicherheit gewährten und sie dabei ordentlich zur Ader ließen.)

Jegliche ernsthaften demokratischen Wahlen würden einen Günstling der Oligarchie an der Spitze des Staates wegfegen. Deshalb wird auch ein Nachfolger, der sich auf die Oligarchie stützt, letztlich Putins Tradition der politischen Manipulationen und Gewaltanwendung folgen müssen, um sich an der Macht zu halten.

Allerdings ist eine oligarchische Revanche höchst unwahrscheinlich. Putins politische und persönliche Neigungen lassen darauf schließen, dass sein Nachfolger ein schwacher Politiker sein wird, der sich in der Hand der Silowiki befindet. Die Silowiki werden den Oligarchen nicht die Macht überlassen. Wahrscheinlicher ist es, dass sie diese letzten Endes ausplündern und von den Rohstoffeinkünften verdrängen.

Daher gilt, ganz gleich, welcher der heutigen Eliten Putins Nachfolger angehört: »Es kann uns kein Erlöser retten.« Die Bürokratie wird das Land auch ohne Putin in Richtung Krieg drängen, denn anders kann sie sich nicht an der Macht halten. Sonst würde sie in Widerspruch zur aktuellen strategischen Ausrichtung, zum imperialen Projekt geraten. Dabei ist es offensichtlich, dass es unmöglich ist, eine autoritäre Macht mittels Wahlen abzulösen.

Das Regime kann nur durch einen »Aufstand der Massen« beseitigt werden, ob uns diese Perspektive nun gefällt oder nicht. Denn nur als Folge von Massenprotesten der Bevölkerung werden echte demokratische Veränderungen zugunsten der Mehrheit der Bevölkerung möglich. Das ist die einzige Chance, in Russland eine stabile Demokratie zu schaffen. Nur dann ist die Zerstörung des korrupten Systems möglich, das chauvinistische Hysterie und die permanente Konfrontation mit dem Westen benötigt, um die Leute im Zaum zu halten.

Der berühmte russische Schriftsteller Anatoli Rybakow definierte sehr zutreffend, wie eine Revolution unter den Zuständen einer Diktatur aussieht: »Das Recht des Volkes auf Revolution ist nicht zu bestreiten. Die Beseitigung von Tyrannei, Absolutismus und Diktatur rechtfertigt die Revolution, denn eine demokratische Alternative gibt es nicht. So ist die Geschichte der Menschheit beschaffen. Wo das Volk sich nicht auf demokratischem Wege von einer Despotie befreien kann, erreicht es das auf revolutionärem Wege. Wenn in den Dreißigerjahren des letzten Jahrhunderts die Völker Deutschlands, Italiens, der UdSSR sich durch eine Revolution von Hitler, Mussolini und Stalin befreit hätten, würden wir das gutheißen. Die Revolution ist ein Übel, wenn sie sich gegen die Demokratie richtet, und ein Segen, wenn sie eine Tyrannei stürzt.«

Wenn die revolutionären Umwälzungen dem Entwicklungsstand einer Gesellschaft entsprechen, könnten sie friedlich und praktisch schmerzlos vollzogen werden. Dafür müssen wir nur an die sogenannte Glorreiche Revolution in England 1688/89 erinnern. Zuvor hatte

England, wie Russland einige Jahrhunderte später, in dichter Folge die große Revolution und den Bürgerkrieg (1640–1660 in England, in Russland 1917–1921), eine blutige Diktatur (Cromwell in England, bei uns Stalin) und daraufhin die Restauration der vorrevolutionären sozialen Verhältnisse (feudal-kapitalistische Reaktion in England und wilder Kapitalismus in Russland) erlebt. In England endete die Restauration mit der »Glorreichen Revolution«, durch die schließlich fast fünfzig Jahre später endlich die Ziele der ersten englischen bürgerlichen Revolution realisiert wurden. Eine neue Entwicklungsstufe machte es möglich, dass dies ohne Blutvergießen und Opfer vonstattenging.

Auch die künftige russische »Glorreiche Revolution« wird auf friedlichem Weg die Ziele der früheren Revolutionen realisieren können, indem sie die Organisation der Gesellschaft demokratischer, gerechter und rationaler macht. Den heutigen Oligarchen, Bürokraten und sogar den Bossen der Silowiki fehlen die Wurzeln, die Leidenschaft und der Mut der weißen Offiziere aus der Zeit des Bürgerkriegs. Sie werden nicht kämpfen und ihr Leben aufs Spiel setzen. Wahrscheinlich werden sie einfach ins Ausland verschwinden, sobald die ersten Anzeichen einer Gefahr zu erkennen sind. Keine Nachbarstaaten werden mit Russland einen Konflikt anzetteln oder eine Intervention starten (wie es Russland nach der Revolution in der Ukraine tat). Daher sind ein Bürgerkrieg und großes Blutvergießen in Russland während und nach einer möglichen Revolution zum Glück eher unwahrscheinlich.

Ich werde versuchen, in Kürze das Szenarium des Zusammenbruchs des putinschen Systems und einer positiven Entwicklung der sich anschließenden Ereignisse im Land zu beschreiben. Stellen wir uns vor, wir halten ein Geschichtsbuch in der Hand, das in fünfzig Jahren in einem demokratischen und friedliebenden Russland verfasst worden sein wird.

## Wie sich in Russland eine stabile demokratische Gesellschaft entwickelt

*Die von Putin 2014 begonnene Aggression gegen die Ukraine stürzte das Land in eine tiefe wirtschaftliche Krise. Eine neue Welle von Sanktionen, die (nehmen wir an) nach der russischen militärischen Aggression gegen die Türkei einsetzte (oder nach mit Assad gemeinsam begangenen Verbrechen der russischen Streitkräfte gegen friedliche Bürger Syriens, oder nach der Veröffentlichung der für das putinsche Regime vernichtenden offiziellen Berichte über die Ursachen für den Absturz der malaysischen Boeing), führte Anfang 2016 zum Sturz des Rubels und gleichzeitig zum Einbruch des Wertpapiermarktes, was unter dem Namen »schwarzer Putin-Tag« in die Geschichte einging. Damals wurden umfangreiche internationale Sanktionen gegen die russische korrupte Elite verhängt. In der Folge verstärkte sich in allen sozialen Schichten die Unzufriedenheit mit dem Regime: bei den Eliten, die ihre ausländischen Aktiva verloren; bei den Städtern, die gegen den sinkenden Lebensstandard protestierten; bei den Unternehmern, die unter der Krise litten; bei Polizei, Militär und im Geheimdienst sowie bei den Beamten, denn auch die Kaufkraft ihrer Besoldung hatte stark nachgelassen. Unter dem Einfluss der wirtschaftlichen Schwierigkeiten verlor Putin zudem die Ressourcen, um einen Krieg zu führen, und war gezwungen, aus dem Donbass abzuziehen. Als Konsequenz flüchteten Tausende ehemaliger russischer Freiwilliger von dort, reihten sich in die extremistischen nationalistischen Organisationen ein und begannen Putins Rücktritt zu fordern, da er »den Donbass geopfert hatte«. Das alles führte zu einer starken Destabilisierung des Landes.*

*Putin beschloss unter dem Einfluss seiner in dieser Situation aufgeschreckten Umgebung vorzeitige Präsidentschaftswahlen durchführen zu lassen. Zum ersten Mal in der Geschichte konnte er nicht im ersten Wahlgang gewinnen, da ihm zur absoluten Mehrheit viele Stimmen fehlten. Die Wahlergebnisse der Stichwahl waren offensichtlich gefälscht. Das führte zu einer neuen Protestwelle. Gleichzeitig begannen Grubenarbeiter, Fernfahrer, Bauern und Arbeiter großer Industriebetriebe zu demonstrieren, da sie unter der Krise, den hohen Steuern und der Willkür des bürokratischen Kapitals litten. Sie legten das Land faktisch lahm.*

*Viele Vertreter der herrschenden Elite und viele Großunternehmer liefen zu den Protestierenden über, da sie unzufrieden mit Putins Politik waren, die internationale Sanktionen und den wirtschaftlichen Kollaps zu verantworten hatte. Die Verwaltung des Landes funktionierte nicht mehr. Polizei, Geheimdienste und Militär erhielten zunehmend widersprüchliche Signale von den übergeordneten Stellen und weigerten sich, Gewalt gegen die Protestierenden anzuwenden.*

*Die Wahlergebnisse wurden annulliert, und Putin flüchtete nach China. Die Macht auf örtlicher Ebene ging de facto auf die selbstorganisierte demokratische Bewegung über, die Räte der Bürgeraktivisten, die teilweise durch Abstimmung im Internet gewählt wurden.*

*Sie bildeten Übergangsorgane der Macht und führten Wahlen durch. Das Programm der neuen demokratischen Bewegung setzte sich aus liberalen, libertären und sozialdemokratischen Ideen zusammen, die für alle Bevölkerungsschichten von Vorteil waren, mit Ausnahme der herrschenden Bürokratie und der mit ihr verflochtenen Großunternehmer. Dabei brachte man die schweizerische Praxis von direkter Demokratie, Dezentralismus und Föderalismus unter einen Hut mit einer größtmöglichen Freiheit der Unternehmer gegenüber der Bürokratie, dem deutschen System einer sozialen Absicherung und speziellen Mechanismen zur Verteilung der Einkünfte aus Öl und anderen Rohstoffen zugunsten der ganzen Bevölkerung, so wie in Norwegen und Alaska.*

*Die demokratische Koalition gewann bei den Wahlen zur Staatsduma. Als Erstes wurde vom neu gewählten Parlament eine Verfassungsreform durchgeführt. Das Land wurde eine parlamentarische Republik. So konnte man für die Zukunft ausschließen, dass wieder ein diktatorischer Präsident an die Macht kam. Die Regionen erhielten in allen Bereichen wesentlich größere Unabhängigkeit vom Zentrum, mit Ausnahme bei der Wahrung der Rechte und Freiheiten der Bürger.*

*Das Parlament verabschiedete ein Lustrationsgesetz, das hohe Beamte und Vertreter von Geheimdiensten, Militär und Polizei von der Macht ausschloss. Personen, die früher in hohen Positionen in den Organen der Staatsmacht und im Geheimdienst gearbeitet hatten, war der Zugang zum Staatsdienst verwehrt. Die Kommunalverwaltung wurde reformiert und ihr*

*Zuständigkeitsbereich stark vergrößert, wobei sie basisdemokratisch unter Einbeziehung von Internettechnologien organisiert wurde. Es wurden Beiräte gewählt, die die Arbeit der Rechtsvertreter und der Beamten auf allen Ebenen kontrollierten. Man führte eine Polizei- und eine Gerichtsreform durch, der Stab an Richtern und Mitarbeitern bei Polizei, Geheimdienst und Militär wurde komplett erneuert. Richter und Polizisten wurden der Kontrolle der Bevölkerung unterstellt. Der FSB wurde aufgelöst und zu einer verbrecherischen Organisation erklärt, seine Führung vor Gericht gestellt. An seiner Stelle wurde ein kompakter Sicherheitsdienst geschaffen, der verpflichtet war, vor dem Parlament regelmäßig Rechenschaft über seine Tätigkeit abzulegen.*

*Die neue Macht garantierte dem Handel und dem Unternehmertum vollständige Freiheit. Alle bürokratischen Genehmigungsverfahren wurden stark vereinfacht und können seither im Internet durchgeführt werden. Es wurde ein Gesetz zur Restituierung erlassen, aufgrund dessen man die korrupten Großunternehmer um die von ihnen auf kriminellem Weg erworbenen Gewinne enteignete. Man richtete den »Fonds Russland« ein (nach dem Vorbild »Alaska Permanent Fund« oder des Staatlichen Pensionsfonds Norwegens), um die Einkünfte aus der Ausbeutung der natürlichen Ressourcen unter der Bevölkerung zu verteilen.*

*Auf der Grundlage des Lex Duvalier in der Schweiz und ähnlichen Gesetzen in anderen Ländern nahm die demokratische Staatsführung ihre Zusammenarbeit mit ausländischen Regierungen bei der Suche und Repatriierung des Kapitals hoher korrupter russischer Staatsbeamter und Oligarchen auf. Man verfolgte den Kurs einer friedfertigen Außenpolitik und Annäherung an die Europäische Union. Russland gab alle Ansprüche auf die Krim auf. Menschenrechte und freiheitliche Grundrechte sowie die Unabhängigkeit der Medien vom Staat wurden garantiert. Rücklagen des Landes aus Militär und Bürokratie wurden in die Entwicklung der Gesundheitsversorgung, Bildung, Wissenschaft und Technologie umgeleitet.*

Ist das alles schwer vorstellbar? Nicht doch! Tatsächlich ist die heutige Situation widernatürlich, während die Perspektiven einer europäischen, demokratischen Entwicklung Russlands unübersehbar sind. Russland ist ein Land mit europäischer Kultur, das einen großen Beitrag zur Entwicklung Europas geleistet hat (es gibt zu viele berühmte russische Namen, als dass ich hier anfangen wollte, sie aufzuzählen). Das Land hat reiche liberale und demokratische Traditionen. Das Bildungsniveau in Russland ist sehr hoch und kann ohne Weiteres mit dem anderer europäischer Staaten mithalten. Nicht umsonst ist es die Heimat ungezählter Spezialisten für neue Technologien und von Wissenschaftlern, die über die ganze Welt verstreut leben. In den letzten Jahren hat sich in Russland eine etliche Millionen Menschen umfassende »Kreative Klasse« herausgebildet, die bereits ihre demokratischen Sympathien bekannt hat. Auch die Mehrheit der Bevölkerung hat nicht das geringste Interesse am Erhalt einer aggressiven Diktatur durch eine korrupte Bürokratie.

Erst wenn die totale Propaganda und die Angst verschwunden sind, wird die öffentliche Meinung in Russland sich wieder jenem Zustand aus der Zeit vor Putin annähern. Dabei wird dem Wiedererstarken der unabhängigen, politischen Intelligenzija voraussichtlich eine wichtige Rolle zukommen. Die neuen vom Putinismus ausgehenden Bedrohungen, also Kriegstreiberei, Obskurantismus und Repressionen, zwingen die Intelligenzija (und ihre neue Ikone, die »Kreative Klasse«) unausweichlich zum Übergang von reiner Lohn- und Brotarbeit zu ideell motiviertem Handeln, zum Kampf für politische Veränderungen.

Ich bin mir sicher, auch wenn das »Bewusstsein der Mehrheit der Russen vollständig vom Kreml kontrolliert wird« – wie es der Soziologe Wladimir Schljapentoch über das sowjetische wie auch über Putins Russland sagte –, letztlich nimmt die echte öffentliche Meinung in Russland Putins Politik nicht an. Und diese These ist nur auf den ersten Blick widersprüchlich.

Die Gesamtheit der Aussagen von Menschen, die unter dem Einfluss von Angst und Propaganda stehen, macht nicht die öffentliche Meinung eines Landes aus, sondern ist nur ein Spiegelbild der staatlichen Manipulation. So war es in der UdSSR, so ist es heute in Russland. Kann man die wahre – schließlich ist sie praktisch eine zukünftige – öffentliche Meinung in einem Land ermitteln, in dem die Ansichten der Bürger zu allen Ereignissen von der Staatsmacht aufoktroyiert werden? Eine Antwort auf diese Frage ermöglicht uns die Erfahrung eben jenes Wladimir Schljapentoch: »Jedoch erwiesen sich nicht alle Daten, die wir (in sowjetischer Zeit) erhoben hatten, als wertlos. So etwa die Materialien unserer Untersuchungen der Ansichten der liberalen Intelligenzija. Wir konnten das untersuchen, weil diese die *Literaturnaja Gaseta* las (…) die Leser der *LG*, deren Zahl Anfang der 1960er-Jahre zehn Millionen betrug, waren bereit, unter den vorgegebenen Antworten die liberalen Alternativen zu wählen. Unsere Respondenten aus der *LG* unterstützten die Liberalisierung der Wirtschaft, die Förderung eines kreativen Ansatzes in allen Bereichen des sozialen Lebens, was einer unverhüllten Herausforderung der Bürokratie gleichkam (…) Unsere Daten bewiesen ganz klar, dass ein bedeutender Teil der sowjetischen Intelligenzija die Liberalisierung der Gesellschaft befürwortete, was durch ihre aktive Unterstützung der Perestroika bestätigt wurde.«

Die Intelligenzija in der UdSSR – und hier beziehe ich mich nach russischer Tradition nicht auf alle Leute mit höherer Bildung, sondern nur auf jene, die nicht völlig in der alltäglichen Existenz aufgehen und gesellschaftlichen Problemen grundsätzlich einige Bedeutung beimessen – war in der Zeit von Chruschtschow und Breschnew die gesellschaftliche Schicht, die sich am besten dem propagandistischen Druck widersetzen konnte und verschiedene Informationsquellen zu nutzen wusste. Daher waren ihre Ansichten freier und kamen einer tatsächlichen »öffentlichen Meinung« deutlich näher.

Die Einstellung der Intelligenzija in einer autoritären Gesellschaft ist wie das Embryo einer freien öffentlichen Meinung dessen, was im Land wäre, wenn es nicht den staatlichen Propagandadruck und die Angst gäbe (das gilt natürlich nicht für stark totalitäre Länder wie Stalin-Russland oder die Koreanische Volksdemokratische Republik, wo die Intelligenzija genau wie die gesamte Bevölkerung vom Machtapparat unterdrückt wird). Wie man in der UdSSR anhand der Ansichten der Leser der *Literaturnaja Gaseta* die Richtung der bevorstehenden Perestroika prognostizieren konnte, so kann man die künftigen Veränderungen in Russland daran ablesen, wie sich das Publikum der Medien und sozialen Netzwerke, die besonders von der Intelligenzija genutzt werden, zur aktuellen Situation verhält (Facebook, LiveJournal, Echo Moskau, der Fernsehsender Doschd, *Nowaja Gaseta* und andere). Sogar in diesen für freie Menschen absolut nicht einfachen Zeiten hat sich, diesem Publikum und dieser Community nach zu urteilen, ein großer Teil der Intelligenzija in Russland seine demokratischen, antiimperialen, kosmopolitischen, liberalen Ansichten bewahrt. Und das stimmt optimistisch.

Ja, sicher gibt es auch die »patriotische«, treu ergebene Intelligenzija. Aber sie ist in der Minderheit, denn das Publikum der liberalen Medien für die Intelligenzija übersteigt bei Weitem dasjenige der patriotischen Medien. Es ist unübersehbar, dass die potenzielle Zuhörerschaft von Radio Echo Moskwy deutlich größer ist als etwa die des patriotischen Radio Radonesch und ähnlicher Sender. Putins staatliche Medien kann man bei dieser Betrachtung vernachlässigen, da sich diese Informationsquellen an Gott weiß wem, aber sicher nicht an der Intelligenzija orientieren.

Die Intelligenzija ist nicht so zahlreich, dass sie stark auf die Ergebnisse allgemeiner Umfragen einwirken könnte, und darüber hinaus beteiligen sich ihre Vertreter unter russischen Bedingungen nur selten daran. Dafür nehmen viele von ihnen an den Umfragen teil, die von »ihren« Medien oder von besonders beliebten Usern in sozialen Netzwerken durchgeführt werden. Solche Abstimmungen auf von der Intelligenzija genutzten Internetressourcen liefern mehr Information über die öffentliche Meinung in Russland als »methodisch korrekte« allrussische Umfragen – genau wie das in der UdSSR mit den Lesern der intellektuellen *Literaturnaja Gaseta* der Fall war. Wenn man diese Abstimmungen betrachtet, erkennt man, dass ein großer Teil des Publikums der auf die Intelligenzija abzielenden Medien Putins Politik im Großen und Ganzen nicht akzeptiert.

Die Intelligenzija hat, wie bereits erwähnt, schon zweimal eine entscheidende Rolle gespielt: bei der Vorbereitung der antiautoritären

Revolutionen im Februar 1917 und im August 1991. Bei den ersten freien Wahlen im Jahr 1990 lehnten die Wähler, im Gefolge der Mehrheit der Intelligenzija, die pseudokommunistischen und national-patriotischen Ideen ab. Damals fand die Gesellschaft zu einer eigenen Meinung, nachdem sie sich vom staatlichen Druck befreit hatte. Diese Meinung wies viele Parallelen zu den Ansichten des intellektuell fortschrittlichsten Teils der Bevölkerung auf. Das Gleiche wird wieder stattfinden, wenn die Effektivität der derzeitigen Gehirnwäsche nachlässt. In der heutigen Welt mit Internet und anderen informellen Informationsquellen und Schlupflöchern ist es unmöglich, auf Dauer in vollem Umfang erfolgreich zu manipulieren. Morgen wird die Gesellschaft so denken, wie es jetzt die russischen Nutzer von Facebook tun. Die Meinung der Intelligenzija wird ganz zweifellos zur allgemeinen öffentlichen Meinung, nicht nur ein Großteil der Intellektuellen wird den Putinismus ablehnen, sondern auch die überwiegende Mehrheit der Gesellschaft.

Ich glaube nicht einfach nur, sondern bin aufgrund meiner Lebenserfahrung und meiner Kenntnisse über mein Land davon überzeugt, dass es nicht mehr allzu lange dauern wird, bis sich die Russen aus der Vormundschaft der Regierungspropaganda befreien, die Diktatur abschaffen und die Gesellschaft auf demokratischen und rechtlichen Grundlagen organisieren. Russland wird die Welt nicht mehr bedrohen und ein wichtiger Teil der europäischen Nationenfamilie werden. Das ist ganz unabwendbar die Zukunft des Landes, egal wie sehr sich der Hauptheld meines Buches dem widersetzen wird.

# Postskriptum

Während dieses Buch übersetzt und redigiert wurde, ereigneten sich einige Vorfälle, die seine grundlegenden Schlussfolgerungen bestätigten.

Es wurden Dokumente der panamaischen Firma Mossack Fonseca veröffentlicht, die unzweifelhaft zeigen, dass der russischen Staatsmacht nahestehende Banken und Unternehmen in letzter Zeit an die zwei Milliarden Dollar auf Offshorekonten des engen Putin-Freundes und Cellisten Sergei Roldugin verschoben haben. Verschiedene Leute, die in Russland Untersuchungen in Sachen staatlicher Korruption betreiben, etwa Alexei Nawalny, erklärten mit Bestimmtheit, dass der wahre Empfänger dieser Gelder Wladimir Putin selbst sei und Roldugin lediglich als sein »Geldbeutel« fungiere.

Auch die politischen Repressionen dauern an. Menschen wie Andrei Bubejew werden angeklagt und wandern möglicherweise ins Gefängnis, weil sie wie er in sozialen Netzwerken Reposts zu dem Artikel »Die Krim gehört zur Ukraine!« veröffentlichten. Während ich diese Zeilen schreibe, erreichen mich Informationen über neue politisch motivierte Strafverfahren gegen einen Journalisten des Projekts Krim.Realia von Radio Swoboda, Nikolai Semena, und gegen den leitenden Juristen des Antikorruptionsfonds, Iwan Schdanow.

Das russische staatliche Fernsehen hat seine Hetzkampagne gegen Oppositionelle beispiellos verschärft. Es reanimiert die Rhetorik der stalinschen Schauprozesse Ende der 1930er-Jahre und präsentiert vollkommen haltlose Spionagevorwürfe, offenkundig gefälschte Dokumente, Aufrufe zu gewalttätigen Abrechnungen mit Gegnern. Der neue Trotzki – oder besser noch Goldschein aus Orwells *1984* – ist der internationale Investor Bill Browder, der sich in heftigem Konflikt mit dem Kreml befindet. Seine »Agenten« sind die russischen Oppositionellen, vor allem Alexei Nawalny. Die – wie Trotzki es nannte – stalinsche Schule der Fälschung läuft wieder zur Hochform auf, zumindest auf medialer Ebene.

Ungeachtet des angekündigten Abzugs des größeren Teils der russischen Luftwaffe, dauert auch die russische Einmischung in Syrien an. Die Waffenruhe von Aleppo wurde verletzt, regelmäßig werden Nachrichten über die Teilnahme russischer Kräfte im Krieg gegen die gemäßigte Opposition Assads gemeldet, ebenso wie der Tod von russischen Soldaten in Syrien.

Auch neue Beweise für die Verbindungen zwischen dem Kreml und den Ultrarechten in Deutschland tauchten auf, jenen Kräften also, mit deren Hilfe die russische Staatsmacht versucht, den politischen Kurs dieses Landes zu ändern. In Potsdam wird im Juni eine gemeinsame Konferenz der AfD und der russischen Botschaft in Deutschland stattfinden. Im April nahm der AfD-Abgeordnete des Europaparlaments Marcus Pretzell als Ehrengast am internationalen Wirtschaftsforum in Jalta teil. Auf die von Russland illegal besetzte Krim reist mit ihm zusammen auch der 25-jährige Kopf der Jugendorganisation der AfD, Markus Frohnmaier, der erst vor Kurzem für ein Bündnis zwischen seiner Organisation und der Jungen Garde der Regierungspartei »Einiges Russland« sorgte.

Selbst diese kurze Auflistung der Ereignisse zeigt, dass die Situation sich leider ganz und gar nicht verbessert hat. Das Problem Putin bleibt aktuell sowohl für Russland wie für die Welt. Und solange es nicht gelöst ist, wird sich die Situation weiter verschärfen.

# Anhang

## Erklärungen

*banderowcy:* russisch für »Anhänger Stepan Banderas«. Dieser lebte von 1909–1959 und kämpfte als Führungspersönlichkeit der Organisation der ukrainischen Nationalisten vor dem Zweiten Weltkrieg in paramilitärischen Verbänden für die Unabhängigkeit der Ukraine. Seiner Organisation wurden immer wieder gewalttätige Übergriffe auf Juden vorgeworfen. 1941 wurde er von den Nationalsozialisten verhaftet und ins Konzentrationslager verbracht. Je nach Perspektive ist »banderowcy« also stark abwertend gemeint oder wird positiv als Synonym für ukrainische Freiheitskämpfer verwendet.

*Diebe im Gesetz:* Bezeichnung für einen Zusammenschluss verurteilter Diebe und Krimineller, der vermutlich in der Zeit der stalinschen Lager entstand und eine besondere Hierarchie und eigene Organisationsstrukturen aufweist. Ferner zeichnet er sich durch einen strengen traditionellen kriminellen Verhaltenskodex und hochgradige Abgeschlossenheit und Verschworenheit aus. Die »Diebe im Gesetz« werden der organisieren Kriminalität zugeordnet. Zu Zeiten der Sowjetunion trugen sie häufig spezielle Tätowierungen, die Status, das jeweilige Verbrechen und ihre Verurteilung kennzeichneten.

*»Diktator-Missgeburt«:* Zitat aus dem Gedicht von Ossip Mandelstam.

*»Es kann uns kein Erlöser retten«:* erste Zeile der zweiten Strophe aus der »Internationale«, übersetzt ins Deutsche von Sigmar Mehring.

*frajer:* nach dem Autor Warlam Schalamow ein Mensch, der in Opposition zum Dieb/Ganoven und dessen geschlossener Welt existiert und für diesen nichts weiter als ein Opfer darstellt, ein selbstverständliches Objekt von Betrug, Diebstahl und sogar Mord.

*FSB* (Föderaler Dienst für Sicherheit der Russischen Föderation): Inlandsgeheimdienst mit den Aufgaben: Spionageabwehr, Bekämpfung der Kriminalität und Spionage bzw. Aufklärung.

*FSO* (Föderaler Bewacungsdienst): Dienst zum Schutz der russischen Regierung und des Präsidenten.

*Gayropa/Gayropäer:* im Russischen verwendete abschätzige Bezeichnung für Europa, die dessen vermeintliche moralische Verkommenheit, Schwäche und einen übertriebenen »Schwulenkult« impliziert. Dieser Begriff wird auch in den deutschen Medien zunehmend verwendet, um die Haltung einer nationalistisch-konservativen Strömung innerhalb der russischen Gesellschaft zu beschreiben.

*»Ich glaube, weil es absurd ist«:* Im 17. Jahrhundert abgeänderter Ausspruch des frühchristlichen Kirchenvaters Tertulian (160–222; eigentlich Quintus Septimius Florens Tertulianus): »Es ist sicher, weil es nicht möglich ist« – die Jünger hätten nicht an die Auferstehung Christi geglaubt, wenn sie sie nicht erlebt hätten.

*Jeschow:* Sonderbeauftragter Stalins und Leiter der Säuberung der Bolschewiken von Oppositionellen gegen Stalins Politik; 1936–1938 Chef der sowjetischen Geheimpolizei.

*Magnitski:* Sergei Magnitski war ein russischer Anwalt und Wirtschaftsprüfer, der im Jahr 2007 eine behördliche Untersuchung einleitete, bei der illegale Firmenübernahmen und illegale Steuerrückerstattungen zugunsten korrupter Beamter aufgeklärt werden sollten und der selbst entsprechende Zeugenaussagen machte. Wenig später wurde er wegen Steuerhinterziehung angeklagt und festgenommen. Er starb nach 358 Tagen in Untersuchungshaft, infolge verschärfter Haftbedingungen und fehlender medizinischer Versorgung.

*Magnitski-Liste:* Liste von 18 russischen Beamten, die mit dem Fall in Verbindung gebracht werden und daher unter ein 2012 vom Kongress der USA verabschiedetes Sanktionspaket fallen, das ihnen die Einreise in die USA verwehrt und ihre dortigen Konten einfriert.

*Nikolai Iwanowitsch Ijduschka Golowljow:* Person aus Michail Saltykow-Schtschedrins Roman *Die Herren Golowljow.*

*Nomenklatura:* in der Sowjetunion und anderen sozialistischen Ländern die von der kommunistischen/sozialistischen Partei besetzten Führungspositionen in Gesellschaft, Verwaltung, Wirtschaft.

*Oblast:* wörtlich übersetzt »Gebiet«, ist die Bezeichnung für eine größere, mit behördlicher Autonomie ausgestattete Verwaltungseinheit in Russland, vergleichbar mit einem Bundesland. Es gibt 46 Oblaste in Russland.

*OMON:* eine russische Polizeieinheit, die dem Innenministerium unterstellt ist und auch bei Demonstrationen eingesetzt wird.

*Peredonow:* Romanfigur aus Fjodor Sologubs *Kleine Dämonen.*

*Polittechnologe:* im russischen Sprachgebrauch und engeren Sinne des Wortes zunächst ein PR-Spezialist in politischen Fragen und Wahlkampagnenleiter, der unter Einbeziehung aller Medien die Lobbyarbeit für eine bestimmte politische Kraft betreibt. Im weiteren Sinne wird der Begriff in deutschen Medien vor allem für einen Spezialisten für die Steuerung und Manipulation der öffentlichen Meinung auch unter Zuhilfenahme von unlauteren Methoden verwendet.

*Sammlung russischer Erde:* in der russischen Geschichtsschreibung so benannter Prozess der Überwindung der Teilfürstentümer und der Vereinigung des Nordostens und Nordwestens Russlands, der sich seit dem beginnenden 14. Jahrhundert anbahnte und im 15. Jahrhundert unter dem Moskauer Großfürsten Iwan III. einen ersten Höhepunkt erfuhr. Dieser Prozess vollzog sich keineswegs gradlinig und friedlich, sondern sprunghaft und wurde vielfach mit kriegerischen Mitteln durchgesetzt.

*Schwabrin:* eine Figur in der *Hauptmannstochter* von Alexander Puschkin.

*Schwarze Hundert:* rechtsextreme und monarchistisch-nationalistische Organisationen in den letzten Jahren des russischen Reichs, über die der bekannte Historiker Walter Laqueur in seinem Buch *Der Schoß ist fruchtbar noch – Der militante Nationalismus der russischen Rechten* schreibt.

*Sierra Maestra:* Anspielung auf Fidel Castro, dem von diesem im Osten Kubas gelegenen, schwer zugänglichen Gebirgszug aus der Vormarsch nach Havanna und die Machtübernahme gelang.

*Silowiki* (von russisch *sila:* Kraft, Stärke, Macht): Mitglieder der russischen Geheimdienste, der Polizei und des Militärs.

*»Sitz-Vorsitzender Funt«:* Figur aus dem Roman *Das Goldene Kalb* von Ilja Ilf und Jewgeni Petrow.

*SK* (Ermittlungskomitee der Russischen Föderation): Eine Untersuchungsbehörde, die nicht der Staatsanwaltschaft, sondern dem Präsidenten der RF unterstellt ist. In dieser Behörde sind Ermittler von Innenministerium, Staatsanwaltschaft, FSB und Drogenkontrolle zusammengefasst.

*Smerdjakow:* Person aus Fjodor Dostojewskis *Die Brüder Karamasow.*

*Staatskomitee für den Ausnahmezustand:* Gruppe von acht Parteifunktionären der Kommunistischen Partei und amtierenden Politikern der Sowjetunion, die im August 1991 versuchten, Michail Gorbatschow als Staatschef abzusetzen, um so den Status quo der Sowjetunion zu erhalten und eine Aufweichung des Kommunismus zu verhindern.

*Tschekist:* allgemeine Bezeichnung für Mitarbeiter eines der russischen Geheimdienste (Inlandsgeheimdienst FSB, Auslandsgeheimdienst SWR, Dienst zum Schutz der russischen Regierung und des Präsidenten FSO, siehe auch Stichwort FSO). Die Bezeichnung leitet sich von dem Wort Tscheka ab: Außerordentliche Allrussische Kommission zur Bekämpfung von Konterrevolution, Spekulation und Spionage. Die Tscheka entstand 1917 als erster sowjetischer Geheimdienst.

*»Vor dem Vaterlande stand er, ein lebend'ger Vorwurf da«:* klassische Charakterisierung des liberalen Idealisten durch den Schriftsteller Nikolai Nekrassow, die so auch von Dostojewski in seinem Roman *Dämonen* zitiert wird.

*»Wer ist schuld?«:* Titel eines 1847 erschienenen Romans des russischen Schriftstellers Alexander Herzen.

*»wunderbare Aufruhr der Seele«:* Zitat aus einem Gedicht von Alexander Puschkin an den Westler Pjotr Tschaadajew.

## Quellen der Zitate

Čapek, Karel: *Der Krieg mit den Molchen.* Science Fiction Roman. Ungekürzte Neuausgabe. Mit einem Nachwort von Antonín Brousek. Heyne, München 1985
Neuübersetzung des Zitats von Anja Freckmann

Mandelstam, Ossip: *Mitternacht in Moskau.* Die Moskauer Hefte, Gedichte 1930–1934, herausgegeben und übersetzt aus dem Russischen von Ralph Dutli. Ammann, Zürich 1984

Orwell, George: *1984.* Mit einem Vorwort von Thomas M. Disch. Heyne, München 2002

Politkowskaja, Anna: *In Putins Russland,* S. Fischer, Frankfurt 2008

Rybakow, Anatoli: *Roman der Erinnerung, Memoiren.* Aus dem Russischen von Renate und Thomas Reschke. Aufbau, Berlin 2001

Schalamow, Warlam: *Künstler der Schaufel. Erzählungen aus Kolyma 3.* Darin »Gaunerblut«, übersetzt aus dem Russischen von Gabriele Leuphold. Matthes & Seitz, Berlin 2010

Schalamow, Warlam: *Über Prosa,* darin »W. Schalamow an A. A. Kemenski«, übersetzt aus dem Russischen von Gabriele Leuphold. Matthes & Seitz, Berlin 2009

Shirer, William L.: *Berliner Tagebuch,* Aufzeichnungen 1934–1941. (Darin Hitlers Reden und Erklärungen.) Kiepenheuer, Leipzig und Weimar 1991

INTERNETQUELLEN

https://archive.org/stream/RedeDesFhrersUndReichskanzlersAdolfHitlerVorDemReichstagAm21.Mai/MicrosoftWord-Ah19350521_djvu.txt

http://artursolomonov.ru/dora-nass/

http://www.georg-elser-arbeitskreis.de/texts/hitler-1939-09-01.htm

http://www.ns-archiv.de/personen/hitler/testament/politisches-testament.php

# Danksagung

Ich danke meiner Literaturagentur Nibbe&Wiedling, insbesondere Thomas Wiedling, ohne dessen aktive und effektive Hilfe diese Ausgabe meines Buches nicht zustande gekommen wäre, sowie Bettina Nibbe für ihre wertvolle professionelle Unterstützung; Schanna Nemzowa und Garri Kasparow für die wunderbaren Vorworte, die dieses Buch schmücken; meiner Übersetzerin Anja Freckmann, deren intellektuelles Gespür und Professionalität diese Ausgabe möglich machten; dem Redakteur dieses Buches, Johann Lankes, sowie allen Mitarbeitern des Verlages für die gute Zusammenarbeit; der Programmleitung des Verlags für ihren Glauben an den Erfolg dieses Buches; der hochkarätigen investigativen Journalistin Anastasija Kirilenko für ihren spannenden Bericht über Putins korruptes Netzwerk; meiner geliebten Frau Natalija – die meine Texte stets als Erste liest und redigiert und ohne die mein Buch nicht existieren würde; meinen geliebten Töchtern Mascha und Sascha dafür, dass sie versuchten, Papa nicht abzulenken, und mich nicht bei der Arbeit störten ☺.